Lars Wiesehahn

Das europäische Telekommunikationsrecht und seine Umsetzung in Deutschland

Hannoveraner Schriften zum Medienrecht

herausgegeben von

Prof. Dr. Jutta Stender-Vorwachs LL. M.

Band 2

LIT

Lars Wiesehahn

Das europäische Telekommunikationsrecht und seine Umsetzung in Deutschland

LIT

Bibliografische Information der Deutschen Nationalbibliothek
Die Deutsche Nationalbibliothek verzeichnet diese Publikation in der
Deutschen Nationalbibliografie; detaillierte bibliografische Daten sind
im Internet über http://dnb.d-nb.de abrufbar.

ISBN 978-3-8258-1471-7

© LIT VERLAG Dr. W. Hopf Berlin 2008
Verlagskontakt:
Fresnostr. 2   D-48159 Münster
Tel. +49 (0) 2 51/620 32 - 22   Fax +49 (0) 2 51/922 60 99
e-Mail: lit@lit-verlag.de   http://www.lit-verlag.de

Auslieferung:
Deutschland/Schweiz: LIT Verlag Fresnostr. 2, D-48159 Münster
Tel. +49 (0) 2 51/620 32 - 22, Fax +49 (0) 2 51/922 60 99, e-Mail: vertrieb@lit-verlag.de
Österreich: Medienlogistik Pichler-ÖBZ GmbH & Co KG
IZ-NÖ, Süd, Straße 1, Objekt 34, A-2355 Wiener Neudorf
Tel. +43 (0) 2236/63 535-290, +43 (0) 2236/63 535 - 243, mlo@medien-logistik.at

Inhaltsverzeichnis

Literaturverzeichnis 5
Das europäische Telekommunikationsrecht und seine Umsetzung in
Deutschland 34
**A. Einführung: Vom staatlichen Monopol zur Liberalisierung der
Telekommunikationsmärkte in Europa** 34
I. Der Begriff Telekommunikation im Gemeinschaftsrecht: Versuch einer
Definition 34
II. Telekommunikation als Bestandteil „staatlicher Daseinsvorsorge" 36
1. Telekommunikationswesen als Beispiel für ein „natürliches Monopol" ... 37
2. Gewährleistung einer flächendeckenden Versorgung der Bevölkerung ... 38
3. Sprachtelefondienst als Finanzierungshilfe 39
III. Initiative zur Liberalisierung des Telekommunikationssektors durch die
Europäische Kommission (Aktionsprogramm vom 18.05.1984 und Grünbuch vom
30.06.1987) 39
1. Gründe für den Beginn der Liberalisierung auf dem Telekommunikationssektor
.... 39
2. Aktionsprogramm der europäischen Kommission vom 18.05.1984 und
Grünbuch vom 30.06.1987 42
**B. Grundsätze der Rechtsakte der Europäischen Kommission im
Telekommunikationssektor** 44
I. Ziele und Grundsätze bei der Gestaltung des europäischen
Telekommunikationsrechts 45
II. Unterscheidung und Verschränkung von Liberalisierungs- und
Harmonisierungsrichtlinien unter Berücksichtigung der unterschiedlichen
Kompetenzgrundlagen des EG-Vertrages 46
1. Maßnahmen zur Harmonisierung von Rechtsvorschriften nach Art. 95 I S.2 EG
n.F. 46
2. Liberalisierungsrichtlinien nach Art. 86 III EG n.F. 47
**C. Überblick über die telekommunikationsbezogenen Rechtsakte auf
europäischer Ebene bis zum „Review 1999"** 51
I. Liberalisierungsrichtlinien 52
II. Harmonisierungsrichtlinien 53
III. Anwendung der allgemeinen Wettbewerbsbestimmungen 54
**D. Entwicklung des Telekommunikationsrechts in Deutschland einschließlich
des TKG von 1996** 55
I. Monopolistische Strukturen auf dem deutschen Fernmelde- bzw.
Telekommunikationsmarkt vor der ersten Postreform im Jahre 1989 55
1. Grundgesetzliche Vorgaben für das Fernmeldewesen vor 1989 (Art. 73 Nr.7
GG a.F.) 56

2. Grundgesetzliche Vorgaben für das Fernmeldewesen vor 1989 (Art. 87 I S.1GG a.F.) 57
a. Art. 87 I S.1 GG a.F. als Kompetenz- und Organisationsnorm 57
b. Materiellrechtliche Konsequenzen des Art. 87 I S.1 GG a.F. 59
II. Postreform I (1989) 61
1. Poststrukturgesetz vom 09.06.1989 62
2. Änderung des Fernmeldeanlagengesetzes (FAG) 65
III. Postreform II (1994) 67
1. Gründe für die Durchführung der Postreform II und europarechtlicher Einfluss
.... 67
2. Elemente der Postreform II: Grundgesetzänderung und Postneuordnungsgesetz
.... 69
a. Änderung von Art. 73 Nr.7 GG: Verfassungsrechtlicher Begriff der Telekommunikation 69
b. Änderung von Art. 87 I S.1 GG 72
c. Einfügung von Art. 87f GG und Art. 143b GG in das Grundgesetz 72
aa. Art. 87f GG 72
bb. Art. 143b GG 77
IV. Postreform III (Erlass des Telekommunikationsgesetzes (1996)) 79
1. Überblick über den Aufbau des TKG (1996) 80
2. Aufhebung aller staatlichen Monopolrechte, erneute staatliche Regulierung der Telekommunikationsmärkte und Zweck des TKG (1996) 80
a. Beseitigung des staatlichen Infrastruktur- und Sprachtelefondienstmonopols . 80
b. Notwendigkeit einer erneuten staatlichen Regulierung der Telekommunikationsmärkte unter dem Regime des TKG (1996) 81
3. Begriff der Telekommunikation und der Telekommunikationsdienstleistung im TKG (1996) sowie Systematik dieses Gesetzes unter Berücksichtigung von europarechtlichen Vorgaben 83
a. Begriff der Telekommunikation und der Telekommunikationsdienstleistung nach § 3 Nr. 16 bzw. Nr. 18 TKG (1996) 83
b. Systematik und Inhalt des TKG (1996) 86
aa. Sonderregeln für „marktbeherrschende Anbieter" 86
bb. Marktzutrittsregelung: Lizenzen 89
4. Einzelne Probleme bei der Umsetzung der europarechtlichen Vorgaben in deutsches Recht am Beispiel ausgewählter Regelungskomplexe des TKG (1996)
.... 92
a. „Beträchtliche Marktmacht" (Significant Market Power, SMP) 93
aa. Bedeutung des Konzepts der „beträchtlichen Marktmacht" (SMP) 93
bb. Umsetzung des Begriffes der „beträchtlichen Marktmacht" in Deutschland. 95
cc. Bewertung der Umsetzung des Begriffes der „beträchtlichen Marktmacht" in das deutsche TKG 1996 97
b. Unabhängigkeit der Regulierungsbehörde für Telekommunikation und Post (RegTP) bzw. der Bundesnetzagentur 103

aa. Regulierungsbehörde als Bundesoberbehörde 104
(1) Rechts- und Dienstaufsicht 104
(2) Fachaufsicht 104
bb. Unabhängigkeit der Regulierungsbehörde gemäß den europarechtlichen
Vorgaben 107
c. „Betreibervorauswahl"bei Orts- und Ferngesprächen 111
V. Das TKG 2004: Entwicklung und aktuelle Rechtsprobleme 113
1. Vom Kommunikationsbericht 1999 („Review 1999") zum Erlass des TKG 2004
.... 113
a. „Vom Review 1999" bis zum Erlass des neuen „Richtlinienpakets" im März
2002 114
aa. Größere Flexibilisierung der sektorspezifischen Regulierung durch neues
„SMP-Konzept" 116
bb. Verstärkte Einbindung der EU-Kommission in nationale
Regulierungsverfahren 117
cc. „Beträchtliche Marktmacht" (SMP) im „Neuen Rechtsrahmen" 117
(1) Zweck und Grundkonzeption des neuen „SMP-Konzepts" 117
(2) Materiellrechtliche und verfahrensrechtliche Aspekte des neuen „SMP
Konzepts" 119
(3) Umsetzungsbedarf bzgl. des TKG (1996) bedingt durch das neue „SMP
Konzept" 123
b. Wesentliche Neuerungen des TKG 2004 125
2. Vereinbarkeit des deutschem Umsetzungsgesetzes mit den europarechtlichen
Vorgaben 126
a. Unabhängigkeit der Bundesnetzagentur 126
b. „Regulierungsferien" aufgrund von § 9a TKG 129
3. Gemeinschaftsrechtskonformität der Richtlinie zur Vorratsdatenspeicherung 133
E. Kommissionsvorschläge zur Reform europäischen Rechtsrahmens   140
F. Folgen der Liberalisierung des europäischen Telekommunikationsrechts in
Deutschland in wirtschaftlicher und rechtlicher Hinsicht   142
I. Erfolge der europäischen Liberalisierungs- und Harmonisierungsbemühungen bzgl.
des deutschen Telekommunikationsmarktes 143
II. Bewertung der bisherigen Umsetzung des europäischen Telekommunikationsrechts
in Deutschland und der erforderlichen Neuausrichtung des TKG aufgrund von
europarechtlichen Vorgaben unter besonderer Berücksichtigung der
„Reformvorschläge 2007" 146

Literaturverzeichnis

Badura, Peter	Das Verwaltungsmonopol Berlin; 1963 (zitiert: Badura, Verwaltungsmonopol).
ders.	Zulässigkeit und Grenzen der Gründung von Tochtergesellschaften und des Erwerbs von Beteiligungen durch die Deutsche Bundespost, insbesondere durch die Deutsche Bundespost TELEKOM In: ArchivPF 1991, Seite 389 – 406.
ders.	Verwaltungskompetenz und Organisationsrecht des Bundes (Art. 87 Abs.1 GG) im Hinblick auf eine Beteiligung an Unternehmen in einer Rechtsform des privaten Rechts, betrachtet am Beispiel der Postreform 1989 In: Festschrift für Werner Lorenz Hrsg.: Bernhard Pfister/ Michael R. Will Tübingen; 1991 (zitiert: Badura, FS Lorenz).
ders.	Rechtsfragen der Telekommunikation In: Festschrift für Werner Thieme Hrsg.: Bernd Becker / Hans Peter Bull/ Ottfried Seewald Köln, Berlin; 1993 (zitiert: Badura, FS Thieme).
Badura, Peter/ von Danwitz, Thomas/ Herdegen, Matthias/ Sedemund, Joachim/ Stern, Klaus	Beck'scher PostG-Kommentar 1. Auflage München; 2000 (zitiert: Beck-PostG/ Badura u.a. – Bearbeiter).
Bartosch, Andreas	Europäisches Telekommunikationsrecht im Jahre 1998 In: EuZW 1999, Seite 421 – 428.

Baur, Jürgen	Rechtliche Fragen der Marktbeherrschung nach der zweiten Novelle zum Gesetz gegen Wettbewerbsbeschränkungen In: BB 1973, Seite 915 – 920.
Beese, Dietrich/ Merkt, Jutta	Europäische Union zwischen Konvergenz und Regulierung In: MMR 2000, Seite 532 – 537.
Bötsch, Wolfgang	Zielsetzung und Gestaltungsgrundsätze des neuen Gesetzes In: Das Telekommunikationsgesetz (1996), Eberhard Witte (Hrsg.) Heidelberg; 1996 (zitiert: Bötsch in Witte).
Bohne, Michael	Funktionsfähiger Wettbewerb auf Telekommunikationsmärkten Frankfurt a.M.; 1998.
Boss, Alfred/ Laaser, Claus- Friedrich/ Schatz, Klaus-Werner	Deregulierung in Deutschland Tübingen; 1996.
Breyer, Patrick	Rechtsprobleme der Richtlinie 2006/24/EG zur Vorratsspeicherung und ihre Umsetzung in Deutschland In: StV 2007, Seite 214 – 220.
Brockhaus, Friedrich Arnold (Begr.)	Der Brockhaus Computer und Informationstechnologie F.A. Brockhaus GmbH Leipzig, Mannheim; 2003.

Büchner, Lutz Michael	Liberalisierung und Regulierung im Post- und Telekommunikationssektor -Vom Monopol zum Wettbewerb- In: CR 1996, Seite 581 – 589.
Büchner, Wolfgang/ Ehmer, Jörg/ Geppert Martin/ Kerkhoff, Bärbel/ Piepenbrock, Hermann-Josef/ Schütz, Raimund/ Schuster, Fabian (Hrsg.)	Beck'scher TKG-Kommentar 2.Auflage München; 2000 (zitiert: BeckTKG/Büchner u.a. – Bearbeiter).
Bullinger, Martin	Organisationsformen und Staatsaufsicht in der Telekommunikation (Staatsmonopole, delegierte Monopole, public utilities), Seite 349 - 386 In: Kommunikation ohne Monopole II Mestmäcker, Ernst- Joachim (Hrsg.) 1.Auflage Baden-Baden; 1995 (zitiert: Bullinger in: Mestmäcker).
ders.	Der Rundfunkbegriff in der Differenzierung kommunikativer Dienste In: AfP 1996, Seite 1 – 8.
Bullinger, Martin / Mestmäcker, Ernst – Joachim	Multimediadienste 1. Auflage Baden- Baden; 1997.

Bundesministerium für Wirtschaft und Technologie	„Eckpunkte Telekommunikation" des Bundesministeriums für Wirtschaft und Technologie für eine Stellungnahme der Bundesregierung zum Tätigkeitsbericht der Regulierungsbehörde für Telekommunikation und Post 2000/2001 und zum Sondergutachten der Monopolkommission „Wettbewerbsentwicklung bei Telekommunikation und Post 2001: Unsicherheit und Stillstand" abrufbar unter: http://www.vatm.de/images/dokumente/eckpunkte_bmwi.pdf (abgerufen am 31.01.2003) (zitiert: BMWi, „Eckpunkte Telekommunikation").
Bundesrat	Empfehlungen der Ausschüsse zu Punkt ... der 842. Sitzung des Bundesrates am 14. März 2008 BR-Drs. 861/1/07 abrufbar unter: http://www.bundesrat.de/cln_050/SharedDocs/Drucksachen/2007/0801-900/861-1-07,templateId=raw,property=publicationFile.pdf/861-1-07.pdf (abgerufen am 27.06.2008).
Bundesregierung	Gesetzentwurf der Bundesregierung Entwurf eines Gesetzes zur Neustrukturierung des Post- und Fernmeldewesens und der Deutschen Bundespost (Poststrukturgesetz – PoststrukturG), Deutscher Bundestag, Drucksache 11/2854 vom 02.09.1988 (zitiert: Bundesregierung, BT-Drs. 11/2854).
dies.	Gesetzentwurf der Bundesregierung Entwurf eines Gesetzes zur Änderung des Grundgesetzes, Deutscher Bundestag, Drucksache 12/7269 vom 14.04.1994 (zitiert: Bundesregierung, BT-Drs. 12/7269).

dies.	Gesetzentwurf der Bundesregierung Entwurf eines Telekommunikationsgesetzes (TKG) Drucksache 15/2316 vom 09.01.2004 (zitiert: Bunderegierung, BT-Drs. 15/2316).
Callies, Christian/ Ruffert, Matthias	Kommentar zu EU-Vertrag und EG-Vertrag 2. Auflage Neuwied, Kriftel; 2002 (zitiert: Callies/ Ruffert (1) - Bearbeiter).
dies.	EUV/ EGV Das Verfassungsrecht der Europäischen Union mit der Europäischen Grundrechtecharta -Kommentar- 3. Auflage München; 2007 (zitiert: Callies/Ruffert (2)- Bearbeiter).
da Cruz Vilaça, José Luís	Schlussanträge des Generalanwalts José Luís da Cruz Vilaça vom 11.02.1988 zu EuGH Rs. 30/87 Bodson/Pompes funèbres des régions libérées In: EuGH, Rs. 30/87, Bodson/ Pompes funèbres, Slg. 1988, Seite 2489 – 2506 (zitiert: GA Da Cruz Vilaca).
Dahlke, Peter/ Neumann, Andreas	Regulatorischer Jugendwahn ? – Die Behandlung „neuer Märkte" im TK-Recht MMR 2006, 6/2006, Seite XXII – XXIV.
Dahlke, Peter/ Theis, Nikolaus	„Neue Märkte" in der Rechtsanwendung -Tatbestandsmerkmale und Europarechtskonformität des neuen § 9a TKG- in: CR 2007, Seite 227 – 231.

Darmon, Marco	Schlussanträge des Generalanwalts Marco Darmon vom 15.03.1999 In: EuGH, Rs. C-18/88 RTT/ GB-INNO-BN SA, Slg. 1991- I, Seite 5957 – 5972 (zitiert: GA Darmon).
Deutsche Telekom AG	Geschäftsbericht 2002 abrufbar unter: http://www.downnload-dtag.t-online.de/deutsch/investor-relations/4-finanzdaten/geschaeftsbericht/2002/gb_2002_dt.pdf (abgerufen am 01.05.2003) (zitiert: DTAG, Geschäftsbericht 2002).
dies.	Aktionärsstruktur der DTAG abrufbar unter: http://www.telekom.com/dtag/cms/content/dt/de/22518 (abgerufen am 22.06.2008) (zitiert: DTAG, Aktionärsstruktur).
Dicke, Detlef Christian	Der allgemeine Gleichheitsgrundsatz und die Selbstbindung der Verwaltung In: VerwArch, 59 (1968), Seite 293 – 310.
Dolzer, Rudolf/ Vogel, Klaus/ Graßhof, Karin (Hrsg.)	Bonner Kommentar Band: IV Stand: 80. Lieferung, September 1997 (zitiert: BK/ Dolzer u.a. – Bearbeiter).
Dreier, Horst (Hrsg.)	Grundgesetz - Kommentar Tübingen; 2000 (zitiert: Dreier – Bearbeiter).

Ebel, Hans-Rudolf	Marktbeherrschungsvermutungen im Gesetz gegen Wettbewerbsbeschränkungen In: NJW 1981, Seite 1763 – 1767.
Ehricke, Ulrich/ Becker, Thomas/ Walzel, Daisy	Übermittlung von Fluggastdaten in die USA – Zugleich Urteilsanmerkung zur Entscheidung des EuGH vom 30.Mai 2006 In: RdV 2006, Seite 149 – 156.
Ellinghaus, Ulrich	Der Stand der Telekommunikationsgesetzgebung In: MMR 2003, Seite 91- 95.
Engel-Flechsig, Stefan	Datenschutz im Telekommunikationsrecht Zusammenarbeit und Abgrenzung von Telekommunikationsgesetz, Informations- und Kommunikationsdienste- Gesetz des Bundes und Mediendienstestaatsvertrag der Länder, Seite 83 – 110 In: Datenschutz im Telekommunikationsrecht Büllesbach, Alfred (Hrsg.) Köln; 1997 (zitiert: Engel-Flechsig, in: Büllesbach).
Engel- Flechsig, Stefan/ Maennel, Frithjof A./ Tettenborn, Alexander	Neue gesetzliche Rahmenbedingungen für Multimedia 1. Auflage Bonn; 1998 (zitiert: Engel-Flechsig/ Maennel /Tettenborn).
Engels, Stefan	Regelungen zur rundfunkrechtlichen Frequenzoberverwaltung In: ZUM 1997, Seite 106 – 123.

Erichsen, Hans-Uwe/ Martens Wolfgang	§ 10 Das Verwaltungshandeln In: Allgemeines Verwaltungsrecht Erichsen, Hans-Uwe (Hrsg.) 4. Auflage Berlin, New York; 1979 (zitiert:Erichsen /Martens in: Erichsen (4.))
Faber, Heiko	Verwaltungsrecht 4.Auflage Tübingen; 1995.
Fangmann, Hartmut	Telekommunikation und Poststrukturgesetz In: CR 1997, Seite 647 – 652.
Fehling, Michael	Mitbenutzungsrechte Dritter bei Schienenwegen, Energieversorgungs- und Telekommunikationsleitungen vor dem Hintergrund staatlicher Infrastrukturverantwortung In: AöR, 1996 (121), Seite 59 – 95.
Fesenmair, Joseph	Öffentliche Dienstleistungsmonopole im europäischen Recht Berlin; 1996.
Fraktionen der CDU/CSU, SPD und F.D.P.	Gesetzentwurf der Fraktionen der CDU/CSU, SPD und F.D.P. -Entwurf eines Telekommunikationsgesetzes (TKG)- Deutscher Bundestag, Drucksache 13/3609 vom 30.01.1996 (zitiert: Fraktionen, BT- Drs. 13/3609).
Geiger, Rudolf	EUV/ EGV 3.Auflage München; 2000.

Geppert, Martin/ Ruhle, Ernst-Olav/ Schuster, Fabian	Handbuch für Recht und Praxis der Telekommunikation 1. Auflage Baden-Baden; 1998 (zitiert: Geppert/ Ruhle/ Schuster (1)).
dies.	Handbuch Recht und Praxis der Telekommunikation 2. Auflage Baden- Baden; 2002 (zitiert: Geppert/ Ruhle/ Schuster (2)).
Gersdorf, Hubertus	Der Staat als Telekommunikationsunternehmer In: AfP1998, Seite 470 – 478.
Gitter, Rotraud/ Schnabel, Christoph	Die Richtlinie zur Vorratsdatenspeicherung und ihre Umsetzung in das nationale Recht In: MMR 2007, Seite 411 – 416.
Glassen, Helmut/ von Hahn, Helmut/ Kersten, Hans-Christian/ Rieger, Harald (Hrsg.)	Frankfurter Kommentar zum Kartellrecht -Loseblattsammlung-, Band IV§§ 15 –25 27. Ergänzungslieferung, März 1997 Köln (zitiert: FK/ Glassen u.a. –Bearbeiter)
Grabitz, Eberhard/ Hilf, Meinhard (Begr.)	Das Recht der europäischen Union Altband I, EUV, Art. 1 – 136a EGV (Maastrichter Fassung) Stand: 14. Ergänzungslieferung Oktober 1999 München; 1999 (zitiert: Grabitz/ Hilf – Bearbeiter).

dies.	Das Recht der Europäischen Union Band I, EUV/EGV Stand: 20. Ergänzungslieferung, August 2002 München; 2002 (zitiert: Grabitz/ Hilf – Bearbeiter).
dies.	Das Recht der europäischen Union Band II, EUV/ EGV Stand: 20. Ergänzungslieferung, August 2002 München; 2002 (zitiert: Grabitz/Hilf – Bearbeiter).
Gramlich, Ludwig	Von der Postreform zur Postneuordnung In: NJW 1994, Seite 2785 – 2793.
ders.	Rechtliche Probleme der Finanzierung von Infrastrukturleistungen im Post- und Telekommunikationsbereich durch die Einrichtung eines Infrastrukturauftrags In: ArchivPT 1995, Seite 189 – 216.
ders.	Ohne Regulierung kein Wettbewerb -Zum Start der Regulierungsbehörde für Telekommunikation und Post- In: CR 1998, Seite 463 –472.
ders.	Die Regulierungsbehörde für Telekommunikation und Post im Jahre 1998 In: CR 1999, Seite 489 – 496.
ders.	Die Regulierungsbehörde für Telekommunikation und Post im Jahre 1999 In: CR 2000, Seite 509 – 522.

Haar, Brigitte	Offener Netzzugang in der Telekommunikation In: CR 1996, Seite 713 -718.
Hallenga, Reiner	Europarechtliche Vorgaben für die Liberalisierung von Telekommunikationsnetzmärkten und die Umsetzung in nationales Recht In: Archiv PT, Seite 239 – 246.
Hefekäuser, Hans-Willi	Telekommunikationsmärkte zwischen Regulierung und Wettbewerb In: MMR 1999, Seite 144 – 153.
Herdegen, Matthias	Europarecht 3.Auflage München; 2001.
ders.	Freistellung neuer Telekommunikationsmärkte von Regulierungseingriffen In: MMR 2006, Seite 580 – 585.
Hoeren, Thomas/ Sieber, Ulrich	Handbuch Multimedia-Recht München; 2002 (zitiert: Hoeren/ Sieber (Teil) – Bearbeiter).
Hoffmann-Riem, Wolfgang	Öffentliches Recht und Privatrecht als wechselseitige Auffangordnungen –Systematisierung und Entwicklungsperspektiven, Seite 261 - 336 In: ders./ Schmidt-Aßmann (Hrsg.) 1.Auflage Baden-Baden; 1996 (zitiert: Hoffmann-Riem in: ders-/Schmidt-Aßmann).

Holznagel, Bernd/ Enaux, Christoph/ Nienhaus, Christian	Grundzüge des Telekommunikationsrechts 1. Auflage München; 2001 (zitiert: Holznagel/Enaux/ Nienhaus (1)).
dies.	Telekommunikationsrecht Rahmenbedingungen – Regulierungspraxis 2. Auflage München; 2006 (zitiert: Holznagel/ Enaux/ Nienhaus (2)).
Huber, Andrea/ von Mayerhofen, Martina	„Review 1999" der EU-Kommission In: MMR 1999, Seite 593 –596 (zitiert: Huber/ v. Mayerhofen).
Immenga, Ulrich	Auslegung des Marktbeherrschungsbegriffs im TKG In: MMR 2000, Seite 141 – 150.
Immenga, Ulrich/ Kirchner, Christian	Zur Neugestaltung des deutschen Telekommunikationsrechts In: TKMR 2002, Seite 340 – 355.
Immenga, Ulrich/ Mestmäcker, Ernst-Joachim	GWB -Kommentar- 3. Auflage München; 2001 (zitiert: Immenga/ Mestmäcker- Bearbeiter).
Institut für Europäisches Medienrecht (EMR)	EU: Kommission stellt TK-Paket vor In: MMR 2008, 1/2008, Seite XVIII – XVIII.

Jarras, Hans/ Pieroth, Bodo	Grundgesetz für die Bundesrepublik Deutschland 6. Auflage 2002; München (zitiert: Jarras/ Pieroth – Bearbeiter).
Kemmler, Anne	Telekommunikationsgesetz (TKG) In: ArchivPT, Seite 321 – 330.
Klaue, Siegfried/ Schwintowski, Hans-Peter	Marktabgrenzung und Marktbeherrschung im Telekommunikationssektor 1.Auflage 2001 Baden-Baden; 2001 (Klaue/ Schwintowski – Bearbeiter).
Klodt, Henning/ Laaser, Claus- Friedrich/ Lorz, Jens –Oliver/ Maurer, Rainer	Wettbewerb und Regulierung in der Telekommunikation Tübingen; 1995.
Klotz, Robert	Die neuen EU-Richtlinien über elektronische Kommunikation: Annäherung der sektorspezifischen Regulierung an das allgemeine Kartellrecht In: K&R- Beilage 1/2003, Seite 3 – 8.
Klöck, Oliver	Rechtliche Probleme der Versteigerung von UMTS- Lizenzen Im: RTkom 2000, Seite 280 – 290.
Knauth, Peter	Perspektiven und Herausforderungen der Telekommunikationspolitik aus nationaler Sicht In: MMR 2008, Beihefter 3, Seite 9 - 11.
Koenig, Christian	Regulierungsoptionen für die Neuen Medien in Deutschland In: Beilage zu MMR 12/1998, Seite 1 – 15.

Koenig, Christian/ Loetz, Sascha/ Senger, Marion	Die regulatorische Behandlung neuer Märkte im Telekommunikationsrecht In: K&R 2006, Seite 258 – 262.
König, Klaus	Entwicklungen der Privatisierung in der Bundesrepublik Deutschland – Probleme, Stand, Ausblick- In: VerwArch 79 (1988), Seite 241 – 271.
Krebs, Walter	§ 69 Die Verwaltungsorganisation, Seite 567 – 622 In: Handbuch des Staatsrechts, Band III Handeln des Staates Hrsg.: Irenes, Josef/ Kirchhof, Paul Heidelberg; 1988 (zitiert: Krebs in HbdStR).
Krempl, Stefan	Vorratsdatenspeicherung: Schwere Eingriffe ins Privatleben der Europäer, heise.de vom 22.02.2006, abrufbar unter: http://www.heise.de/newsticker/Vorratsdatenspeicherung-Schwerer-Eingriff-ins-Privatleben-der-Europaeer--/meldung/69948 (abgerufen am 23.06.2008).
ders.	Irland und Slowakei legen Klage gegen Vorratsspeicherung ein Krempl, heise.de vom 01.06.2006, abrufbar unter: http://www.heise.de/newsticker/Irland-und-die-Slowakei-legen-Klage-gegen-Vorratsdatenspeicherung-ein--/meldung/73751 (abgerufen am 23.06.2008).
Krüger, Reinald	Marktabgrenzung im Telekommunikationssektor und die Definition von beträchtlicher Marktmacht (SMP) In: K&R- Beilage 1/2003, Seite 9 – 18.

Kühling, Jürgen	§ 9a TKG-E Innovationsschutz durch Regulierungsverzicht oder Steigerung der Regulierungskomplexität In: K & R 2006, Seite 263 – 272.
Langen, Eugen (†)/ **Bunte, Hermann-Josef** (Hrsg.)	Kommentar zum deutschen und europäischen Kartellrecht Band 1 9. Auflage Neuwied, Kriftel; 2001 (zitiert: Langen/ Bunte - Bearbeiter).
Lecheler, Helmut	Der Verpflichtungsgehalt des Art. 87 I 1 GG - Fessel oder Richtschnur für die bundesunmittelbare Verwaltung? In: NVwZ, 1989, Seite 834 – 837.
Lenz, Carl Otto (Hrsg.)	EG-Vertrag Kommentar zu dem Vertrag zur Gründung der Europäischen Gemeinschaften 2. Auflage Köln; 1999 (zitiert: Lenz – Bearbeiter).
Leo, Hubertus/ Schellenberg, Martin	Die Regulierungsbehörde für Telekommunikation und Post In: ZUM 1997, Seite188 – 197.
Lerche, Peter	Fernmeldemonopol und gesetzliche Bewegungsfreiheit, Seite 75 - 83 In: Festschrift für Klaus Obermayer zum 70. Geburtstag Hrsg.: Richard Bartelsperger / Dirk Ehlers, Werner Hofmann, / Dietrich Pirson München; 1986 (zitiert: Lerche, FS Obermayer).

Libertus, Michael	EU- Kommission leitet Vertragsverletzungsverfahren ein In: TMR 2002, Seite 330 – 330.
Manssen, Gerrit (Hrsg.)	Telekommunikations- und Multimediarecht -Ergänzbarer Kommentar-, Band 1 § 2, 6, 8 - 9. Ergänzungslieferung, März 2003 §§ 66 – 82 - 8. Ergänzungslieferung, Januar 2003 Berlin; 2003 (zitiert: Manssen- Bearbeiter).
Maunz, Theodor / Dürig, Günther	Grundgesetz -Kommentar- Band I Stand. 40 Ergänzungslieferung, November 2002 München; 2002 (zitiert: Maunz/ Dürig- Bearbeiter).
dies.	Grundgesetz -Kommentar- (vormals Loseblattsammlung) Band III, Art. 38 – 91 Stand: 17. Ergänzungslieferung, 1962/ 1979 München; 1991 (zitiert: Maunz/ Dürig – Bearbeiter).
dies.	Grundgesetz -Kommentar- Band IV, Art. 53a – 88 Loseblattsammlung Art. 73 - Stand: 27. Ergänzungslieferung, März 1988 Art. 86: - Stand: 28. Ergänzungslieferung, Dezember 1989 Art. 87f : Stand 32.Ergänzungslieferung, Oktober 1996 München; 2002 (zitiert: Maunz/ Dürig- Bearbeiter).

dies.	Grundgesetz -Kommentar- Band V, Art. 89 - 146 Loseblattsammlung Art. 143b - 32. Ergänzungslieferung, Oktober 1996 München; 2003 (Maunz/ Dürig – Bearbeiter).
Maurer, Hartmut	Allgemeines Verwaltungsrecht 9. Auflage München; 1994 (zitiert: Maurer (1)).
ders.	Allgemeines Verwaltungsrecht 14. Auflage München; 2002 (zitiert: Maurer (2)).
Mestmäcker, Ernst-Joachim	Über den Einfluß von Ökonomie und Technik auf Recht und Organisation der Telekommunikation und der elektronischen Medien, Seite 13 - 178 In: Kommunikation ohne Monopole II ders. (Hrsg.) 1.Auflage Baden-Baden; 1995 (zitiert: Mestmäcker in: Mestmäcker).
Möschel, Wernhard	Privatisierung, Deregulierung und Wettbewerbsordnung In: JZ, 1988, Seite 855 – 893 (zitiert: Möschel, JZ).
ders.	Regulierungswirrwarr in der Telekommunikation In: Beilage zu MMR 3/1999, Seite 3 – 6 (zitiert: Möschel, MMR).

Monopolkommission	Wettbewerbsentwicklung bei Telekommunikation und Post 2001: Unsicherheit und Stillstand (Sondergutachten 33) Sondergutachten der Monopolkommission gemäß § 81 Abs.3 Telekommunikationsgesetz und § 44 Postgesetz 1.Auflage Baden-Baden; 2002 abrufbar unter http://www.monopolkommission.de/sg_33/text_s33.pdf (abgerufen am: 04.01.2003) (zitiert: Monopolkommission, Sondergutachten 33).
dies.	Telekommunikation und Post 2004: Wettbewerbsintensivierung in der Telekommunikation – Zementierung des Postmonopols (Sondergutachten 39) Baden-Baden, 2004 abrufbar unter: http://www.monopolkommission.de/sg_39/text_s39.pdf (abgerufen am 28.06.2008) (zitiert: Monopolkommission, Sondergutachten 39).
dies.	Zur Reform des Telekommunikationsgesetzes Sondergutachten der Monopolkommission gemäß § 44 Abs. 1 Satz 4 GWB (Sondergutachten 40) Baden-Baden; 2004 Abrufbar unter http://www.monopolkommission.de/sg_40/text_s40.pdf (abgerufen am 27.06.2008) (zitiert: Monopolkommission, Sondergutachten 40).

dies.	Wettbewerbsentwicklung bei der Telekommunikation 2007: Wendepunkt der Regulierung (Sondergutachten 50) Baden-Baden; 2007 abrufbar unter: http://www.monopolkommission.de/sg_50/text_s50.pdf (zitiert: Monopolkommission, Sondergutachten 50).
Montag, Jerzy/ Leutheusser- Schnarrenberger, Sabine/ Korte, Jan	Antrag vom 26.04.2006 an den Deutschen Bundestag Richtlinie zur Vorratsdatenspeicherung durch den Europäischen Gerichtshof prüfen lassen Drucksache 16/1622 vom 26. 05. 2006 BT-Drs. BT-Drs. 16/1622, Seite 1 – 6.
Müller, Werner (als Bundesminister für Wirtschaft)	Bekanntmachung einer allgemeinen Weisung nach § 44 des Postgesetzes an die Regulierungsbehörde für Telekommunikation und Post vom 29. März 2000 In: Bundesanzeiger 2000 vom 07.04.2000, Nr. 69. Seite 6374 (zitiert: Müller in Bundesanzeiger).
Müller-Using, Detlev	Nochmals: zu den verfassungsrechtlichen Aspekten der Postreform II (-Eine Erwiderung-) In: Archiv PT, 1995 Seite 46 – 47.
Müller-Trepitz, Ralf	Die Regulierungsbehörde für den Telekommunikationsmarkt In: ZG 1997, Seite 257 – 274.
Nolte, Norbert	Lizenzierung von Telekommunikationsunternehmen In: CR 1996, Seite 459 – 466.

Oertel, Klaus   Die Unabhängigkeit der Regulierungsbehörde nach §§ 6ff. TKG
                                1.Auflage
                                Berlin; 2000.

Ossenbühl, Fritz   § 11 Rechtsquellen und Rechtsbindungen in der Verwaltung
                                In: Allgemeines Verwaltungsrecht
                                Erichsen, Hans Uwe (Hrsg.)
                                11. Auflage
                                Berlin, New York;1998
                                (zitiert: Ossenbühl in: Erichsen (11.)).

Papier, Hans-Jürgen   § 41 Die Arten der öffentlichen Sache
                                In: Allgemeines Verwaltungsrecht
                                Erichsen, Hans-Uwe/ Ehlers, Dirk (Hrsg.)
                                12. Auflage
                                Berlin, New York; 2002.
                                (zitiert: Papier in: Erichsen/ Ehlers)

Paulweber, Michael   Regulierungszuständigkeiten in der Telekommunikation
                                1.Auflage
                                Baden-Baden; 1999.

Pescatore, Pierre   Die „Einheitliche Europäische Akte"
                                Eine ernste Gefahr für den Gemeinsamen Markt
                                In: EuR 1996, Seite 157 – 169.

Pietzcker, Joerg   Selbstbindung der Verwaltung
                                In: NJW 1981, Seite 2087 – 2093.

Plagemann, Jürgen/ Bachmann, Ulrich	Die verfassungsrechtliche Zulässigkeit einer privatrechtlichen Organisation der Deutschen Bundespost In: DÖV 1987, Seite 807 – 815 (zitiert: Plagemann/ Bachmann).
Polster, Stephan	Das Telekommunikationsrecht der europäischen Gemeinschaft 1. Auflage Wien; 1999.
Püttner, Günter	Die öffentlichen Unternehmen 2. Auflage Stuttgart, München, Hannover; 1985 (zitiert: Püttner, Unternehmen).
ders.	Verwaltungsrechtslehre 3. Auflage München; 2000 (zitiert: Püttner, Verwaltungsrechtslehre).
Regulierungsbehörde für Telekommunikation und Post	Mitteilung Nr. 581/1999 Veröffentlichung nach § 9 EntgV: hier: Tenor der Entscheidung vom 13.12.1999 ABl. RegTP, 23/1999, S. 4129 (zitiert: RegTP, Mitteilung Nr.581/1999).
dies.	Mitteilung Nr.574/2001 vom 17.10.2002 Verwaltungsvorschrift zur Auslegung von § 19 GWB im Sinne von Richtlinie 97/33/EG ABl. RegTP, 20/2001, Seite 3086 (zitiert: RegTP, Mitteilung Nr. 574/2002).

dies.	Verfügung 40/2002 vom 18.12.2002 Aussetzung der Verpflichtung zur Sicherstellung der Betreibervorauswahl bei Ortsgesprächen ABl. RegTP, 24/2002, Seite 1756 (zitiert: RegTP, Vfg. 40/2002).
dies.	Verfügung 9/2003 vom 05.03.2003 Aussetzung der Verpflichtung zur Sicherstellung der Betreiberauswahl bei Ortsgesprächen aus technischen Gründen ABl. RegTP, 5/2003, Seite 306ff- 310 (zitiert: RegTP, Vfg. 9/2003).
Riehmer, Klaus	Klaus Riehmer Organisation und Regulierung der Telekommunikation in Deutschland Seite 369 – 395 In: Kommunikation ohne Monopole II Mestmäcker, Hans-Joachim (Hrsg.) 1. Auflage Baden-Baden; 1995 (zitiert: Riehmer in: Mestmäcker).
Rittaler, Jan	Der Wettbewerb in der Telekommunikation In: WuW 1996, Seite 699 – 707.
Rittner, Fritz	Das Ermessen der Kartellbehörde In: Festschrift für Heinz Kaufmann zum 65. Geburtstag Seite 307 – 325 Hrsg.: Horst Bartholomeyczik, Kurt Biedenkopf, Helmut von Hahn Köln; 1972 (zitiert: Rittner, FS Kaufmann).

Roßnagel, Alexander (Hrsg.)	Recht der Multimediadienste Kommentar Zweiter Teil. Teledienstegesetz Stand: 2. Ergänzungslieferung November 2000 München; 2001 (zitiert: Roßnagel, Teil 2)- Bearbeiter).
Roßnagel, Alexander/ Wedde, Peter	Die Reform der Deutschen Bundespost im Licht des Demokratieprinzips In: DVBl. 1988, Seite 562 – 571.
Rottmann, Michael	Zu den verfassungsrechtlichen Aspekten der Postreform II In: ArchivPT 1994, Seite 193 – 197.
Rudolf, Walter	§ 52 Organisationsrecht In: Allgemeines Verwaltungsrecht Erichsen, Hans Uwe (Hrsg.) 11. Auflage Berlin, New York;1998 (zitiert: Rudolf in: Erichsen (11.)).
Rusteberg, Benjamin	Die EG-Richtlinie zur Vorratsdatenspeicherung von Verkehrsdaten im System des europäischen Grund- und Menschrechtsschutzes In: VBL.BW, Seite 171 – 177.
Schaar, Peter	EuGH-Entscheidung zur Fluggastdatenübermittlung – Grund zur Begeisterung ? In: MMR 2006, Seite 425 – 526.

Sachs, Michael (Hrsg.)	Grundgesetz -Kommentar- 3. Auflage München; 2003 (zitiert: Sachs – Bearbeiter).
Salje, Peter	Marktbeherrschung auf Telekommunikationsmärkten In: K&R 1998, Seite 331 – 339.
Scherer, Joachim	Telekommunikationsrecht und Telekommunikations- politik 1. Auflage Baden-Baden; 1985 (zitiert: Scherer, Telekommunikationspolitik).
ders.	Das neue Telekommunikationsgesetz In: NJW 1996, Seite 2953 – 2962.
ders.	Das Bronner-Urteil des EuGH und die Essential- Facilities-Doktrin In: MMR 1999 Seite 315 -320.
ders.	Die Umgestaltung des europäischen und deutschen Telekommunikationsrechts durch das EU- Richtlinienpaket Teil I In: K&R 2002, 273 – 288.
Scheurle, Klaus-Dieter/ Lehr, Gernot/ Mayen, Thomas	Telekommunikationsrecht Stand: 1. Juli 2000 2.Auflage München; 2000.

Schmidt, Walter	Bundespost und Bundesbahn als Aufgaben der Leistungsverwaltung In: NJW 1964, S. 2390 – 2394.
Scholler, Heinrich	Selbstbindung und Selbstbefreiung der Verwaltung In: DVBl. 1968, Seite 409 – 416.
Schumacher, Matthias	Das Richtlinienpaket zur Neuordnung der Telekommunikationsmärkte und seine Umsetzung im TKG 2004 Hamburg, 2007.
Schütz, Raimund	Wettbewerb und Innovation durch Deregulierung von Märkten? In: MMR 2008, Beihefter 3, Seite 13 – 15.
Schütz, Raimund/ Attendorn, Thorsten	Das neue Telekommunikationsrecht in der Europäischen Union – Was muss Deutschland ändern? In: MMR/ Beilage 4/2002, Seite 1 – 56.
Schwintowski, Hans-Peter	Ordnung und Wettbewerb auf Telekommunikationsmärkten In: CR 1997 Seite 630 – 638.
Simitis, Spiros	Übermittlung der Daten von Flugpassagieren in die USA: Dispens vom Datenschutz? In: NJW 2006, Seite 2011 – 2014.
Spoerr, Wolfgang/ Deutsch, Markus	Das Wirtschaftsverwaltungsrecht der Telekommunikation –Regulierung und Lizenzen als neue Schlüsselbegriffe des Verwaltungsrechts? In: DVBl. 1997, Seite 300 – 309 (zitiert: Spoerr/ Deutsch).

Stein, Ekkehart/ Frank, Götz	Staatsrecht 17. Auflage Tübingen; 2000 (zitiert: Stein/ Götz).
Steiner, Udo	§ 81 Verkehr und Post In: Handbuch des Staatsrechts der Bundesrepublik Deutschland Band III, Handeln des Staates Isensee, Josef/ Kirchhof, Paul (Hrsg.) (zitiert: Steiner in: HbdStR).
Stern, Klaus	Postreform zwischen Privatisierung und Infrastrukturgewährleistung In: DVBl. 1997, Seite 309 – 316.
Streinz, Rudolf	Europarecht 5. Auflage Heidelberg; 2001.
ders.	EUV/ EGV Vertrag über die Europäische Union und Vertrag zur Gründung des Europäischen Gemeinschaft München; 2003 (zitiert: Streinz - Bearbeiter).
Tarrant, Andrew	Significant market power and dominance in the regulation of telecommunications markets In: E.C.L.R. 2000, Seite 320 – 325.
Tesauro, Giuseppe	Schlussanträge des Generalanwalts Giuseppe Tesauro vom 13.02.1990 In: EuGH, Rs. C- 202/88, Frankreich/ Kommission, Slg. I – 1239- 1258.

Trafkowski, Armin	Medienkartellrecht München; 2002.
Traugott, Rainer	Zur Abgrenzung der Märkte In: WuW, 1998, Seite 929 – 939.
Ulmen, Winfried/ Gump, Thomas Klaus	Die neue Regulierungsbehörde für Post und Telekommunikation In: CR 1997, Seite 396 – 402.
Verband deutscher Internetwirtschaft eco e.V.	TK-Review: Überarbeitung schreitet voran In: MMR 2008, 05/2008, S. XVII – XVIII.
von Burchard, Friedrich	Die Kompetenzen der EG-Kommission nach Art. 90 III EWGV In: EuZW 1991, Seite 339 – 343.
von der Groeben, Hans/ Thiesing, Jochen/ Ehlermann, Claus-Dieter (Hrsg.)	Kommentar zum EU-/EG-Vertrag Band 1 Artikel A-F EUV, Artikel 1-84 EGV 5. Auflage Baden-Baden; 1997 (zitiert: GTE- Bearbeiter).
dies.	Kommentar zum EU-/ EG- Vertrag Band 2/II Artikel 88 –102 EGV 5. Auflage Baden-Baden; 1999 (zitiert: GTE – Bearbeiter).

von Maibom, Wolfgang/ Freiherr von dem Bussche, Axel	Notwendigkeit einer Rückführung der TK-Regulierung In: MMR 2000, Seite 206 – 210 (zitiert: von Maibom/ von dem Bussche).
von Mangoldt, Hermann (Begr.)/ Klein, Friedrich	Das Bonner Grundgesetz Band III 2.Auflage München; 1974 (zitiert: v. Mangoldt - Klein).
von Mangoldt, Hermann (Begr.)/ Klein Friedrich/ Starck, Christian (Hrsg.)	Das Bonner Grundgesetz Band 2: Art. 20 – 78 Auflage München; 2001 (zitiert: v. Mangoldt/ Klein/ Starck – Bearbeiter).
dies.	Band 3: Art. 79 – 146 4. Auflage München; 2001 (zitiert: v. Mangoldt/ Klein/ Starck – Bearbeiter).
von Münch, Ingo (Begr.)/ Kunig, Philip (Hrsg.)	Grundgesetz-Kommentar Art. 70 bis Art. 146 3.Auflage München; 1996 (zitiert: von Münch/Kunig- Bearbeiter).
Wassermann, Rudolf (Gesamthrsg.) Denninger, Erhard/ Hoffman -Riem, Wolfgang/ Schneider, Hans- Peter/ Stern, Ekkehart (Hrsg.)	Kommentar zum Grundgesetz für die Bundesrepublik Deutschland -Reihe Alternativkommentare- Loseblattsammlung Stand: 2. Ergänzungslieferung, August 2002 3.Auflage Neuwied, Kriftel; 2001 (zitiert: Wasserman/AK- Bearbeiter).

Wegmann, Winfried	Regulierte Marktöffnung in der Telekommunikation – Die Steuerungsinstrumente des Telekommunikationsgesetzes (TKG) im Lichte „regulierter Selbstregulierung" 1. Auflage Baden-Baden; 2001.
Westphal, Dietrich	Die neue EG-Richtlinie zur Vorratsdatenspeicherung – Privatsphäre und Unternehmerfreiheit unter Sicherheitsdruck In: EuZW 2006, Seite 555 – 560.
Wichmann, Manfred/ Meier, Peter	Die Gemeinden, die Post und die Breitbandverkabelung, In: DVBl. 1987, Seite 814 – 819.
Windthorst, Kay	Der Universaldienst im Bereich der Telekommunikation Berlin; 2000.
ders.	Regulierungsansätze im deutschen und US-amerikanischen Telekommunikationsrecht (II) In: CR 1998, Seite 340 – 345.
Witte, Eberhard (Hrsg.)	Neuordnung der Telekommunikation, Bericht der Regierungskommission Fernmeldewesen Heidelberg; 1987.
Wuermeling, Ulrich/ Felixberger, Stefan	Fernmeldegeheimnis und Datenschutz im Telekommunikationsgesetz In: CR 1997, Seite 230 – 238.

Das europäische Telekommunikationsrecht und seine Umsetzung in Deutschland

Ziel dieser Arbeit ist es, zunächst die Entwicklung des europäischen Telekommunikationsrechts von seinen Anfängen in den achtziger Jahren bis zur Verabschiedung des im Wesentlichen aus sechs Richtlinien bestehenden sogenannten „Neuen Rechtsrahmens"[1] im Jahre 2002 zu erläutern. Dabei werden an ausgewählten Beispielen, Probleme bei der bisherigen Umsetzung des europäischen in das deutsche Recht aufgezeigt. Darüberhinaus wird die weitere Entwicklung einzelner Aspekte des europäischen und deutschen Telekommunikationsrechts bis in das Jahr 2008 hinein untersucht.

Bei Erstellung dieser Arbeit wurden grundsätzlich Literatur, Rechtsprechung und die Rechtsentwicklung auf der Ebene der Europäischen Union bis Ende Januar 2003 berücksichtigt. Darüberhinausgehende Rechtsentwicklungen auf nationaler oder europäischer Ebene konnten – abgesehen von der Bearbeitung spezieller neuerer Problemfelder (vgl. D.V, E , F) – nur noch in einzelnen Punkten eingearbeitet werden.

A. Einführung: Vom staatlichen Monopol zur Liberalisierung der Telekommunikationsmärkte in Europa

Nachdem zunächst versucht wird den Begriff der Telekommunikation im Europarecht zu definieren, erfolgt eine Darstellung der Situation auf den Telekommunikationsmärkten in Europa vor dem Beginn der Liberalisierungsbemühungen in den achtziger Jahren. Anschließend werden die Anfänge der Liberalisierungsmaßnahmen der Europäischen Kommission in den achtziger Jahren dargestellt und die Gründe für diese Initiative zur Liberalisierung aufgezeigt.

I. Der Begriff Telekommunikation im Gemeinschaftsrecht: Versuch einer Definition

Der Begriff der Telekommunikation wurde bisher in gemeinschaftlichen Rechtsakten nicht ausdrücklich definiert[2]. Eine Definition dieses Begriffes lässt sich aber anhand der Umschreibungen der Begriffe Telekommunikationsdienst und Telekommunikationsnetz ableiten. Telekommunikations-

---

[1] Immenga/ Kirchner, TKMR 2002, S. 340, 341.
[2] vgl. Polster, S.2.

dienste sind nach der sog. „Diensterichtlinie"[3] und der „ONP- Rahmenrichtlinie"[4] „Dienste, die ganz oder teilweise aus der Übertragung und Weiterleitung von Signalen auf dem öffentlichen Telekommunikationsnetz durch Telekommunikationsverfahren bestehen, mit Ausnahme von Rundfunk und Fernsehen"[5]. Dazu zählen etwa der Sprachtelefondienst, also „die kommerzielle Bereitstellung für die Öffentlichkeit des direkten Transports und der Vermittlung von Sprache in Echtzeit von und zu Netzabschlusspunkten des öffentlich, vermittelnden Netzes, wobei jeder Benutzer das an solch einem Netzabschlusspunkt angeschlossene Endgerät zur Kommunikation mit einem anderen Netzabschlusspunkt verwenden kann"[6] und verschiedene Mehrwertdienste[7] (z.B. Fax). Ein öffentliches Telekommunikationsnetz ist entsprechend der beiden oben genannten Richtlinien „die öffentliche Telekommunikationsinfrastruktur, mit der Signale zwischen definierten Netzabschlusspunkten über Draht, über Richtfunk, auf optischem oder anderem elektromagnetischem Weg übertragen werden"[8]. Netzabschlusspunkte sind „alle physischen Verbindungen und technischen Zugangsspezifikationen, die Bestandteile des öffentlichen Telekommunikationsnetzes sind und die für den Zugang zu diesem Netz und zur effizienten Kommunikation mittels dieses Netzes erforderlich sind"[9]. Diese Definitionen wurden durch spätere Rechtssetzungsakte auf der Ebene der europäischen Gemeinschaft in Teilen zwar noch geändert[10], aber ihre Bedeutung blieb in den hier wesentlichen Kernpunkten erhalten, so dass als Tele-

---

[3] Scheurle/ Lehr/ Mayen, S. XVIII.
[4] Holznagel/ Enaux/ Nienhaus (1), S. 223.
[5] Art. 1 I, Vierter Spiegelstrich der Richtlinie 90/388/EWG (im Folgenden: „Diensterichtlinie") der Kommission vom 28.06.1990 über den Wettbewerb auf dem Markt für Telekommunikationsdienste, ABl. EG Nr. L 192 vom 24.07.1990, S.10, 15; Art. 2 Nr.4 der Richtlinie 90/387/EWG des Rates vom 28.06.1990 zur Verwirklichung des Binnenmarktes für Telekommunikationsdienste durch Einführung eines offenen Netzzugangs (Open Network Provision – ONP) (im Folgenden: „ONP- Rahmenrichtlinie"), ABl. EG Nr. L 192 vom 24.07.1990, S.1, 3.
[6] Art. 1 I, Siebter Spiegelstrich „Diensterichtlinie", ABl. EG Nr. L 192 vom 24.07.1990, S.10, 15
[7] Mehrwertdienste, sind in Abgrenzung zu den „Grund(telekommunikations)diensten" wie Telefon und Telex, solche Dienste, die über die grundlegende Transportfunktion hinaus noch zusätzliche Funktionen anbieten (vgl. Grünbuch über die Entwicklung des Gemeinsamen Marktes für Telekommunikationsdienstleistungen und Telekommunikationsendgeräte vom 30.06.1987 (im Folgenden: Grünbuch Telekommunikation 1987), KOM (87), 290, S. 34ff).
[8] Art. 1 I, Dritter Spiegelstrich „Diensterichtlinie", ABl. EG Nr. L 192 vom 24.07.1990, S.10, 15; Art. 2 Nr.3 der „ONP-Rahmenrichtlinie", ABl. EG Nr. L 192 vom 24.07.1990, S1,3.
[9] Art. 2 Nr.5 „ONP-Rahmenrichtlinie", ABl. EG Nr. L 192 vom 24.07.1990, S1,3.
[10] vgl. Art. 1 I fünfter Spiegelstrich, „Diensterichtlinie" in der Fassung der Richtlinie 95/51/EG vom 18.1.1995 ABl. EG Nr. L 256 vom 26.10.1995, S. 49, 53; vgl. Art. 1, vierter Spiegelstrich der „Diensterichtlinie", in der Fassung der Richtlinie 96/19/EG vom 13.03.1996, ABl. EG Nr. L 74 vom 22.03.1996, S. 13, 21.

kommunikation im gemeinschaftsrechtlichen Sinne die Übertragung von Signalen zwischen definierten Netzabschlusspunkten über Draht, Funk, auf optischem oder anderem elektromagnetischem Weg mit Ausnahmen des Rundfunks[11] und des Fernsehens anzusehen ist[12]. Der Begriff der Telekommunikation im deutschen Recht (insbes. im Grundgesetz und im TKG) wird später erläutert[13], wobei schon an dieser Stelle darauf hingewiesen sei, dass der Begriff der Telekommunikation auf der Ebene des Grundgesetzes erst durch die im Zuge der Postreform II erfolgten Grundgesetzänderung in das deutsche Recht eingefügt wurde und den vorher gebräuchlichen Begriff des „Fernmeldewesens" dabei ohne inhaltliche Veränderungen des Begriffes ersetzte[14]. Ab diesem Zeitpunkt war somit eine Anpassung an den international üblichen Sprachgebrauch gegeben[15].

II. Telekommunikation als Bestandteil „staatlicher Daseinsvorsorge"

Bis in die achtziger Jahre wurde in sämtlichen Mitgliedsstaaten der Europäischen Gemeinschaft die Versorgung der Bevölkerung mit Telekommunikation, also die Erbringung von Dienstleistungen im Bereich der Telekommunikation und die Bereitstellung eines flächendeckenden Telekommunikationsnetzes als eine Aufgabe „staatlicher Daseinsvorsorge" verstanden[16]. Dieser Bereich wurde somit als eine ausschließliche Staatsaufgabe angesehen, so dass Wettbewerb nicht möglich war[17]. Die Leistungserbringung im Bereich der Telekommunikation wurde staatlichen Fernmeldeorganisationen[18] zugewiesen, die mit entsprechenden Monopolrech-

---

[11] Zur Abgrenzung von Telekommunikation und Rundfunk im nationalen Recht vgl. unter D.III.2.a..
[12] vgl. Polster, S.2.
[13] vgl. Erläuterungen unter D.III.2.a) und D.IV.3.a.).
[14] Begründung der Regierung zum Entwurf eines Gesetzes zur Änderung des Grundgesetzes, Bundesregierung in BT-Drs. 12/7269, S.4; Siehe dazu auch Erläuterungen unter D.III.2.a)
[15] Maunz/ Dürig – Lerche Art. 87f Rdnr. 49.
[16] v. Mangoldt/ Klein/ Starck – Gersdorf, Art. 87f Rdnr. 3; vgl. Holznagel/ Enaux/ Nienhaus (1), S. 3 und 7; vgl. Geppert/ Ruhle/ Schuster (1) Rdnr. 1ff.
[17] v. Mangoldt/ Klein/ Starck – Gersdorf a.a.O..
[18] Fernmeldorganisationen sind nach Art.1 I, erster Spiegelstrich der „Diensterichtlinie" (Abl. EG Nr. L 192 vom 24.04.1990, S. 10, 14) „staatliche oder private Einrichtungen einschließlich von ihnen kontrollierter Unternehmen, denen ein Mitgliedstaat besondere oder ausschließliche Rechte zur Bereitstellung von öffentlichen Telekommunikationsnetzen und gegebenenfalls zur Erbringung von Telekommunikationsdiensten gewährt". Der Begriff wurde später auch in der deutschen Übersetzung der europäischen Richtlinien als „Telekommunikationsorganisation" bezeichnet, ohne das damit inhaltlich ein Unterschied verbunden sein sollte (vgl. Erwägungsgrund 4, Richtlinie 96/19/EG, ABl. EG Nr. L 74 vom 22.03.1996, S. 13, 13 und siehe zur Erset-

ten, also mit ausschließlichen Rechten[19], ausgestattet waren, die die Erbringung von Dienstleistungen im Bereich der Telekommunikation betrafen und die ihnen auch den Betrieb des Telekommunikationsnetzes zuwiesen[20]. In Deutschland wurden diese Monopolrechte durch die Deutsche Bundespost wahrgenommen[21]. Es gab drei wesentliche Gründe für die Einrichtung dieses staatlichen Monopols.

1. Telekommunikationswesen als Beispiel für ein „natürliches Monopol"

Zum einen wurde die Ansicht vertreten, dass die Versorgung mit Telekommunikationsdienstleistungen bzw. das Telekommunikationswesen an sich ein sogenanntes „natürliches Monopol" sei[22]. Ein solches liegt nach der ökonomischen Monopoltheorie dann vor, wenn die am Markt nachgefragte Menge eines Gutes oder einer Dienstleistung von einem einzigen (staatlichen Monopol-) Anbieter zu niedrigeren Kosten produziert werden kann als von jeder größeren Anzahl von Unternehmen[23]. Bei Vorliegen eines „natürlichen Monopols" ist also eine Marktsituation gegeben, in der Wettbewerb, aufgrund der Vorteile, die ein einzelner Anbieter gegenüber mehreren Anbietern hat, nicht möglich und nicht wünschenswert erscheint[24]. Ein Vorteil lag gerade im Bereich der Telekommunikation darin, dass kostenintensive Leitungsnetze zur Versorgung der Kunden erforderlich waren und eine Duplizierung dieser Netze volkswirtschaftlich nicht wünschenswert schien[25]. Ein solches Monopol hatte zudem den Vorteil, dass verschiedene Synergieeffekte bei einem Anbieter gebündelt würden, statt sie auf mehrere Unternehmen zu verteilen[26]. Bei einem alleinigen Anbieter eines Gutes entstehen Kostenvorteile im Verhältnis zu mehreren kleinen Produzenten dadurch, dass bei einem größeren Output die durchschnittlichen Herstellungskosten mit größer werdender Herstellungsmenge

---

zung des Begriffes des Fernmeldewesens durch den Begriff der Telekommunikation in der deutschen Verfassung unter D.III.2.a.
[19] vgl. v. Mangoldt/ Klein/ Starck – Gersdorf, Art. 87f Rdnr. 6; vgl. zur Erläuterung des Begriffes näher unter B.II.2..
[20] Holznagel/ Enaux/ Nienhaus (1), S.3; v. Mangoldt/ Klein/ Starck – Gersdorf, Art. 87f Rdnr. 3
[21] Maunz/ Dürig – Lerche, Art. 87f Rdnr. 17f, 22.
[22] BeckTKG / Büchner u.a.– Schuster, § 1 Rdnr. 1; Geppert/ Ruhle/ Schuster (1) Rdnr. 2; vgl. Hallenga, ArchivPT 1996, S. 239, 239.
[23] Bohne, S. 23f.
[24] vgl. Klodt/ Laaser/ Lorz/ Maurer, S. 24.
[25] Fesenmair, S. 154.
[26] Bohne, S. 23.

abnehmen[27]. Diese Größenvorteile (economies of scale) ergeben sich bezüglich der Telekommunikation auch aus dem schon vorhandenen Netzverbund[28]. Wenn ein Anbieter über ein ausgebautes und flächendeckendes Telekommunikationsnetz verfügt, dann ist es mit minimalem Kostenaufwand möglich neue Kunden an das Netz anzuschließen. Diese Neukunden haben durch das große Netz den Vorteil durch nur eine neue Leitung Zugang zu allen anderen Kunden desselben Netzes zu erlangen[29]. Zudem entstehen mit zunehmender Größe und Ausdifferenzierung der Produktpalette sogenannte Verbundvorteile (economies of scope)[30]. Diese ergeben sich dann, wenn ein Unternehmen mehrere Produkte wie etwa Telekommunikationsendgeräte und Bestanteile von Anschluss- und Buchsensystemen herstellt, die jeweils auf die gleichen Übertragungstechniken und –standards eingestellt sein müssen, so dass die Produktion pro Stück zu einem günstigeren Preis erfolgen kann, als wenn die einzelnen Produkte jeweils von verschiedenen Unternehmen hergestellt würden, die jeweils gezwungen wären ihren Produktionsprozess extra auf die gemeinsamen Standards abzustimmen[31]. Aufgrund der genannten Größen- und Verbundvorteile wurde also der Telekommunikationssektor lange Zeit als ein „natürliches Monopol" betrachtet.

2. Gewährleistung einer flächendeckenden Versorgung der Bevölkerung

Ein weiterer wesentlicher Grund für die Monopolrechte der staatlichen Fernmeldeorganisationen war die Ansicht, es könne nur durch diese Organisationen die flächendeckende Versorgung der Bevölkerung mit Telekommunikationsdienstleistungen zu gleichen (preislichen) Bedingungen gewährleistet werden[32]. Grund für diese Annahmen war die Befürchtung, dass bei einem Wettbewerb privater Anbieter die gesetzlich festgelegte flächendeckende Versorgung zu gleichen Bedingungen vor allem in strukturschwächeren ländlichen Gebieten nicht mehr gewährleistet wäre[33].

---

[27] [27] Bohne, S. 23f.
[28] Holznagel/ Enaux/ Nienhaus (1), S. 3 oder schon Bohne, S. 24.
[29] Holznagel/ Enaux/ Nienhaus (1), S. 3.
[30] Holznagel/ Enaux/ Nienhaus (1), S. 4.
[31] vgl. Bohne, S. 24 ; vgl. auch Klodt/ Laaser/ Lorz/ Maurer, S.24.
[32] v. Mangoldt/ Klein/ Starck – Gersdorf, Art. 87f Rdnr. 3 .
[33] v. Mangoldt/ Klein/ Starck – Gersdorf a.a.O..

3. Sprachtelefondienst als Finanzierungshilfe

Außerdem wurde argumentiert, dass der wirtschaftlich profitable Sprachtelefondienst für einen weiteren Ausbau von Telekommunikationsnetzen und -diensten erforderlich sei und deshalb nicht privatisiert werden dürfe[34].

III. Initiative zur Liberalisierung des Telekommunikationssektors durch die Europäische Kommission (Aktionsprogramm vom 18.05.1984 und Grünbuch vom 30.06.1987[35])

Das Vorgehen der Europäischen Kommission war der Ausgangspunkt für die Liberalisierungschritte im Telekommunikationssektor Ende der achtziger Jahre.

1. Gründe für den Beginn der Liberalisierung auf dem Telekommunikationssektor

Trotz der oben angeführten Argumente, die für die Erteilung der Monopolrechte an staatliche Fernmeldeorganisationen sprachen, setzte sich in den achtziger Jahren die Erkenntnis durch, dass auch in monopolisierten Wirtschaftsbereichen wie dem Telekommunikationssektor Wettbewerb möglich und sinnvoll sein kann. Dies lag zum einen an der Erkenntnis, dass die statische Theorie des „natürlichen Monopols" in einem Wirtschaftssektor, in dem schnelle und weitreichende technologische Veränderungen dynamische Wettbewerbsentwicklungen möglich machen, wie dies im Bereich der Telekommunikation der Fall ist, versagt und somit keine Gültigkeit hat[36]. Es sanken beispielsweise die Kosten für die Telekommunikationsinfrastruktur durch technische Neuerungen erheblich, so dass es zu wesentlich geringeren Preisen als zuvor möglich wurde, eine neue Netzinfrastruktur zu schaffen und der Größenvorteil der Monopolisten im Bereich der Infrastruktur stark abnahm[37]. Konkurrenz auf dem Infrastrukturmarkt erschien möglich und sinnvoll. Zudem wurde bezweifelt, dass durch die bisherige monopolistische Struktur auf dem Telekommunikationsmarkt die vollständige Nutzung des Entwicklungspotenzials bezüglich neuer Telekommunikationsdienste, die durch technische Entwicklungen (Digitalisie-

---

[34] BeckTKG/ Büchner u.a. – Schuster, § 1 Rdnr. 1.
[35] Kommission, Grünbuch Telekommunikation 1978, KOM (87), 290 endg..
[36] Holznagel/ Enaux/ Nienhaus (1), S.4.
[37] Holznagel/ Enaux/ Nienhaus (1), a.a.O..

rung, Glasfaserkabel, zellularer Mobilfunk, Satelliten)[38] und die Anwendung von Mikroelektronik möglich wurden, auch tatsächlich erfolgen würde[39]. In diesem Zusammenhang ist auch der mit den technischen Weiterentwicklungen eng im Zusammenhang stehende Begriff der Konvergenz zu sehen, der sich für die Telekommunikation vor allem auf die technischen Veränderungen, die sich im Verhältnis zwischen der die Netze kennzeichnenden Übermittlungstechnik und den mit Hilfe dieser Technik übertragenen Signalen ergeben haben, bezieht[40]. Ursprünglich wurden die Netze der Telekommunikation ausschließlich für die Übermittlung bestimmter Signale entwickelt und sie waren auf die dadurch ermöglichte Kommunikation begrenzt[41]. So war das Telefonnetz auf die Übermittlung der Sprache und das Breitbandnetz auf die Übermittlung von Videosignalen beschränkt. Es war also eine technisch definierte Einheit des Transportnetzes und der mit seiner Hilfe übermittelten Signale gegeben[42]. Die technische Entwicklung hat diese Einheit entfallen lassen, da etwa digitale Telefonnetze Sprache, Daten und (bewegte) Bilder übermitteln können und nicht mehr nur auf die Sprache beschränkt sind. Konvergenz beschreibt desweiteren eine Entwicklung bei der Frequenznutzung, da aufgrund der technischen Entwicklung das früher dem Rundfunk vorbehaltene elektromagnetische Spektrum in der Zukunft auch durch den Mobilfunk genutzt werden sollte[43].

Die nationalen Fernmeldeorganisationen mit ihren alleinigen Zuständigkeiten für den Betrieb und die unternehmerische Nutzung der Netze waren aber eingerichtet worden, als die technisch definierte Einheit von Transportnetz und übermitteltem Signal noch bestand und eine Änderung dieses Zustandes nicht absehbar war. Durch die mit der Konvergenz verbundenen neuen technischen Möglichkeiten entstanden auch neue unternehmerische Chancen, die aufgrund des oben erläuterten Versagens der Theorie des natürlichen Monopols und der sehr zweifelhaften effektiven Nutzung der neuen technischen Möglichkeiten alleine durch die bisherigen Monopolisten für den freien Wettbewerb geöffnet werden sollten. Durch die technische Realisierbarkeit der neuen Telekommunikationsdienste und die Ver-

---

[38] Kommission, Grünbuch Telekommunikation 1987, KOM(87), 290, Einführung S. 2.
[39] Geppert/ Ruhle/ Schuster (1) Rdnr. 3; Grünbuch Telekommunikation 1987, KOM (87), 290, Einführung S.1, Zusammenfassung S.7.
[40] vgl. Mestmäcker in: Mestmäcker, S. 33f.
[41] Mestmäcker in: Mestmäcker, S. 34.
[42] Mestmäcker in: Mestmäcker, S. 34.
[43] Mestmäcker in: Mestmäcker, S. 35.

wendung damit verbundener neuer Endgeräte entstand auch ein rechtliches Problem. Die nationalen Fernmeldeorganisationen, die ursprünglich nur über das Telefonnetzmonopol und über das „Übertragungsmonopol" für die menschliche Stimme sowie des an Bedeutung verlierenden Telex verfügten, dehnten diese Monopolstellung auch auf die neuen Dienste und neben dem bisher schon erfassten ersten angeschlossenen Telefonapparat auch auf die anderen Endgeräte wie Modems aus[44]. Während das Monopol für das Telekommunikationsnetz und die Übertragung des Sprachtelefondienstes nach Art. 86 II S.1 EG n.F. (Art. 90 II S.1 EG a.F.) zunächst noch für gerechtfertigt erachtet wurde, schien die Ausdehnung der ausschließlichen Rechte der Fernmeldeorganisationen im Hinblick auf die Warenverkehrsfreiheit nach Art. 28 ff n.F. EG (Art. 30 ff EG a.F.) bezüglich der Telekommunikationsendgeräte und auf die Dienstleistungsfreiheit nach Art. 49ff EG n.F. (Art. 59 ff EG a.F.) bezüglich der Telekommunikationsdienste problematisch, so dass eine Aufrechterhaltung des status quo aus europarechtlicher Hinsicht zumindest zu überprüfen war[45]. Zudem wurde bereits vorausgesehen, dass die Informations- und Kommunikationstechnik die Basis für wesentliche Produktionssteigerungen in anderen Bereichen der Wirtschaft sein würde[46] und außerdem der in den USA und anderen Staaten schon teilweise privatisierte Telekommunikationssektor selbst zukünftig ebenfalls einen wesentlichen Wirtschaftsfaktor ausmachen würde[47]. Somit war es auch mit Blick auf den Weltmarkt für europäische Unternehmen von großer Bedeutung von den neuen technischen Möglichkeiten so stark wie möglich zu profitieren[48].

---

[44] vgl. GTE-Hochbaum, Art. 90 Rdnr. 91, siehe auch GTE- Hochbaum, Art. 37 Rdnr. 54 (vgl. dazu im deutschen Recht: § 8 I , IV S.2,3 und 38b II S.2 sowie 38 c III S.5 Fernmeldeordnung in der Fassung der Bekanntmachung vom 05.05.1971(BGBl. I, S. 541, zuletzt geändert durch Art. 1 der Verordnung vom 22.05.1986, BGBl. I, S. 777 (Die hier angesprochenen Passagen wurden durch Art.1 der 30. Verordnung zur Änderung der Fernmeldeordnung vom 16.07.1986 , BGBl. I 1023) geändert und dabei das Wort „posteigen" gestrichen.); § 3 IV Verordnung über das öffentliche Direktrufnetz für die Übertragung digitaler Nachrichten (DirektRufVO) vom 24.06.1974, (BGBl. I, S. 777).
[45] vgl. GTE- Art. 90 Rdnr. 93ff. Diese Problematik wird unter B. II. näher erläutert.
[46] BeckTKG/ Büchner u.a. – Schuster § 1 Rdnr. 5.
[47] Holznagel/ Enaux/ Nienhaus (1), S.2, 4.
[48] vgl. Polster, S. 7.

2. Aktionsprogramm der europäischen Kommission vom 18.05.1984 und Grünbuch vom 30.06.1987[49]

Vor dem Hintergrunde der soeben erläuterten Entwicklungen und Gründe hat die Europäische Kommission im Rahmen der Vorbereitungen des Binnenmarktprogramms der Einheitlichen Europäischen Akte (EEA), die vorsah eine Vollendung des gemeinsamen Binnenmarktes bis zum 31.12.1992 zu erreichen[50] (vgl. Art. 8a I EWGV[51] a.F.), die Initiative für Vorbereitungen zu Liberalisierungen im Telekommunikationssektor an sich gezogen und dem Europäischen Rat im Mai 1984 ein Aktionsprogramm vorgelegt[52], in dem als Ziel unter anderem die Schaffung eines gemeinschaftsweiten Marktes für Endgeräte und Netzausrüstung vorgesehen war[53]. Dieses Programm wurde vom Rat am 18.12.1984 gebilligt[54] und bildete den Grundstein für die gemeinschaftliche Telekommunikationspolitik auf dessen Basis der Rat auf Vorschlag der Kommission von 1984 - 1987 mehrere richtungsweisende Initiativen, bestehend aus Richtlinien, Verordnungen, Empfehlungen und Beschlüssen verabschiedete und somit die Grundlagen für eine europäische Normungs- und Forschungspolitik in der Telekommunikation legte[55]. Am 30.06.1987 legte die Europäische Kommission schließlich eine Zusammenfassung der bisher im Telekommunikationssektor verabschiedeter Maßnahmen und ihrer weiteren Ziele in Form des „Grünbuchs über die Entwicklung des gemeinsamen Marktes für Telekommunikationsdienstleistungen und Telekommunikationsgeräte" vor[56]. Damit wurde die eigentliche Liberalisierungsphase eingeleitet. Ziel war vor allem die schrittweise Auflösung der staatlichen Telekommunikationsmonopole in den Mitgliedsstaaten[57]. Dabei wurde bezüglich der angestrebten Liberalisierung zwischen den drei Bereichen Endgeräte, Dienste

---

[49] Kommission, Grünbuch Telekommunikation 1987, KOM (87), 290 endg..
[50] Herdegen, Rdnr. 273.
[51] Vertrag zur Gründung der europäischen Wirtschaftsgemeinschaft (EWG) vom 25.03.1957, BGBl. II S. 766. Nach der Verabschiedung des Zustimmungsgesetzes (Gesetz zu den Verträgen vom 25.03.1957 zur Gründung der Europäischen Wirtschaftsgemeinschaft und der Europäischen Atomgemeinschaft) vom 27.07.1957, BGBl. II. S.753, trat der EWGV am 01.01.1958 in Kraft (vgl. Bekanntmachung v. 27.12.1957, BGBl. 1958 II S.1).
[52] Kommission, Mitteilung Aktionsprogramm, KOM (84), 277.
[53] Kommission, Mitteilung Aktionsprogramm, KOM (84) 277, S. 16ff (§§ 26- 31).
[54] Protokoll 979, Sitzung des Rates vom 17.12.1984, zitiert nach: Polster, S. 8.
[55] Überblick über die vom Rat ergriffenen Initiativen von 1984 bis 1987, siehe Grünbuch Telekommunikation 1987, KOM (87) 290, Einführung, S.5 und Zusammenfassung S.6ff.
[56] Kommission, Grünbuch Telekommunikation 1987, KOM (87) 290 endg..
[57] vgl. Kommission, Grünbuch Telekommunikation 1987, KOM (87) 290, Zusammenfassung, S. 25f Tafel 2.

und Netze unterschieden[58]. Es wurde im Endgerätesektor ein freier Wettbewerb innerhalb der Mitgliedsstaaten und zwischen den Mitgliedsstaaten eingeführt [59]. Die nationalen Fernmeldeorganisationen sollten ihre Monopolrechte bezüglich der Bereitstellung und des Betriebes der Netzinfrastruktur beibehalten, soweit die einzelnen Mitgliedsländer der Europäischen Gemeinschaft (EG) dies befürworteten und für notwendig erachteten[60]. Diese Regelung trägt der vor allem von den Mitgliedsstaaten geäußerten Befürchtung Rechnung, dass anderenfalls die nationalen Fernmeldeorganisationen ihrem öffentlichen Dienstleistungsauftrag, ein funktionierendes Telekommunikationsnetz zur Verfügung zu stellen, nicht mehr nachkommen und die Integrität des Telekommunikationsnetzes somit nicht mehr sicherstellen können[61]. Falls diese jedoch gesichert sei, könnten die Mitgliedsstaaten aber auch ein liberales System einführen[62]. Bezüglich der Telekommunikationsdienste wurde zwischen einer sehr beschränkten Anzahl von „Basis- bzw. Grunddiensten"[63] und allen anderen Diensten („Wettbewerbsdiensten")[64] unterschieden. Es war beabsichtigt, dass staatliche Fernmeldeorganisationen für das Angebot und die Erbringung ersterer weiterhin die Monopolrechte innehaben, soweit dies zur Erfüllung ihrer öffentlichen Aufgaben erforderlich war[65]. Diese Monopolrechte sollten allerdings restriktiv gewährt und regelmäßig überprüft werden, so dass sie nur wenige Dienste umfassen[66]. Die Kommission sah 1987 lediglich den Sprachtelefondienst, durch den gleichzeitig auch 85 – 90% der Einnahmen aus allen Telekommunikationsdiensten erzielt wurden, als einen Grund-

---

[58] vgl. Kommission, Grünbuch Telekommunikation 1987, a.a.O..
[59] Kommission, Grünbuch Telekommunikation 1987, KOM (87) 290, Zusammenfassung, S. 16, S. 25f, Tafel 2 F).
[60] Kommission, Grünbuch Telekommunikation 1987,KOM (87), 290, Zusammenfassung S.11, S. 25f Tafel 2 A).
[61] Kommission, Grünbuch Telekommunikation 1987, KOM (87) 290, Zusammenfassung S.11f.
[62] Kommission, Grünbuch Telekommunikation 1987, KOM (87) 290, Zusammenfassung, S. 16, S. 25f, Tafel 2 F).
[62] Kommission, Grünbuch Telekommunikation 1987, KOM (87) 290, Zusammenfassung, S. 25f Tafel 2 A).
[63] Kommission, Grünbuch Telekommunikation 1987, KOM (87) 290, Zusammenfassung S.12f, S. 25f Tafel 2 B); siehe zum Begriff der Grunddienste auch unter A.I..
[64] Kommission, Grünbuch Telekommunikation 1987, KOM (87) 290, Zusammenfassung, S. 25f Tafel 2 C).
[65] Kommission, Grünbuch Telekommunikation 1987, KOM (87) 290, Zusammenfassung S.12f, S. 25f Tafel 2 B).
[66] Kommission, Grünbuch Telekommunikation 1987 a.a.O..

dienst an[67]. Alle anderen Telekommunikationsdienste sollten für den freien Wettbewerb innerhalb und zwischen den Mitgliedsstaaten der EG eröffnet werden[68]. Zudem war eine Trennung zwischen den hoheitlichen Tätigkeiten der staatlichen Fernmeldeorganisationen, im Rahmen derer sie etwa über die Gerätezulassung, Zulassung von Mitbewerbern und Frequenzverwaltung entscheidet[69], und den betrieblichen Tätigkeiten dieser Organisationen, im Rahmen derer sie als Marktteilnehmer agieren, geplant, damit die Fernmeldeorganisationen nicht gleichzeitig Teilnehmer und „Schiedsrichter"[70] am Markt sind[71]. Darüber hinaus sollten die allgemeinen Wettbewerbsregeln (insbesondere Art. 81, 82, 96 EG n.F. (Art. 85, 86, 90 EG a.F.)) auf die kommerziellen Tätigkeiten der nationalen staatlichen Fernmeldeorganisationen und der anderen Marktteilnehmer Anwendung finden[72]. Am 30.06.1988 verabschiedete der Europäische Rat eine Entschließung auf Grundlage eines Aktionsprogrammes, das die Kommission nach erfolgter öffentlicher Diskussion über das Grünbuch vorgelegt hatte und in dem sie weitestgehend die inhaltlichen Positionen des Grünbuches aufgriff[73]. Der Rat forderte die Kommission auf, Vorschläge zur Umsetzung der im Aktionsprogramm und dem Grünbuch genannten Ziele zu machen, so dass dieses Aktionsprogramm bzw. die Ratsentschließung dazu die politische Grundlage für die rechtsetzenden Maßnahmen der europäischen Gemeinschaft im Telekommunikationsbereich bis 1992 bildete[74].

B. Grundsätze der Rechtsakte der Europäischen Kommission im Telekommunikationssektor

Im Folgenden werden zunächst drei grundsätzliche Regelungsansätze, mit Hilfe derer auf der Ebene der europäischen Gemeinschaft das Telekom-

---

[67] Kommission, Grünbuch Telekommunikation 1987, KOM (87) 290, Zusammenfassung S.13, S. 25f Tafel 2 B).
[68] Kommission, Grünbuch Telekommunikation 1987, KOM (87) 290, Zusammenfassung, S. 25f Tafel 2 C).
[69] Kommission, Grünbuch Telekommunikation 1987, KOM (87) 290, Zusammenfassung, S. 13.
[70] Kommission, Grünbuch Telekommunikation 1987, KOM (87) 290, Zusammenfassung, S. 17.
[71] Kommission, Grünbuch Telekommunikation 1987, KOM (87) 290, Zusammenfassung, S.17, S. 25f Tafel 2 G).
[72] Kommission, Grünbuch Telekommunikation 1987, KOM (87) 290, Zusammenfassung, S. 25f Tafel 2 H) und I).
[73] Entschließung des Rates vom 30.06.1988 über die Entwicklung des gemeinsamen Marktes für Telekommunikationsdienste und –geräte bis 1992 (88/C 257/01), ABl. EG Nr. C 257 vom 4.10.1988 S.1ff.
[74] vgl. Polster, S. 10.

munikationsrecht neu gestaltet wurde, vorgestellt. Zudem wird der Unterschied zwischen Liberalisierungs- und Harmonisierungsrichtlinien unter Berücksichtigung der jeweiligen Ermächtigungsgrundlagen erläutert.

I. Ziele und Grundsätze bei der Gestaltung des europäischen Telekommunikationsrechts

Bei den Maßnahmen die auf gemeinschaftlicher Ebene zur Reform des Rechtsrahmens im Telekommunikationssektor getroffen wurden, sind grundsätzlich drei unterschiedliche Regelungsansätze erkennbar. Es soll eine Liberalisierung, also eine Öffnung der Telekommunikationsmärkte für den Wettbewerb erfolgen, indem schrittweise Monopolrechte (besondere und ausschließliche Rechte) der nationalen staatlichen Fernmeldeorganisationen aufgehoben werden[75]. Desweiteren wird eine Harmonisierung, das heißt eine Angleichung der rechtlichen Rahmenbedingungen der einzelnen Mitgliedsstaaten für die Errichtung von Telekommunikationsnetzen und zur Erbringung von Telekommunikationsdienstleistungen einschließlich des Sprachtelefondienstes, durchgeführt[76]. Das Ziel besteht also in einer Angleichung der telekommunikationsbezogenen Rechtsvorschriften der Mitgliedsstaaten, um einheitliche Bedingungen auf einem gemeinsamen europäischen Binnenmarkt im Bereich der Telekommunikation zu schaffen. Diese Harmonisierung war notwendig, da sich die Gesetzgeber in den einzelnen Mitgliedsstaaten der EG aufgrund der bestehenden Monopolrechte jeweils ausschließlich an den Bedürfnissen ihrer nationalen Fernmeldeorganisationen orientiert hatten, ohne dass eine europaweite Abstimmung erfolgte, so dass eine erhebliche Divergenz der verschiedenen einzelstaatlichen Rechtsvorgaben in Bezug auf die Telekommunikation vorlag[77]. Zudem sollen die Wettbewerbsregeln des EG-Vertrages (Art. 85ff EG) und die Fusionskontrollverordnung auch im telekommunikationsrechtlichen Bereich Anwendung finden, damit Chancengleichheit und fairer Wettbewerb bezogen auf diesen Gemeinsamen Markt gewährleistet sind[78].

---

[75] Polster S.10; v. Mangoldt/ Klein/ Starck – Gersdorf, Art. 87f Rdnr. 6.
[76] Holznagel/ Nienhaus/ Enaux (1), S.214; vgl. Kommission, Grünbuch Telekommunikation 1987, KOM (87) 290, Zusammenfassung S. 25f Tafel 2 D); siehe auch unter B. I..
[77] vgl. Holznagel/ Enaux/ Nienhaus (1), S. 213.
[78] Polster S.10 und 100; Kommission, Grünbuch Telekommunikation 1987, KOM (87)290, Zusammenfassung, S. 18, S. 15f Tafel 2 J).

II. Unterscheidung und Verschränkung von Liberalisierungs- und Harmonisierungsrichtlinien unter Berücksichtigung der unterschiedlichen Kompetenzgrundlagen des EG-Vertrages

Das in Art. 14 I EG n.F. (Art. 7a I EG a.f.) festgelegte Ziel, einen gemeinsamen europäischen Binnenmarkt herzustellen lässt sich bezogen auf den Telekommunikationssektor nur erreichen, wenn sowohl Liberalisierungsmaßnahmen bezüglich der Abschaffung der Monopolrechte der staatlichen Fernmeldeorganisationen ergriffen werden als auch eine Harmonisierung durch Angleichung der innerstaatlichen rechtlichen Rahmenbedingungen für die Errichtung von Telekommunikationsnetzen und das Angebot von Telekommunikationsdiensten sowie entsprechender Endgeräte erfolgt[79]. Im Folgenden werden die wesentlichen Elemente von Art. 95 EG und Art. 86 EG, als die beiden Artikel auf denen die Harmonisierungs- bzw. Liberalisierungsmaßnahmen auf Ebene der Europäischen Gemeinschaft beruhen, vorgestellt.

1. Maßnahmen zur Harmonisierung von Rechtsvorschriften nach Art. 95 I S.2 EG n.F.

Maßnahmen zur Angleichung bzw. Harmonisierung der unterschiedlichen einzelstaatlichen Normen im Telekommunikationssektor werden auf Art. 95 I S.2 EG n.F. (Art. 100a I S.2 EG a.F.) gestützt[80], der dem Europäischen Rat unter Einbeziehung der Europäischen Kommission und des Europäischen Parlamentes im Rahmen des Mitentscheidungsverfahrens nach Art. 251 EG n.F. die Kompetenz zur Harmonisierung nationaler Rechtsvorschriften überträgt, um die Errichtung und das Funktionieren des Binnenmarktes zu ermöglichen. Unter Maßnahmen sind dabei alle in Art. 249 n.F. (Art. 189 a.F.) EG vorgesehenen Rechtsakte, also Richtlinien Verordnungen, Entscheidungen, Empfehlungen und Stellungnahmen zu verstehen[81]. Weiterhin umfasst der Binnenmarkt nach Art. 14 II EG n.F. einen Raum ohne Binnengrenzen, in dem der freie Verkehr von Waren, Personen, Dienstleistungen und Kapital gemäß den Bestimmungen des EG- Vertrages gewährleistet ist. Durch den Begriff des Binnenmarktes wird das Konzept des „Gemeinsamen Marktes" (vgl. etwa Art. 3 I h, Art. 94 EG n.F.), das in der „Beseitigung aller Hemmnisse im innergemeinschaftlichen Handel mit dem Ziele der Verschmelzung der nationalen

---

[79] Holznagel/ Enaux/ Nienhaus (1), S. 213.
[80] vgl. Holznagel/ Enaux/ Nienhaus (1), S. 213.
[81] Lenz – Röttinger, Art. 95 Rdnr. 4.

Märkte zu einem einheitlichen Markt, dessen Bedingungen demjenigen eines wirklichen Binnenmarktes nahekommen"[82] besteht, im Sinne einer Vertiefung weiter entwickelt [83], so dass vor allem noch existierende Hindernisse beseitigt werden sollen[84]. Der Begriff des Binnenmarktes umfasst die Wettbewerbsaspekte des „Gemeinsamen Marktes" zumindest sofern es um vergleichbare Wettbewerbsbedingungen geht, so dass es sich bei Herstellung gleicher Wettbewerbsbedingungen um eine Aufgabe handelt, die im Rahmen von Art. 95 I n.F. (Art. 100a I a.F.) EG zu verfolgen ist[85]. Maßnahmen zur Angleichung der Wettbewerbsbedingungen können also auf diesen Artikel gestützt werden[86]. Zur Ermittlung des Binnenmarktbezuges einer Maßnahme, die auf Art. 95 I S.2 EG n.F. gestützt werden soll, ist zu prüfen, ob der Regelungsinhalt der vorgesehenen Maßnahme einen substantiellen Beitrag zur Errichtung des Binnenmarktes und zur Sicherstellung seines fortdauernden Funktionierens leistet und ob sie die Rechtsangleichung betrifft und damit also Hindernisse ausräumt, die für die Wirkungsweise des Binnenmarktes aus der Unterschiedlichkeit oder der territorial beschränkten Anwendbarkeit der Rechtsvorschriften der Mitgliedsstaaten herrühren können[87]. Harmonisierungsmaßnahmen nach Art. 95 I S.2 EG können auch vorbeugenden Charakter haben, um beispielsweise bei neu auftretenden Problemen im Zusammenhang mit der Einführung neuer Technologien durch eine präventive Regelung auf Gemeinschaftsebene Normengegensätze zu verhindern und das störungsfreie Funktionieren des Binnenmarktes zur gewährleisten[88]. Die Harmonisierungsrichtlinien des Europäischen Rates wie z.B. die „ONP- Rahmenrichtlinie"[89] wurden auf Art. 95 EG n.F. bzw. 100a EG a.F. gestützt.

2. *Liberalisierungsrichtlinien nach Art. 86 III EG n.F.*

Die Liberalisierungsrichtlinien der Europäischen Kommission dienen zur Aufhebung der besonderen oder ausschließlichen Rechte (ehemals) staatli-

---

[82] EuGH Rs. 15/81, Schul/ Inspecteur der invoerrchten en accijnzen, Slg. 1982, S. 1409, 1431f Rz. 33; EuGH Rs. 299/86 Drexl, Slg. 1988,S. 1213, 1235 Rz. 24.
[83] Grabitz/ Hilf - v. Bogdandy, Art. 14 Rdnr. 7; vgl. GTE – Bardenhewer/Pipkorn, Art. 7a Rdnr. 6; Callies/ Ruffert (1) – Kahl Art. 14 Rdnr. 11; a.A. Pescatore, EuR 1986, S.157, 169.
[84] Grabitz/ Hilf – Langeheine, Art. 100a EG Rdnr. 20.
[85] Grabitz/ Hilf – Langeheine, Art. 100a EG Rdnr. 20.
[86] vgl. Callies/ Ruffert (1) – Kahl Art. 14 Rdnr. 11; Grabitz/ Hilf – Langeheine, Art. 100a EG Rdnr. 20.
[87] vgl. GTE - Bardenhewer/ Pipkorn, Art. 100a Rdnr. 25.
[88] GTE – Bardenhewer/ Pipkorn, Art. 100a Rdnr. 43f.
[89] „ONP-Rahmenrichtlinie", ABl. EG Nr. L 192 vom 24.07.1990, S.3.

cher Fernmeldegesellschaften i.S.d. Art. 86 I EG n.F. (Art. 90 I EG a.F.) und damit zur Einführung eines funktionsfähigen Wettbewerbs im Telekommunikationssektor[90]. Art. 86 EG n.F. folgt dem Grundsatz, dass die Wettbewerbsregeln des EG-Vertrages für öffentliche und private Unternehmen gleichermaßen gelten, damit die Mitgliedsstaaten nicht Unternehmen, zu denen sie eine besondere hoheitliche Beziehung aufrechterhalten, dazu benutzen, sich durch Umgehung des europäischen Wettbewerbsrechts, mit dem Vertrag unvereinbare wirtschaftliche Vorteile zu verschaffen[91]. Es wird somit das Verbot gegenüber den Mitgliedsstaaten kraft ihres Einflusses auf Unternehmen i.S.v. Art 86 I EG n.F. mittelbare Vertragsverletzungen zu begehen, aufgestellt[92] und zudem der Grundsatz der Gleichbehandlung der privaten und öffentlichen Unternehmen hervorgehoben[93]. Nach Art. 86 I EG n.F. sind die Mitgliedsstaaten verpflichtet, in Bezug auf öffentliche Unternehmen und auf (öffentliche oder private)[94] Unternehmen, denen sie besondere oder ausschließliche Rechte gewähren, keine dem EG-Vertrag und insbesondere auch keine den Wettbewerbsregeln des Art. 81 – 89 EG n.F. widersprechende Maßnahmen zu treffen oder beizubehalten. Ausnahmen sind nach Art. 86 II EG n.F. nur für bestimmte Unternehmen und nur in engen Grenzen zulässig. Ein Unternehmen im wettbewerbsrechtlichen Sinne der europäischen Gemeinschaft ist „jede eine wirtschaftliche Tätigkeit ausübende Einheit, unabhängig von ihrer Rechtsform und der Art ihrer Finanzierung"[95]. Nach der sog. Transparenzrichtlinie ist ein „öffentliches Unternehmen" „jedes Unternehmen, auf das die öffentliche Hand", also der Staat oder andere Gebietskörperschaften[96], „aufgrund Eigentums, finanzieller Beteiligung, Satzung oder sonstiger Bestimmungen, die die Tätigkeit des Unternehmens regeln, unmittelbar oder mittelbar einen beherrschenden Einfluss ausüben kann"[97]. Kennzeichnend

---

[90] Holznagel/ Enaux/ Nienhaus (1), S. 213.
[91] vgl. GA Da Cruz Vilaca zu EuGH Rs..30/87 „Pompes funèbres", Slg. 1988, S.2489, 2497, Rz. 65; vgl. GTE - Hochbaum, Art. 90 Rdnr. 1; vgl. Lenz – Grill, Art. 86 Rdnr. 2f.
[92] Grabitz/ Hilf – Pernice, Art. 90 Rdnr. 6.
[93] Grabitz/ Hilf - Pernice, Art. 90 Rdnr. 3.
[94] GTE – Hochbaum, Art. 90 Rdnr.19; Lenz – Grill, Art. 86 Rdnr. 6.
[95] EuGH Rs. C 41/90, Höfner und Elser, Slg. 1991, I , S. 1979, 2016, Rz. 21.
[96] Art. 2 I, Richtlinie der Kommission vom 25. Juni 1980 über die Transparenz der finanziellen Beziehungen zwischen den Mitgliedsstaaten und den öffentlichen Unternehmen (80/732/EWG) (im Folgenden „Transparenzrichtlinie"), ABl. EG Nr. L 195 vom 29.07.1980, S. 35, 36.
[97] Art. 2 I, „Transparenzrichtlinie", ABl. EG Nr. L 195 vom 29.07.1980, S. 35, 36. Der EuGH hat allerdings entschieden, das diese Definition nicht allgemein für Art. 86 EG n.F. (Art. 90 EG a.F.) gelten soll, sondern nur als eine Begriffsbestimmung im Rahmen und für die Zwecke der Transparenzrichtlinie anzusehen ist (EuGH Rs. 188-190/80, Frankreich, Italien und Vereinigtes

ist dabei das Merkmal des beherrschenden Einflusses der Mitgliedsstaaten, die das Unternehmen unmittelbar steuern können, ohne sich einer hoheitlichen Maßnahme zu bedienen und ohne eine gesetzliche Ermächtigung zu benötigen, so dass dem öffentlichen Unternehmen gegenüber der öffentlichen Hand die wirtschaftliche Autonomie fehlt[98]. Zu den öffentlichen Unternehmen in diesem Sinne zählten auch die in den Mitgliedsstaaten vor der Liberalisierung bestehenden Telekommunikationsorganisationen[99] (mit Ausnahmen der British Telecom)[100] wie etwa die Deutsche Bundespost (DBP)[101]. Neben den öffentlichen Unternehmen an sich bezieht sich Art. 86 I EG n.F. auch auf (private oder öffentliche)[102] Unternehmen denen die Mitgliedsstaaten besondere oder ausschließliche Rechte gewähren. Dabei sind diese Sonderrechte nicht als ein einheitlicher Begriff zu sehen[103]. Durch die Gewährung eines ausschließlichen Rechts an ein Unternehmen wird der Wettbewerb auf dem vom Recht betroffenen Markt ausgeschlossen, da nur diesem Unternehmen ein bestimmtes Tätigwerden unter Ausschluss der anderen Marktteilnehmer vorbehalten wird[104]. Durch ausschließliche Rechte wie die Verleihung eines Produktions- und Dienstleistungsmonopols für Telekommunikationsdienste kann beispielsweise ein Markt wie der Telekommunikationssektor monopolisiert werden[105]. Ein solches ausschließliches Recht liegt also in der Verleihung des Fernmel-

---

Königreich/ Kommission („Transparenzrichtlinie"), Slg. 1982, S. 2545, 2578, Rz. 24). Aber auch etwa auf Art. 86 III (90 III) gestützte Richtlinien können den Anwendungsbereich des Art. 86 EG n.F. nicht erweitern, so dass im Ergebnis zumindest alle unter die Definition des öffentlichen Unternehmens nach der Transparenzrichtlinie fallenden Unternehmen auch als öffentliche Unternehmen i.S.d. Art. 86 EG n.F. anzusehen sind (Grabitz/ Hilf – Pernice, Art. 90 Rdnr. 17; vgl. GTE – Hochbaum, Art. 90 Rdnr. 14 mit Fn 55; vgl. Lenz – Grill, Art. 86 Rdnr. 5).
[98] Grabitz/ Hilf – Pernice, Art. 90 Rdnr. 19; vgl. GTE – Hochbaum, Art. 90 Rdnr. 9; vgl. Lenz – Grill, Art. 86 Rdnr. 5.
[99] GTE – Hochbaum, Art. 90 Rdnr. 17.
[100] In Großbritannien war als einzigem Mitgliedsstaat das Fernmeldewesen 1990 bereits privatisiert und wurde von der British Telecom als ehemaligem Monopolisten und Mercury ausgeübt.(vgl. GTE- Hochbaum, Art. 90 Rdnr. 17).
[101] GTE- Hochbaum, Art. 90 Rdnr. 17; vgl Grabitz/ Hilf –Pernice, Art. 90 Rdnr. 22;.Zum unmittelbaren Einfluss des Bundes auf die DBP vergleiche Erläuterungen unter D. I. und D.II..
[102] GTE – Hochbaum, Art. 90 Rdnr.19; vgl. EuGH, RS 155/74, Sacchi, Slg. 1974, 409, 430 Rz-13ff.
[103] Grabitz/ Hilf – Pernice Art. 90 Rdnr. 24; vgl. Lenz – Grill Art. 86 Rdnr. 8f; vgl. EuGH Rs. C-202/88, Frankreich- Kommission, („Endgeräte –Richtlinie"); Slg. 1991, I – 1223, 1259, 1267ff, 1270.
[104] GTE- Hochbaum, Art. 90 Rdnr. 21.
[105] Grabitz/ Hilf – Pernice, Art. 90 Rdnr. 24; GTE – Hochbaum, Art. 90 Rdnr. 21.

demonopols an die DBP[106] bzw. dem später nur noch gewährten Netz- und Telefondienstmonopol[107]. Besondere Rechte hingegen sind nicht so weitreichend wie ausschließliche Rechte, sie beinhalten lediglich eine rechtliche Privilegierung des betreffenden Unternehmens gegenüber anderen Mitbewerbern auf einem Markt, denen diese Begünstigung vorenthalten bleibt,[108] so dass der Wettbewerb auf einem Markt zwar weiter möglich ist, dennoch aber beeinträchtigt wird[109]. Die begünstigten Unternehmen stehen damit in einem Abhängigkeitsverhältnis zur öffentlichen Hand, wobei zu beachten ist, dass rechtliche Privilegierung nie nur auf ein Unternehmen beschränkt sein darf, da es sich dann immer um ein ausschließliches Recht handelt[110].

Nach Art. 86 III EG n.F. hat die Kommission auf die Anwendung dieses Artikels zu achten und sie kann zu dessen Durchsetzung erforderlichenfalls geeignete Richtlinien oder Entscheidungen an die Mitgliedsstaaten erlassen. Der Kommission obliegt somit zunächst eine Kontrollfunktion dahingehend, dass sie die Einhaltung der in Art. 86 I, II EG n.F. enthaltenen Regelungen für das Verhalten der Mitgliedsstaaten gegenüber öffentlichen Unternehmen oder Unternehmen mit Sonderrechten zu kontrollieren hat. Darüber hinaus kommt ihr aber auch eine Gestaltungsfunktion zu insofern, als dass sie ermächtigt ist, die sich aus Art. 86 I und II EG n.F. ergebenden Verpflichtungen „allgemein durch den Erlass von Richtlinien zu präzisieren"[111]. Dabei kann die Kommission neben ihrer repressiven Tätigkeit auch im Vorhinein allgemeine Regeln erlassen und somit präventiv agieren[112]. Die Kommission kann auf Art. 86 III EG n.F gestützt, gemäß dem sie alleine die Handlungsbefugnis inne hat, in einzelnen kritischen Sekto-

---

[106] § 1 I, II des Gesetzes über Fernmeldeanlagen vom 14.1.1928 (RGBl. I S.8) in der Fassung der Bekanntmachung v. 17.3.1977, BGBl. I, S. 459, 573; Siehe dazu auch Erläuterungen unter D.I.
[107] § 1 II, IV des Gesetzes über Fernmeldeanlagen in der Fassung der Bekanntmachung vom 03.07.1989, BGBl. I, 1455, geändert durch Art. 5 das PTNeuOG vom 14.09.1994, BGBl. I 2325, 2363.
[108] Grabitz/ Hilf – Pernice, Art. 90 Rdnr. 25.
[109] GTE - Hochbaum, Art. 90 Rdnr. 21.
[110] Garbitz/ Hilf – Pernice, Art. 90 Rdnr. 25.
[111] EuGH Rs. C- 202/ 88, Frankreich/ Kommission, Slg. 1991 I - I S.1223, 1264 Rz. 17.
[112] vgl. Erlass der auf Art. 90 III EWG gestützten „Transparenzrichtlinie", die die finanziellen Beziehungen zwischen den Mitgliedsstaaten und ihren öffentlichen Unternehmen für die öffentlichen Finanzverwaltungen nachvollziehbarer gestalten sollten und deren Rechtswirksamkeit durch den EuGH in vollem Umfang bestätigt wurde.(siehe: EuGH Rs. 188-190/80, Frankreich, Italien und Vereinigtes Königreich/ Kommission („Transparenzrichtlinie") Slg. 1982, 2545, 2584 Rz. 1ff; Grabitz/Hilf – Pernice, Art. 90 Rdnr. 62 ; Lenz – Grill, Art. 86 Rdnr. 31.

ren auch eine „Politik der Umstrukturierung"[113] betreiben und somit Harmonisierungsmaßnahmen durchführen[114], ohne dabei in die dem Rat nach Art. 95 I S.2 EG n.f. zustehenden Kompetenzen einzugreifen, sofern dies zur Erfüllung ihrer Aufgaben notwendig ist[115]. Die weitgehenden und vom Europäischen Rat unabhängigen Kompetenzen der Kommission beruhen auf der Tatsache, dass die im Rat vertretenen Mitgliedsstaaten eine sehr enge Beziehung zu den in Art. 86 I EG n.F (Art. 90 EG a.F.) genannten Unternehmen haben und eine unabhängige Instanz notwendig ist, um die verschiedenen mit Art. 86 EG n.F. (Art. 90 EG a.F.) im Zusammenhang stehenden wirtschaftlichen Interessen der Mitgliedsstaaten zu koordinieren[116].

Mit Art. 86 III EG n.F. (Art. 90 III EG a.F.) ist eine Kompetenzgrundlage zum Erlass von Liberalisierungsrichtlinien gegeben, durch sie die Europäische Kommission ermächtigt ist, ausschließliche Rechte der nationalen Telekommunikationsorganisationen wie der DBP in Deutschland aufzuheben und den Telekommunikationssektor schrittweise in den freien Wettbewerb zu überführen[117]. Grundsätzlich gilt, dass die Harmonisierungsrichtlinien den gemeinschaftsrechtlichen Rahmen festlegen, innerhalb dessen die verschiedenen Liberalisierungsschritte vollzogen werden können[118]. Es ist allerdings nicht immer von einem strikten Nebeneinander der verschiedenen Kompetenzgrundlagen Art. 86 III EG und Art 95 I S.2 EG sowie der dadurch ergangenen gemeinschaftsrechtlichen Regelungen auszugehen[119]. Die Kommission kann wie oben dargelegt unter bestimmten Bedingungen auch auf Art. 86 III EG gestützt Harmonisierungsschritte einleiten.

C. Überblick über die telekommunikationsbezogenen Rechtsakte auf europäischer Ebene bis zum „Review 1999[120]"

Die wesentlichen Rechtssetzungsakte auf der Ebene der Europäischen Gemeinschaft im Bereich der Telekommunikation vom Beginn ihres Tä-

---

[113]Grabitz/ Hilf – Pernice, Art. 90 Rdnr. 62.
[114]Holznagel/ Enaux/ Nienhaus (1), S. 214.
[115] vgl. EuGH, Rs. C – 202/88, Frankreich/ Kommission, Slg. 1991, I – 1223, 1264ff Rz. 17 ff; vgl. v. Burchard EuZW 1991, 339, 341.
[116] Grabitz/ Hilf – Pernice, Art. 90 Rdnr. 63.
[117] vgl. Holznagel/ Enaux/ Nienhaus (1), 213.
[118] Holznagel/ Enaux/ Nienhaus (1), S. 213f.
[119] Holznagel/ Enaux/ Nienhaus (1), S. 214.
[120] Immenga/ Kirchner, TKMR 2002, S. 340, 340.

tigwerdens in diesem Bereich im Anschluss an das Grünbuch über die Entwicklung des gemeinsamen Marktes für Telekommunikationsdienstleistungen und Telekommunikationsgeräte von 1987[121] bis zum sog. „Review 1999"[122] lassen sich in Harmonisierungs- und Liberalisierungsrichtlinien unterteilen.[123] Daneben gilt es, dass allgemeine Wettbewerbsrechtsrecht zu beachten.

I. Liberalisierungsrichtlinien[124]

Das Ziel der Liberalisierungsrichtlinien der Europäischen Kommission liegt in der vollständigen Liberalisierung der Telekommunikationsmärkte sowohl bezüglich der Endgeräte, der Dienste, als auch der Netze. Dabei ging die Kommission allerdings schrittweise vor und nahm zu Beginn vor allem den Sprachtelefondienst und auch die Telekommunikationsnetze

---

[121] vgl. unter A. III. 2..
[122] vgl. unter D.V.1..
[123] Richtlinie 95/46/EG des europäischen Parlaments und des Rates vom 24.10.1995 zum Schutz natürlicher Personen bei der Verarbeitung personenbezogener Daten und zum freien Datenverkehr (ABl. EG Nr. L 281 vom 23.11.1995, S. 31ff), sowie Richtlinie 97/66/EG des Europäischen Parlaments und des Rates vom 15.12.1997 über die Verarbeitung personenbezogener Daten und den Schutz der Privatsphäre im Bereich der Telekommunikation, (ABl. EG Nr. L. 24 vom 30.01.1998, Seite 1ff), die beide den Datenschutz in der Telekommunikation betreffen, können in dieser Arbeit nicht näher behandelt werden. Sie weisen wenige Verbindungen zu den Harmonisierungs- und Liberalisierungsbestrebungen der anderen hier untersuchten Richtlinien auf und behandeln stattdessen mit dem Datenschutz weitgehend einen eigenen, bis zu einem gewissen Grade abgeschlossenen Rechtsbereich. Zudem wird auch auf Richtlinie 94/46/EG der Kommission vom 13.10.1994 zur Änderung der Richtlinie 88/301EWG und 90/388/EWG, insbesondere betreffend die Liberalisierung der Satelliten-Kommunikation (ABl. EG Nr. L 268 vom 19.10.1994, S.15ff) und Richtlinie 95/51/EG der Kommission vom 18.10.1995 zur Änderung der Richtlinie 90/388/EWG hinsichtlich der Aufhebung der Einschränkung bei der Nutzung von Kabelfernsehnetzen für die Erbringung bereits liberalisierter Telekommunikationsdienste (ABl. EG Nr. L 256 vom 26.10.1995, S.49ff) nicht eingegangen, da sie für den weiteren Verlauf der Aspekte der Liberalisierung des Telekommunikationsrechts, die hier dargestellt werden soll, nicht relevant sind.
[124] Es werden im Folgenden, bis auf wenige Ausnahmen bei denen es geboten scheint, immer alle Artikel, auf die Bezug genommen wird, mit der vollen Quellenangabe in einer Fußnote belegt. Dies geschieht aus Gründen der Übersichtlichkeit, auch wenn die alle Richtlinien im Literaturverzeichnis aufgeführt sind. Bei Richtlinien des „Neuen Rechtsrahmens" und der „Reformvorschläge 2007", die am Ende dieser Arbeit behandelt werden, wird von dieser Regelung allerdings Abstand genommen, da es zur Sicherstellung der Nachvollziehbarkeit nicht erforderlich scheint.

noch ausdrücklich von der Liberalisierung aus, da sie die Ausnahmevorschrift des Art. 86 II EG n.f (Art. 90 II EG a.f.) für erfüllt erachtete[125].

II. Harmonisierungsrichtlinien

Ein gemeinsamer europäischer Markt für Telekommunikationsdienste, -geräte und -netze ist bei unterschiedlichen rechtlichen und auch technischen Ausgangspositionen[126] in den einzelnen Mitgliedsländern der EG nicht allein durch Liberalisierungsmaßnahmen zu erreichen, zumal diese anfangs nur Telekomunikationsdienste betrafen[127]. Die Rechtsakte, die zur Harmonisierung der telekommunikationsbezogenen Rechtsvorschriften der Mitgliedsstaaten der EG dienen, beinhalten Regeln zur Schaffung eines europäischen Marktes für Telekommunikationsendgeräte, -dienste und -netze unter Berücksichtigung gemeinsamer Grundsätze für den offenen und effizienten Zugang zu öffentlichen Telekommunikationsnetzen und -diensten und deren Benutzung[128], gemeinsame ordnungspolitische Rahmenbedingungen (z.B. Universaldienstverpflichtung) sowie einheitliche Normen für Dienste und Technologien[129]. Dazu zählen auch die Festlegung von Benutzungsbedingungen für die Inanspruchnahme von Diensten und von technischen Schnittstellen[130] zur Eröffnung des Netzzugangs und Tarifgrundsätze[131]. Auf Ebene der EG wurde dazu 1990 das Konzept des offenen Netzzuganges (Open Network Provision – ONP) entwickelt. Nach Art. 1 I der Richtlinie „ONP-Rahmenrichtlinie" besteht deren Ziel in

---

[125] vgl. EuGH, Rs. 41/83, Italien/ Kommission,, Slg. 1985,S. 873, 888, RZ. 33; Erwägungsgründe 4 und 18, „Diensterichtlinie", ABl. EG Nr. L 192 vom 24.07.1990, S. 10, 15.
[126] vgl. „ONP- Rahmenrichtlinie", ABl. EG Nr. L 192 vom 24.07.1990, S.1, 1f.
[127] vgl. Holznagel/ Enaux/ Nienhaus (1), S. 213; Die nationalen Fernmeldeorganisationen hatten nach der Verabschiedung der ersten Liberalisierungsrichtlinien Anfang der 1990 Jahre weiterhin bis zum 01.07.1996 bzw. bis zum 01.01.1998 ihre Monopolrechte bzgl. der Telekommunikationsinfrastruktur inne, so dass sie den Konkurrenten aufgrund dieser Rechte den Zugang zu ihren Netzen etwa durch stark überhöhte Gebühren oder technische Beschränkungen erschweren konnten.
[128] Art. 1 I ," ONP- Rahmenrichtlinie", ABl. EG Nr. L 192 vom 24.07.1990, S.1, 2.
[129] Art. 4 IV c) „ONP- Rahmenrichtlinie", ABl. EG Nr. L 192 vom 24.07.1990, S. 1,4.
[130] Unter Schnittstellen sind in diesem Zusammenhang die Punkte eines Diensteanbieters zu verstehen, an denen ein Diensteanbieter Zugang zum Netz erlangen kann, sofern er die technischen Spezifikationen dieser Schnittstelle kennt. Dies soll durch eine gemeinschaftsweite Harmonisierung der Schnittstellen, die für den Bereich der Telekommunikation relevant sind, geschehen. (vgl. Polster, S. 49 Fn 247). Von der technischen Seite betrachtet, ist eine Schnittstelle ein Verbindungs- oder Berührungspunkt von Systemen, die miteinander kommunizieren bzw. Daten oder Signale austauschen und zusammenarbeiten. (Brockhaus, S. 789).
[131] Art. 2 Nr.10 II „ONP-Rahmenrichtlinie", ABl. EG Nr. L 192 vom 24.07.1990, S.1, 3.

der Harmonisierung der Zugang- und Benutzungsbedingungen für öffentliche Telekommunikationsnetze und –dienste. Diese harmonisierten Bedingungen werden als „ONP-Bedingungen" [132] oder „ONP-Grundsätze"[133] bezeichnet. Die Harmonisierung des Zugangs und der Benutzung der öffentlichen Telekommunikationsnetze[134] und – dienste[135] sollte dazu führen, dass auf Gemeinschaftsebene offene und faire Wettbewerbsvoraussetzungen für die Erbringung von Telekommunikationsdienstleistungen geschaffen werden[136] und gemäß Art. 1 II der „ONP-Rahmenrichtlinie" das Angebot von Telekommunikationsdiensten innerhalb und zwischen den Mitgliedsstaaten erleichtert wird.

III. Anwendung der allgemeinen Wettbewerbsbestimmungen

In Bezug auf das für den Telekommunikationssektor in der EG geltende Recht sind aber nicht nur die oben beschriebenen sektorspezifischen Rechtsakte zu beachten, sondern es finden auch die allgemeinen Wettbewerbsregeln des EG-Vertrages vollständig Anwendung. Dies hat die Europäische Kommission 1991 in den sogenannten „Leitlinien über die Anwendung der EG Wettbewerbsregeln im Telekommunikationsbereich"[137] festgestellt und 1998 in einer Mitteilung über die Anwendung der Wettbewerbsregeln auf Zugangsvereinbarungen im Telekommunikationsbereich[138], die die Leitlinien präzisiert und das Verhältnis der Wettbewerbsregeln zu den zwischenzeitlich ergangenen Rechtsakten erläutert[139], bestätigt. Das gilt insbesondere auch in Bezug auf das Verhältnis der gemeinschaftsrechtlichen Wettbewerbsbestimmungen zu den ONP-Bedingungen,

---

[132] Art. 2 Nr.10, „ONP-Rahmenrichtlinie", ABL. Nr. L 192 vom 28.06.1990, S.1, 3.
[133] vgl. Art. 1 I Unterabsatz 1, Richtlinie 98/10/EG ABl. Nr. 101 vom 01.04.1998, S.24, 27f
[134] vgl. Definition unter A.I. .
[135] vgl. Definition von Telekommunikationsdienst A.I. Fußnote 5; Ein öffentlicher Telekommunikationsdienst ist ein Telekommunikationsdienst mit deren Erbringung Mitgliedsstaaten insbesondere eine oder mehrere Fernmeldeorganisationen betraut haben (Art.2 Nr.4, „ONP-Rahmenrichtlinie", ABL. EG Nr. L 192 vom 26.06.1990, S.1, 3).
[136] vgl. Polster, S. 48; Geppert/ Ruhle/ Schuster (1), S. 255.
[137] Kommission, Mitteilung „Leitlinien Wettbewerbsregeln", ABl. EG. Nr. C 233 vom 06.09.1991, Vorwort S. 2 und Tz. 5.
[138] Mitteilung der Kommission über die Anwendung der Wettbewerbsregeln auf Zugangsvereinbarungen im Telekommunikationsbereich (im Folgenden: Mitteilung „Wettbewerbsregeln Telekommunikation"), ABl. EG Nr. C 265 vom 22.08.1998, Tz. 2 und Tz. 22.
[139] vgl. Kommission, Mitteilung „Wettbewerbsregeln Telekommunikation", ABl. EG Nr. C 265 vom 22.08.1998, S.2, 3, Tz. 3.

die einen fairen Wettbewerb[140] und einen gleichberechtigten Zugang aller Wettbewerber auf dem Telekommunikationsmarkt zu Telekommunikationsnetzen und -diensten ermöglichen sollen[141]. In der Praxis besonders relevant sind dabei die Art. 81 EG n.f. und der bei der Untersuchung der Liberalisierungsrichtlinien bereits mehrfach angesprochene Art.82 EG n.f. (bzw. Art. 85 und 86 EG a.f.) sowie die sog. „Fusionskontrollverordnung"[142].

D. Entwicklung des Telekommunikationsrechts in Deutschland einschließlich des TKG von 1996

Nachdem zunächst die rechtliche Ausgangslage in Europa vor dem Einsetzen der Liberalisierungsschritte im Telekommunikationssektor dargelegt wurde und anschließend ein Überblick über Grundsätze, die zum Erlass der wichtigsten Rechtsakte, die das Telekommunikationsrecht auf europäischer Ebene bis zum sog. „Review 1999[143]" geprägt haben, erfolgte, soll nun die Entwicklung des Telekommunikationsrechts in Deutschland von der Situation vor der ersten sog. „Postreform"[144] im Jahre 1989 bis zum Erlass des Telekommunikationsgesetzes im Jahre 1996 erläutert werden. Zudem wird an einigen ausgewählten Beispielen überprüft, ob die Umsetzung der europäischen Richtlinien ins deutsche Recht europarechtskonform erfolgte bzw. ob das deutsche Telekommunikationsrecht in den entsprechenden Punkten gegen geltendes europäisches Recht verstößt.

I. Monopolistische Strukturen auf dem deutschen Fernmelde- bzw. Telekommunikationsmarkt[145] vor der ersten Postreform im Jahre 1989

Bereits im Zuge der Darstellung der Situation in Europa in den achtziger Jahren vor Beginn der Liberalisierungsschritte auf dem Telekommunikationssektor ist kurz angesprochen worden, dass auch in Deutschland zunächst ein staatliches Monopol im Bereich der Telekommunikation bzw.

---

[140] Geppert/ Ruhle/ Schuster (1) Rdnr. 285.
[141] vgl. Geppert/ Ruhle/ Schuster (1) Rdnr. 286.
[142] Verordnung (EWG) Nr. 4064/89 des Rates vom 21.12.1989 über die Kontrolle von Unternehmenszusammenschlüssen (im Folgenden: „Fusionskontrollverordnung"), ABl. EG Nr. L 285 vom 30.1.21989, S.1; vgl. Polster S. 101; Geiger, Art. 82 Rdnr. 19.
[143] Immenga/ Kirchner, TKMR 2002, S. 340, 340; vgl. D.V.1.a. unter zur Erläuterung des Begriffs.
[144] Holznagel/ Enaux/ Nienhaus (1), S. 8.
[145] Zur Einführung des Begriffs der Telekommunikation in das deutsche Recht vgl. unter A.I..

des Fernmeldewesens bestand[146]. Bevor auf die Umsetzung der europarechtlich vorgegeben Liberalisierungsschritte in Deutschland näher eingegangen wird, sind zunächst die grundgesetzlichen Vorgaben für das deutsche Telekommunikations- bzw. Fernmelderecht vor 1989 darzulegen. Dabei sind insbesondere Art. 73 Nr. 7 GG a.F. und Art. 87 GG a.F.[147] zu untersuchen.

1. Grundgesetzliche Vorgaben für das Fernmeldewesen vor 1989 (Art. 73 Nr. 7 GG a.F.)

Gemäß Art. 73 Nr.7 GG a.F. hatte der Bund die ausschließliche Gesetzgebungskompetenz für das „das Post- und Fernmeldewesen" inne. Der Begriff des „Post- und Fernmeldewesens" beinhaltete dabei auch alle zum Fernmeldemonopol zu zählenden Dienste[148]. Dieses Monopol bezog sich gemäß des Gesetzes über Fernmeldeanlagen[149] auf das Recht Fernmeldeanlagen „ nämlich Telegrafenanlagen für die Vermittlung von Nachrichten, Fernsprechanlagen und Funkanlagen" zu betreiben und zu errichten, das nur dem Bund bzw. dem Bundesminister für das Post- und Fernmeldewesen zustand[150]. Es ist zu berücksichtigen, dass der Begriff der „Fernmeldeanlage" im Rahmen des Fernmeldemonopols des Bundes nicht nur die bei der Entstehung des FAG bereits bekannten Arten der körperlosen Nachrichtenübertragung umfasst, sondern es sich vielmehr um eine für technische Entwicklungen offene Vorschrift handelt[151]. Sie bezieht sich, ohne dass dazu das FAG oder das GG jeweils geändert werden müssten, auch auf neuere Übertragungstechniken, wie etwa die digitale Nachrichtenübertragung[152], solange es sich um eine körperlose Übermittlung der Nachricht handelt und diese am Empfangsort „wiedergegeben" wird[153].

---

[146] vgl. unter A.I..
[147] Art.73 Nr. 7 GG a.F. und Art. 87 GG a.F. in der Fassung des Grundgesetzes für die Bundesrepublik Deutschland in der im Bundesgesetzblatt Teil III, Gliederungsnummer 100 I, veröffentlichten bereinigten Fassung, zuletzt geändert durch das Gesetz vom 20.12. 1993, BGBl. I, S. 2089. Dies ist die vor in Krafttreten des Gesetzes zur Änderung des Grundgesetzes vom 30.08.1994 (BGBl. I, S. 2245), am 01.01.1995, das Art. 73 Nr.7, Art. 87 I S.1 GG änderte gültige Fassung des Grundgesetzes.
[148] vgl. Maunz/ Dürig – Maunz, Art. 73 Rdnr. 119.
[149] FAG (1977), BGBl. I S. 459ff.
[150] § 1 FAG (1977), BGBl. I S. 459, 460.
[151] vgl. v. Mangoldt/ Klein/ Starck – Art. 73 Nr. 7 Rdnr. 71.
[152] vgl. Maunz /Dürig - Maunz Art. 73 Rdnr. 119.
[153] BVerfGE 46, 120, 144.

Die fehlende Verkörperung der übermittelten Informationen im Rahmen des Fernmeldewesens stellt das wesentliche Abgrenzungskriterium zum Postwesen dar[154].

2. Grundgesetzliche Vorgaben für das Fernmeldewesen vor 1989 (Art. 87 I S.1 GG a.F.)

Desweiteren gilt nach Art. 87 I S.1 GG a.F., dass die Bundespost in bundeseigener Verwaltung mit eigenem Verwaltungsunterbau zu führen ist. Der Begriff „Bundespost" umfasst nach Meinung des Bundesverfassungsgerichts die gleichen Sachbereiche wie der Begriff „Post- und Fernmeldewesen"[155] in Art. 73 Nr. 7 GG a.F.[156].

Im Folgenden sollen die Funktionen des Art. 87 I S.1 GG a.F. erläutert werden.

a. Art. 87 I S.1 GG a.F. als Kompetenz- und Organisationsnorm

Als Kompetenznorm[157] überträgt Art. 87 I S.1 GG a.F. dem Bund und nicht den Ländern die Verwaltungskompetenz für die Bundespost, so dass ein Fall der obligatorischen Bundesverwaltung vorliegt[158]. Darüber hinaus trifft die Vorschrift mit der Zuweisung der Bundespost zur „bundeseigenen Verwaltung mit eigenem Verwaltungsunterbau" eine organisationsrechtli-

---

[154] vgl. v. Mangoldt/ Klein/ Starck – Heintzen, Art. 73 Rdnr. 71 (allerdings schon zur Abgrenzung Telekommunikation – Postwesen).
[155] vgl. BVerfGE 12, 229, 248; Zu inhaltlichen Erläuterung sogleich in diesem Abschnitt.
[156] Die Vorschrift des Art. 87 I S.1 GG a.F. bedeutete somit lediglich, dass die der Bundespost verfassungsrechtlich zur bundeseigenen Verwaltung zugewiesene Sachaufgabe nicht über die Sachgebiete hinausgehen darf, die inhaltlich vom Begriff des Post- und Fernmeldewesens umfasst werden (Lerche, FS Obermayer, S. 75, 76). Daraus folgt, dass nicht die gesamte Sachaufgabe des Post- und Fernmeldewesens ausschließlich durch die Bundespost ausgeführt werden muss, sondern dass die Gesetzgebungskompetenz des Bundes bzgl. des Post- und Fernmeldewesens „lediglich die äußerste Grenze" für die Verwaltungsbefugnisse des Bundes bzgl. der Bundespost darstellt (Lerche, FS Obermayer, S. 75, 76; vgl. BVerfGE 12, 205, 229 m.w.N.).Der Bund ist also beispielsweise nicht daran gehindert auch privaten Anbietern Wirtschaftstätigkeiten im Bereich des Post- und Fernmeldewesens ausüben zu lassen (Badura, FS Thieme, S. 877, 878). Wie später in diesem Abschnitt im Rahmen der Erläuterung einer möglichen Organisationsprivatisierung der Bundespost noch näher erläutert wird (vgl. unten D.III.2.c.), musste allerdings nach der damaligen Gesetzeslage zumindest ein „Kernbereich" an leistungsstaalichen Aufgaben, der nicht privatisiert werden durfte, von der Bundespost selbst und zwar in bundeseigener Verwaltung wahrgenommen werden (Badura, FS Thieme, S. 877, 878f).
[157] BK/ Dolzer u.a. - Badura, Art. 87f Rdnr. 3; vgl. auch Maunz/Dürig – Lerche Art. 87f Rdnr. 18.
[158] vgl. Maurer (1), § 22 Rdnr. 4.

che Grundentscheidung[159]. Im Rahmen der bundeseigenen (auch bundesunmittelbar[160] genannten) Verwaltung muss der Bund die Aufgaben der Verwaltung durch eigene Organisationseinheiten, denen im Rahmen ihres Verwaltungshandelns keine selbständige Rechtspersönlichkeit gegenüber dem Bund zukommt, wahrnehmen[161]. Die Organisationseinheiten dürfen im Verhältnis zum Bund nicht rechtsfähig und somit nicht Träger von Rechten und Pflichten sein, möglich ist lediglich eine Teilrechtsfähigkeit im Außenverhältnis, insofern als dass sie im eigenen Namen im Rechtsverkehr auftreten, also handeln, klagen und verklagt werden können[162]. Die jeweiligen Organisationseinheiten unterliegen somit einer umfassenden Steuerung des jeweiligen Ministers, dessen Geschäftsbereich sie zugeordnet sind[163], so dass von einer „umfassenden Direktionsmacht des Bundes"[164] auszugehen ist. Die Aufgaben der unmittelbaren Bundesverwaltung können beispielsweise durch oberste Bundesbehörden, die dadurch gekennzeichnet sind, dass ihnen keine andere Behörde übergeordnet ist, wahrgenommen werden[165]. Die „Bundespost" nach Art. 87 I S.1 GG a.F. umfasst wie schon erwähnt die gleichen Sachgebiete wie das Post- und Fernmeldewesen[166]. Die Verwaltung des Post- und Fernmeldewesens und damit auch der „Bundespost" nach Art. 87 I S.1 GG a.F. wurde unter der Bezeichnung „Deutsche Bundespost" (DBP) gemäß § 1 Postverwaltungsgesetz a.F. vom Bundesminister für das Post- und Fernmeldewesen als oberste Bundesbehörde geleitet[167]. Zur DBP gehören also organisatorisch das Bundesministerium für das Post- und Fernmeldewesen als oberste Bundesbehörde und „Leitungsorgan" der DBP sowie alle nach geordneten Behörden und Stellen, die der DBP zu zuordnen sind[168]. Der DBP steht im Rahmen der auf sie übertragenen Wahrnehmung der Verwaltung des

---

[159] vgl. Büchner, CR 1996, S. 581, 582; Maunz/ Dürig – Lerche, Art. 87f Rdnr. 18.
[160] Sachs- Sachs, Art. 86 Rdnr. 13.
[161] Sachs – Sachs, Art. 86 Rdnr. 12; v. Mangoldt/ Klein/ Starck - Burgi, Art. 86 Rdnr. 45.
[162] Maunz/ Dürig – Lerche, Art. 86 Rdnr. 58; Püttner, Verwaltungsrechtslehre, S. 89; vgl. Erichsen/ Martens in: Erichsen (4.) - § 10 II, 2 (S.124) der von einer „Zwischenlösung" zwischen einem vollrechtsfähigen einem nicht rechtsfähigen Sondervermögen spricht.
[163] Dreier – Hermes, Art 86 Rdnr. 25.
[164] Maunz/ Dürig – Lerche, Art. 86 Rdnr. 27.
[165] Dreier – Hermes, Art. 86 Rdnr. 24.
[166] vgl. BVerfGE 12, 229, 248.
[167] §1 I des Gesetzes über die Verwaltung der Deutschen Bundespost (Postverwaltungsgesetz) vom 24.07.1953, BGBl. I, S. 676, 676 ; vgl. auch § 3 der Verordnung zur Überführung der Verwaltung des Post- und Fernmeldewesens vom 31.03.1950, BGBl. I S. 94.
[168] Badura, FS Thieme, S. 877, 879; vgl. den anderen zugehörigen Behörden: v. Mangoldt - Klein, Art. 87 Anm. III 3c und Anm. III 5 bb.

Fernmeldewesens auch das dem Bund nach §1 FAG a.f. übertragene Fernmeldemonopol zu[169]. Sie ist ein Sondervermögen des Bundes mit eigener Wirtschafts- und Rechnungsführung, das im Verhältnis zum Bund nicht rechtsfähig ist[170]. Die DBP kann allerdings nach § 4 I Postverwaltungsgesetz a.f. im eigenen Namen im Rechtsverkehr auftreten also handeln, klagen und verklagt werden[171] und besitzt somit Teilrechtsfähigkeit im Außenverhältnis. Dies ist mit ihrer Stellung als Teil der bundeseigenen Verwaltung vereinbar. Die DBP als Verwaltung der Bundespost nach Art. 87 I S.1 GG a.F. erfüllt somit insgesamt die rechtlichen Erfordernisse, die an sie als Organisationseinheit der unmittelbaren Bundesverwaltung gestellt werden.

b. Materiellrechtliche Konsequenzen des Art. 87 I S.1 GG a.F.

Mit der organisationsrechtlichen Entscheidung, die Bundespost der unmittelbaren Bundesverwaltung zuzuordnen, waren auch materiellrechtliche Konsequenzen verbunden. Dabei war umstritten, inwieweit es sich bei Art. 87 I S.1 GG a.F. lediglich um eine „Grundsatznorm"[172] bezüglich der Erforderlichkeit, die Verwaltung der Bundespost ausschließlich und vollständig dem Bund selbst zu übertragen handelte bzw. inwiefern gewisse rechtliche Verselbstständigungen einzelner Aufgabengebiete rechtlich zulässig waren[173]. Es sollen hier nicht alle Einzelheiten des auf die Bundespost bezogenen und inzwischen historischen Streites dargelegt, sondern das Problem nur insoweit erläutert werden, wie es für das Verständnis der verschiedenen Reformen des Rechtsrahmens des Post- und Fernmeldewesens in Deutschland erforderlich ist. Eine materielle Privatisierung (Aufgabenprivatisierung), also eine Übertragung von Aufgaben aus dem Tätigkeitsfeld der Bundespost auf private Rechtsträger war nach der ganz herrschenden Meinung zumindest bezüglich des Kernbereiches des Tätigkeits-

---

[169] vgl. § 1 FAG (1977), BGBl. I, S. 459, 460 und § 1 I, II Postverwaltungsgesetz (1953), BGBl. I , S. 676, 676; vgl. Büchner, CR 1996, S. 1581, 581; vgl. Lerche, FS Obermayer, S. 76ff.
[170] vgl. § 3 Postverwaltungsgesetz (1953), BGBl. I, S. 676, 676; vgl. Püttner, Verwaltungsrechtslehre, S. 89; v. Mangoldt - Klein, Art. 87 Anm. III 3c und Anm. III 5 bb; BK/ Dolzer u.a.- Badura, Art. 87f Rdnr. 2; siehe auch Papier in: Erichsen/ Ehlers , § 41 Rdnr. 31.
[171] § 4 I Postverwaltungsgesetz (1953), BGBl. I, S. 676, 676.
[172] Maunz/ Dürig – Lerche, Art. 87f Rdnr. 18; Badura, FS Lorenz, S. 3, 3f; Plagemann/ Bachmann, DÖV 1987, 807, 810f.
[173] Vgl. im Detail divergierende Ansichten: Lecheler, NVwZ 1989, 834, 835f; Maunz/ Dürig – Maunz , Art. 87 GG (1964/1979) Rdnr. 32, 47; Badura, FS Lorenz, S.3, 6; BK/ Dolzer u.a. - Badura , Art. 87f Rdnr. 3; vgl Püttner, Unternehmen , S.87; vgl. Kerbs, HbdStR Bd. III, § 69 S. 602f.

feldes der Bundespost nicht mit den Vorgaben des Art. 87 I S.1 GG a.F., der eine Erledigung in bundeseigener Verwaltung vorsah, vereinbar[174]. Genauso wurde auch eine bloße formelle Privatisierung (Organisationsprivatisierung), bei der die Aufgaben der Bundespost lediglich in eine privatrechtliche Organisationsform (z.B. eine Kapitalgesellschaft) überführt worden wären, die dann einen rechtlich selbständigen, privatrechtlich organisierten Verwaltungsträger gebildet hätte[175], zumindest bzgl. des Kernbereichs der Tätigkeit der Bundespost von der überwiegenden Meinung als nicht mit der Vorschrift des Art. 87 I S.1 GG a.F. vereinbar angesehen[176]. Dies galt auch, wenn der Staat bestimmenden Einfluss auf die Unternehmenspolitik dieses rechtlich selbständigen Verwaltungssträgers genommen hätte[177]. Welche Aufgaben im Einzelnen zum Kernbereich des Tätigkeitsfeldes der Bundespost gehören ist nur sehr schwer zu fassen[178]. Es ist allerdings zu beachten, dass die historisch gewachsene Legitimation für die Eingliederung der Bundespost in die bundesunmittelbare Verwaltung darin zu sehen ist, dass sie auf diese Weise als staatliche Organisation, dem Prinzip der „Daseinsvorsorge" und damit der Gemeinwirtschaftlichkeit bzw. der Leistungsstaatlichkeit verpflichtet war[179]. Auf diese Weise sollte erreicht werden, dass die Bundespost bei anstehenden Entscheidungen zunächst das Gemeinwohl, mit dem Ziel eine möglichst hochentwickelte und flächendeckende technische Versorgung des gesamten Bundesgebiets zu einheitlichen Bedingungen zu erreichen, und nicht in erster Linie die Wirtschaftlichkeit berücksichtigt[180]. Somit durften zumindest die unter dem Aspekt der Leistungsstaatlichkeit für den Gesamtstaat „essentiellen" Aufgaben nicht „entstaatlicht" werden[181]. Dies schloss aber, wie bereits oben bei der Gesetzes- und Verwaltungskompetenz des Bundes in Bezug auf

---

[174] v. Mangoldt/ Klein/ Starck - Gersdorf, Art. 87f Rdnr. 14; vgl. Maunz/ Dürig – Lerche Art. 87f Rdnr. 18f; vgl. Dreier – Hermes, Art. 87 Rdnr. 20; vgl. Wassermann/ AK- Vesting, Art. 87f Rdnr. 9 ; Sachs- Sachs, Art. 87 Rdnr. 19.
[175] vgl. Maurer (2), § 21 Rdnr. 15.
[176] v. Mangoldt/ Klein/ Starck - Gersdorf, Art. 87f Rdnr. 14; vgl. Maunz/ Dürig – Lerche Art. 87f Rdnr. 18f; vgl. Dreier – Hermes, Art. 87 Rdnr. 20.
[177] vgl. Maunz/ Dürig – Lerche Art. 87f Rdnr. 18.
[178] vgl. BK/ Dolzer u.a.- Badura, Art. 87f, Rdnr. 3; ders., FS Lorenz, S. 3, 5ff.
[179] v. Mangoldt/ Klein/ Starck – Gersdorf, Art. 87f Rdnr. 14 a.E.; Badura, Verwaltungsmonopol, S. 183ff., 193 und 199; vgl. Lecheler NVwZ 1989, S. 834, 835; Schmidt, NJW 1964, S. 2390, 2390f.; vgl. Fehling, AöR 1996 (121), 59, 75ff; vgl. Wegmann, Marktöffnung, S. 32; Maunz/ Dürig – Lerche, Art. 87 Rdnr. 114 (insbes. Fn 264) m.w.N..
[180] v. Mangoldt/ Klein/ Starck – Gersdorf, Art. 87f Rdnr. 14 a.E.; vgl. Maunz/ Dürig – Lerche, Art. 87 Rdnr. 114; Vgl. auch Erläuterungen unter A.I. zum Monopol im Bereich des Fernmeldewesens in Europa in den achtziger Jahren.
[181] Maunz/ Dürig – Lerche, Art. 87 Rdnr. 113.

das Post- und Fernmeldewesen und die Bundespost erwähnt[182], nicht aus, einzelne Leistungen, die außerhalb des Kernbereiches der Versorgungsaufgabe lagen, ausschließlich dem Wettbewerb privater Unternehmen zu überlassen bzw. das staatliche Monopol für bestimmte Aufgaben aufzugeben und diese Aufgaben unter Beibehaltung des Angebots der Bundespost dem Wettbewerb zu öffnen[183].

Ausgehend von der oben beschriebenen verfassungsrechtlichen Situation wurden in den Jahren 1989, 1994 und 1996 die drei sogenannten Postreformen[184] durchgeführt, im Zuge derer schrittweise die Monopolrechte der DBP beseitigt wurden und eine Öffnung des Telekommunikationssektors für den Wettbewerb erfolgte. Es wird im Folgenden ein Überblick über diese drei Reformschritte unter Einbeziehung europarechtlicher Vorgaben gegeben.

II. Postreform I (1989)

Die Postreform I war das Ergebnis einer Reformdiskussion[185] über die Zukunft des Fernmeldewesens bzw. des Telekommunikationssektors, die auch in Deutschland im Kontext der Abkehr von der Betrachtung des Fernmeldewesens als „natürliches Monopol" neuer technischer Entwicklungen im Bereich der Mikroelektronik und der Konvergenz unter anderem im Bereich der Frequenznutzungen stand[186]. Es sollte eine stärkere Öffnung des Telekommunikationssektors für den Wettbewerb und somit eine Einschränkung des Fernmeldemonopols der DBP erfolgen[187]. Das Ziel bestand darin, es der DBP durch flexiblere Strukturen zu ermöglichen, sich neben der Erfüllung von für die Allgemeinheit wichtigen Infrastrukturaufgaben auch am Wettbewerb auf den Telekommunikationsmärkten zu beteiligen[188]. Wie im Einzelnen zu zeigen sein wird, war eine Reform des Fernmeldewesens auch aufgrund bereits erlassener bzw. zum Zeitpunkt der Durchführung der Postreform I, für die nahe Zukunft geplanter europarechtlicher Vorschriften erforderlich, deren Umsetzung in deutsches Recht

---

[182] vgl. oben D.I.2.a..
[183] Badura, FS Lorenz, S. 3,13.
[184] Holznagel/ Enaux/ Nienhaus (1), S. 8.
[185] vgl. Witte, Neuordnung, S. 1ff.
[186] vgl. dazu im Einzelnen unter A.III.1..
[187] vgl. Fangmann, CR 1989, S. 647, 647; Büchner, CR 1996, S. 581, 582.
[188] Riehmer in: Mestmäcker, S. 389, 370.

aufgrund des Fernmeldemonopols der DBP nicht ohne umfassende Gesetzesänderungen möglich waren[189]. Die „Endgeräterichtlinie" sah beispielsweise eine Beseitigung aller Monopolrechte für Einfuhr, Vertrieb sowie den Betrieb von Telekommunikationsendgeräten vor[190] und die „Diensterichtlinie" beinhaltete eine Aufhebung aller besonderen oder ausschließlichen Rechte für die Erbringung aller Telekommunikationsdienstleistungen mit der wesentlichen Ausnahme des Sprachtelefondienstes[191].

1. Poststrukturgesetz vom 09.06.1989

Im Rahmen der Postreform I wurde am 09.06.1989 das Gesetz zur Neustrukturierung des Post- und Fernmeldewesens und der Deutschen Bundespost (Poststrukturgesetz – PoststrukturG)[192] erlassen. Dieses Artikelgesetz ersetzte gemäß Art. 1 das Postverwaltungsgesetz als bisheriges Organisationsstatut der Bundespost durch das Gesetz über die Unternehmensverfassung der Deutschen Bundespost (Postverfassungsgesetz – PostVerfG) und novellierte zudem unter anderem auch in Art. 3 das Fernmeldeanlagengesetz. Es enthält also Regelungen bezüglich einer Neustrukturierung der Bundespost und sieht auch Änderungen in Bezug auf das Fernmeldemonopol und die Öffnung des Telekommunikationssektors für den Wettbewerb vor.

Gemäß § 1 S.2 und 3 des PostVerfG[193] wurde die Wahrnehmung von hoheitlich- politischen Aufgaben im Post- und Fernmeldewesen von den unternehmerischen Aufgaben getrennt. Die unternehmerischen und betrieblichen Aufgaben wurden entsprechend §1 S.3 PostVerfG weiterhin von der als Organisationsform fortbestehenden Deutschen Bundespost wahrgenommen, während die politischen und hoheitlichen Aufgaben, direkt dem neu gegründeten Bundesministerium für Post- und Telekommunikation (BMPT) übertragen wurden[194]. Zu den Aufgaben des BMPT zählten damit unter anderem die Erteilung von Genehmigungen zum Errichten und Be-

---

[189] vgl. Fangmann, CR 1989, S. 647, 647.
[190] vgl. Art. 2 i.V.m. Art. 1 zweiter Spiegelstrich,„Endgeräterichtlinie", Abl. EG Nr. L 131 vom 27.05.1988, S. 73, 74.
[191] Art. 2 I S.1 HS.1, „Diensterichtlinie", ABl. EG Nr. L 192 vom 24.07.1990, 10, 15.
[192] Gesetz zur Neustrukturierung des Post- und Fernmeldewesens und der Deutschen Bundespost (Poststrukturgesetz – PoststrukturG) vom 08.06.1989 BGBl. I, S. 1026.
[193] §1 PostVerfG vom 08.06.1989, BGBl. I, S. 1027.
[194] vgl. Bundesregierung, BT-Drs. 11/2854, S. 26f; siehe auch Riehmer in: Mestmäcker, S. 369, 371.

treiben von Fernmeldeanlagen (vgl. § 2 I FAG a.f.[195]) und die Zulassung von Geräten und Personen für den Einsatz im Bereich der Telekommunikation (vgl. § 2a I, II FAG a.F.[196]). Zudem oblag dem, Bundesminister für Post und Telekommunikation auch die Bestimmung derjenigen Dienstleistungsaufgaben, die die Unternehmen der DBP, entsprechend einer Rechtsverordnungen der Bundesregierung, im besonderen öffentlichen Interesse vor allem aus Gründen der „Daseinsvorsorge" zu erbringen hatten („Pflichtleistungen")[197] und zu denen etwa das Angebot öffentlicher Fernsprecher, Notrufmöglichkeiten oder Fernschreibern zählte[198] (vgl. § 25 II PostVerfG). Durch die Trennung der beiden Aufgabenbereiche war die DBP nicht mehr gleichzeitig Diensteanbieter und Hoheitsträger bzw. Regulierer auf dem zum Teil liberalisierten Telekommunikationsmarkt[199] und konnte somit die Wettbewerbsmöglichkeiten ihre Konkurrenten nicht unmittelbar beeinflussen[200]. Aus diesem Grunde war die Trennung von Hoheits- und Unternehmensaufgaben sowohl in der „Endgeräte- als auch in der Dienstrichtlinie" gefordert worden, damit danach eine Grundvoraussetzung für einen fairen Wettbewerb gegeben war[201]. Das BMPT hatte aber immer noch zahlreiche Einflussmöglichkeiten, wie z.B. Genehmigungsrechte bzgl. Beschlüssen der Aufsichtsräte der Unternehmen der DBP etwa bzgl. der Feststellung des Jahresabschlusses (vgl. § 23 III PostVerfG i.V.m. § 44 I PostVerfG) oder Widerspruchsrechte bzgl. der Vorlagen der Vorstände der zur DBP gehörenden Unternehmen, die die wirtschaftlich wichtigen Leistungsentgelte für Pflichtleistungen betrafen (vgl. § 28 II S.1 PostVerfG) die insgesamt über eine reine Rechtsaufsicht hinaus gingen[202]. Als Folge der neuen ordnungspolitischen Grundsätze, die eine stärkere Öffnung des Fernmeldewesen für den Wettbewerb vorsahen, wurde die DBP umstrukturiert und gemäß § 1 II PostVerfG in drei „öffentlichen Unternehmen" DBP POSTDIENST, DBP POSTBANK und DBP TELEKOM aufgegliedert. Diese drei Organisationsformen wurden nach § 3 II Post-

---

[195] Art. 2 I FAG (1977), zuletzt geändert durch Art. 3 PoststrukturG vom 08.06.1989, BGBl. I S. 1026, 1045.
[196] § 2a I, II FAG (1977), zuletzt geändert durch Art. 3 PoststrukturG vom 08.06.1989, BGBl. I S.1026, 1045.
[197] § 25 II PostVerfG vom 08.06.1989, BGBl. I S. 1032.
[198] vgl. Holznagel/Enaux/ Nienhaus (1), S. 9.
[199] vgl. dazu im nächsten Abschnitt zur Änderung des FAG.
[200] Bundesregierung, BT-Drs. 11/2854, S. 26.
[201] vgl. Erwägungsgrund 9 und Art. 6, „Endgeräterichtlinie", ABl. EG Nr. L 131 vom 27.05.1988, S. 73, 74; vgl. Art. 7 I der "Dienstrichtlinie", ABl. EG Nr. L 192 vom 24.07.1990, S.10, 15.
[202] vgl. auch Fangmann, CR 1989, S. 6647, 650.

VerfG jeweils durch einen Vorstand und einen Aufsichtsrat geleitet. Durch die Neustrukturierung der DBP sollte es ermöglicht werden, die drei Teilbereiche der DBP nach Grundsätzen einer modernen Unternehmensführung zu leiten. Ihnen wurde ein größerer Freiraum für ein Vorgehen nach marktwirtschaftlichen Gesichtspunkten eröffnet und zudem beabsichtigte man eine größere Unabhängigkeit von der Politik[203]. Allerdings war zu bedenken, dass keine Verfassungsänderung erfolgt war, so dass auch nach der Postreform I die DBP den unter D.I.2.b. erläuterten Grundsätzen einer bundeseigenen Verwaltung entsprechen musste. Dabei war zunächst zu berücksichtigen, dass die DBP POSTDIENST, DBP POSTBANK und DBP TELEKOM lediglich „Teilsondervermögen" des Sondervermögens der DBP waren (§ 2 I PostVerfG). Die DBP und ihre drei Unternehmen konnten im Rechtsverkehr unter ihren Namen handeln, klagen und verklagt werden, so dass den drei Unternehmensbereichen, wie schon der DBP vor der Reform (vgl. unter D.I.2.b. in diesem nach außen gerichteten Bereich eine Teilrechtsfähigkeit zukam[204]. Klagen zwischen den Unternehmen oder auch zwischen den Unternehmen und dem BMPT über die Aufgaben und Zuständigkeiten des zuständigen Bundesministers waren aber ausgeschlossen[205]. Der Bundesminister übte, wie oben dargelegt, über die DBP bzw. deren Unternehmen weit mehr als nur eine Fachaufsicht aus, so dass insgesamt von einer, die bundeseigene Verwaltung charakterisierenden, umfassenden sachlich steuernden Funktion des Bundes über die DBP ausgegangen werden kann[206] und nicht etwa davon auszugehen ist, dass der DBP bzw. deren „öffentliche Unternehmen" gegenüber dem Bund eine eigene Rechtsfähigkeit zu kommt. Durch die umfassenden Befugnisse des Bundesministers für Post und Telekommunikation für die DBP ist auch gewährleistet, dass die obere Leitungsebene der Bundespost weiterhin einer parlamentarischen Verantwortlichkeit und der damit verbundenen Kontrolle unterliegt, so dass eine wesentliche Schutzfunktion für die Bürger, die mit der Einordnung der Bundespost als Teil der bundeseigenen Verwaltung erreicht werden sollte, erfüllt ist[207]. Die Postreform I hält also

---

[203] Bunderegierung, BT-Drs. 11/2854, S. 30.
[204] vgl. Maunz/ Dürig – Lerche, Art. 86 Rdnr. 58; vgl. Püttner, Verwaltungsrechtslehre, S. 89
[205] § 5 S.3 PostVerfG vom 08.06.1989, BGBl. I, S. 1026, 1028 bzw. Bundesregierung, BT-Drs. 11/2854, S. 39 zu § 5.
[206] vgl. Maunz/ Dürig – Lerche, Art. 86 Rdnr. 47; vgl. auch unter D.I.2.b. zu diesem Merkmal der bundeseiegegen Verwaltung.
[207] Badura, FS Thieme, S.877, 891; a.A. allerdings Roßnagel/ Wedde, DVBl. 1988, S. 562, 564 die i.E. nicht von einer „vollen parlamentarischen Verantwortlichkeit des Handelns der Bundespost ausgehen".

bezüglich der organisationsrechtlichen Änderungen den durch Art. 87 I S.1 GG a.F. vorgegebenen Rahmen ein[208].

2. Änderung des Fernmeldeanlagengesetzes (FAG)

Auch die beginnende Liberalisierung des Fernmeldewesens und die damit verbundenen Änderungen der Fernmeldeanlagengesetzes, die im Zuge der Postreform I durgeführt wurden, müssten sich in dem von Art. 87 I S.1 GG a.f. vorgegebenen Rahmen halten. Es gilt dabei entsprechend § 1 V FAG a.F.[209], dass die Deutsche Bundespost TELEKOM die in § 1 I, II und IV FAG a.f. bezeichneten Rechte des Bundes bzw. des BMPT im Bereich der Telekommunikation wahrnahm, soweit sie nicht ausdrücklich direkt dem Bundesminister für Telekommunikation und Post zugesprochen wurden. Im Rahmen dieser Reform wurde das bisher umfassende Fernmeldemonopol der DBP aufgehoben (vgl. § 1 I FAG a.F.) und in Übereinstimmung mit der „Diensterichtlinie"[210] durch § 1 II FAG a.F. auf das Monopol zur Errichtung und zum Betrieb von Übertragungswegen (Netzmonopol) und von Funkanlagen sowie entsprechend § 1 IV FAG a.F. auf die „Vermittlung von Sprache für andere mittels Fernmeldeanlagen" (Telefondienstmonopol) beschränkt. Nach § 1 IV FAG a.F. galt im Übrigen, dass jedermann berechtigt war, „Telekommunikationsdienstleistungen für andere über Fest- und Wählverbindungen, die von der Deutschen Bundespost TELEKOM bereitgestellt werden, zu erbringen". Damit wurde bereits die Vorgabe des Art.2 I S.1 Hs.1 der 1990 erlassenen „Diensterichtlinie", unter Berücksichtigung der soeben erörterten Ausnahme alle besonderen oder ausschließlichen Rechte bei der Erbringung von Telekommunikationsdienstleistungen zu beseitigen, erfüllt[211]. Es erfolgte auf diese Weise eine Liberalisierung aller Dienste, die nicht auf die Übermittlung von Sprache angewiesen waren, wie Daten-, Bild- oder Textübertragungsdienste, die somit auch von privaten Anbietern erbracht werden konnten. Ab dem 01.07.1990 wurde zudem gemäß Art. 25 PostVerfG[212] das Endgerätemo-

---

[208] v. Mangoldt/ Klein/ Strack- Gersdorf, Art. 87f Rdnr. 16; Maunz/ Dürig – Lerche, Art. 87f Rdnr. 22.
[209] § 1 V FAG (1977), zuletzt geändert durch Art. 3 des PoststrukturG vom 08.06.1989, BGBl. I, S. 1026, 1045.
[210] vgl. Erwägungsgründe 4, 18 und Art. 2 I S.1 HS.1 „Diensterichtlinie" ABl. EG Nr. L 192 vom 24.07.1990, 10, 12 und 15.
[211] vgl. Art. 2 I S.1 Hs. 1 „Diensterichtlinie", ABl. EG Nr. L 192 vom 24.07.1990, 10, 15
[212] § 25 des Gesetzes zur Unternehmensverfassung der Deutschen Bundespost (Postverfassungsgesetz – PostVerfG) vom 08.06.1989, BGBl. I, S. 1026, 1032.

nopol der DBP aufgehoben, so dass auch dieser Markt für den Wettbewerb geöffnet war. Damit wurde eine Vorgabe der „Endgeräterichtlinie" erfüllt, die in Art. 2 i.V.m. Art. 1 zweiter Spiegelstrich[213], die Mitgliedsstaaten dazu verpflichtete, die besonderen oder ausschließlichen Rechte für die Einfuhr, die Vermarktung, die Einrichtung, die Inbetriebsetzung und die Wartung von Telekommunikationsendgeräten aufzuheben. Entsprechend der europarechtlichen Definition des Begriffes Sprachtelefondienst[214] umfasste „die Vermittlung von Sprache für die Öffentlichkeit" (also für andere) nicht die private Sprachvermittlung innerhalb von geschlossenen Benutzergruppen wie Konzernen oder Vereinen, da sie anderen Außenstehenden nicht angeboten wurde, so dass das Monopol der DBP nicht galt und dadurch insbesondere ein Teil des gewerblichen Telefonverkehrs privatisiert werden konnte[215]. Gemäß Art. 2 I bzw. II PostVerfG konnte das BMPT zudem private Anbieter im Bereich der Mobilfunk- und der Satellitenkommunikation zulassen[216] und somit auch Wettbewerb in diesem Bereich ermöglichen. Aufgrund der Öffnung einiger Bereiche der Telekommunikation für den Wettbewerb erfolgte notwendigerweise eine Privatisierung einiger Aufgaben und damit einhergehend stand die DBP im Bereich der Erbringung einiger Telekommunikationsdienste in Konkurrenz zu privaten Diensteanbietern (vgl. auch § 4 I S.5 PostVerfG). Trotzdem war es immer noch Aufgabe der DBP aufgrund der ihr obliegenden Infrastrukturdienste (Monopolaufgaben, § 1 II und IV FAG a.F.) und Pflichtdienstleistungen (vgl. § 25 I PostVerfG) einen umfassenden Infrastrukturauftrag zu erfüllen und für eine flächendeckende und gleichmäßige Versorgung der Bevölkerung mit Telekommunikationsdienstleistungen nach dem Prinzip der Gemeinwirtschaftlichkeit zu sorgen[217]. Die „essentiellen" Aufgaben, bzw. ein „Kernbereich" an Aufgaben, der entsprechend der obigen Darstellungen nicht privatisiert werden durfte (vgl. unter D.I.2.b.), wurde auch weiterhin von der DBP in bundeseigener Verwaltung ausgeführt. Somit ist

---

[213] Art. 2 i.V.m. Art.1 zweiter Spiegelstrich, „Endgeräterichtlinie", ABl. EG Nr. L 141 vom 27.05.1988, S. 73, 76.
[214] Kommission, Mitteilung „Umsetzung RL 90/388/EWG", KOM (95), 113, S. 16ff.
[215] Fangmann, CR 1989, S. 647, 648.
[216] vgl. Wegmann, S. 36.
[217] vgl. § 4 S.3 PostVerfG, BGBl. I, S.1026, 1028; vgl. auch Badura, FS Lorenz, S. 3, 11.

insgesamt festzustellen, dass die Postreform I innerhalb des durch Art. 87 I S.1 GG a.F. vorgegebenen Rahmens erfolgte[218].

III. Postreform II (1994)

An die erste Postreform schloss sich 1994 die Postreform II an, im Rahmen derer eine Änderung des Grundgesetzes und der Erlass des Postneuordnungsgesetzes (PostNeuOG)[219] erfolgte. Das Ergebnis der Reform war im Wesentlichen eine Organisationsprivatisierung des Sondervermögens Deutsche Bundespost, ohne dass allerdings weitere Liberalisierungsschritte hinsichtlich der Diensteerbringung im Bereich des Fernmeldewesens bzw. des Telekommunikationssektors vorgenommen wurden[220]. Bevor näher auf die einzelnen Elemente der mit der Postreform II verbundenen Änderungen eingegangen wird, sollen kurz die Gründe für diese erneute Reform, die das Post- und Fernmeldewesen und die DPB betreffen, sowie ein möglicher Einfluss des Europarechts erläutert werden.

1. Gründe für die Durchführung der Postreform II und europarechtlicher Einfluss

Neben rein nationalen Gründen wie der Wiedervereinigung Deutschlands, nach der es einen enormen Investitionsbedarf in den neuen Bundesländern zu befriedigen galt, so dass die Eigenkapitalquote der DBP Telekom unter das gesetzlich vorgeschriebene Mindestniveau[221] von 33% auf ca. 20 % fiel[222], spielten auch grundsätzlichere Überlegungen im Hinblick auf eine immer weiter fortschreitende Öffnung der internationalen Telekommunikationsmärkte für den Wettbewerb eine Rolle[223]. Die DBP mit ihren drei Unternehmen wurden wegen des starken staatlichen Einflusses sowie der noch in erheblichem Maße beamtenrechtlich geprägten Personalverhältnisse als für zu unflexibel angesehen, um sich angesichts der schnellen technischen Veränderungen im Telekommunikationsbereich in den wachsen-

---

[218] Maunz/ Dürig, Art. 87f Rdnr.22; v. Mangoldt/ Klein/ Starck – Gersdorf, Art. 87f Rdnr. 16. Badura, FS Thieme, S. 877, 890f; mit Zweifeln allerdings Fangmann, CR 1989, S.647, 650 der eine volle Fachaufsicht des BMPT für erforderlich hält.
[219] Gesetz zur Neuordnung des Postwesens- und der Telekommunikation (Postneuordnungsgesetz – PTNeuOG) vom 14.09.1994, BGBl. I, S. 2325.
[220] vgl. Wegmann, S. 36f.
[221] vgl. § 41 PostVerfG, BGBl. I, S. 1026, 1036.
[222] Holznagel/ Enaux/ Nienhaus (1), S. 11.
[223] vgl. v. Mangoldt/ Klein/ Starck – Gersdorf, Art.87f Rdnr. 17.

den Märkten gerade auch auf europäischer Ebene zu behaupten[224]. Zudem war es der DBP Telekom als staatliches Unternehmen nur möglich in dem Maße im Ausland tätig zu werden, in dem dies für die Sicherung der nationalen Versorgung notwendig war, während eine Beteiligung an einem ausländischen Telekommunikationsanbieter ausschließlich aus wirtschaftlichen Gründen nicht zulässig war[225]. Europäische Konkurrenten waren dagegen schon zum Teil weitgehend staatsfrei organisiert bzw. es gab verstärkte Tendenzen zur Privatisierung staatlicher Aufgaben und Unternehmen[226], so dass sie im Verhältnis zur DBP TELEKOM eine größere Handlungsfreiheit hatten, sich auch im Ausland zu engagieren[227]. Wettbewerbsnachteile solcher Art und auch insgesamt eine größere unternehmerische Flexibilität sollten die Unternehmen der DBP durch Umwandlung in eine Aktiengesellschaft und einer anschließenden Platzierung der staatlichen Anteile an der Börse erlangen[228]. Auf das Europarecht wurde bei der Postreform nur mittelbar Bezug genommen. Dies erfolgte insofern, als dass das Gesetz über die Regulierung der Telekommunikation und des Postwesens (PTRegG)[229], das Telegraphenwegegesetz[230] und das FAG[231] mit Ablauf des 31.12.1997 und somit unmittelbar bevor nach Art. 2 I, II S. 1,2 der „Diensterichtlinie" in der Fassung der „Wettbewerbsrichtlinie" alle Mitgliedsstaaten zur Aufhebung aller Monopolrechte für die Erbringung von Telekommunikationsdienstleistungen und zur Errichtung und Bereitstellung von öffentlichen Telekommunikationsnetzen verpflichtet waren[232], außer Kraft treten sollten. Eine direkte Vorgabe etwa in Bezug auf die Privatisierung nationalen Telekommunikationsorganisationen ist im europäischen Primärrecht nicht enthalten. Nach Art. 295 EG n.F. (Art. 222 EGV a.F.) lässt der Vertrag die Eigentumsordnung in den verschiedenen Mitgliedsstaaten vielmehr unberührt. Deutschland war allerdings verpflichtet die gemeinschaftsrechtlichen Wettbewerbsregeln und dabei insbesondere auch Art. 86 EG n.F. sowie auf Art. 86 III n.F. gestützte Sekundärrechtsak-

---

[224] vgl. Gramlich CR 1994, S. 2785, 2786 m.w.N.; Badura, ArchPF 1991, 398, 390
[225] Holznagel/ Enaux/ Nienhaus (1), S. 10.
[226] Möschel, JZ 1988, 885; vgl. König, VerArch 79 (1988), 241, 246ff.
[227] Holznagel/ Enaux/ Nienhaus (1), S. 10.
[228] Holznagel/ Enaux/ Nienhaus (1), S. 10.
[229] § 16 PTRegG, BGBl. I, S. 2371, 2378.
[230] § 16 Telegraphenwegegesetz in der Fassung vom 24.04.1991 (BGBl. I S. 1053), geändert durch Art. 8 des PTNeuOG vom 14.09.19994, BGBl. S. 2377, 2378.
[231] § 28 FAG (1989), geändert durch Art. 5 des PTNeuOG vom 14.09.1994, BGBl. I S. 2363, 2368.
[232] Art. 2 I, II S.1, 2 der „Diensterichtlinie" in der Fassung der „Wettbewerbsrichtlinie", ABl. EG Nr. L 74 vom 22.03.1996, S. 13, 21.

te zu beachten. Diese beinhalteten verschiedenste Vorgaben zur Öffnung des Telekommunikationssektors für den Wettbewerb und zur Abschaffung von staatlichen Monopolrechten[233]. Somit war auch europarechtlich eindeutig eine Tendenz weg von unmittelbar dem Staat zugeordneten Organisationsformen hin zu in privater Rechtsform organisierten und auf einem liberalisierten Telekommunikationsmarkt zumindest relativ selbständig agierenden Unternehmen erkennbar, an die sich Deutschland durch die Postreform II anschloss[234].

2. Elemente der Postreform II: Grundgesetzänderung und Postneuordnungsgesetz

Bevor Art. 87f und 143b GG, die durch eine Grundgesetzänderung[235] im Rahmen der Postreform II neu in das Grundgesetz eingefügt wurden erläutert werden, ist kurz auf Art. 73 Nr. 7 und 87 I S.1 GG einzugehen, die im Zuge dieser Reform geändert wurden.

a. Änderung von Art. 73 Nr.7 GG: Verfassungsrechtlicher Begriff der Telekommunikation

Durch eine Änderung des Grundgesetzes wurde der in Art. 73 Nr.7 GG a.F. verwendete Begriff des Fernmeldewesens durch den Begriff der Telekommunikation (Art. 73 Nr. 7 GG n.F.) ersetzt[236]. Mit dieser Änderung wollte der Gesetzgeber aber keinerlei sachliche bzw. inhaltliche Veränderungen vornehmen, sondern das Gesetz nur an den international üblichen Sprachgebrauch anpassen[237]. Nachdem bereits der Versuch unternommen worden ist den europarechtlichen Begriff der Telekommunikation zu definieren, soll nun die Bedeutung von „Telekommunikation" im Sinne (von Art. 73 Nr.7 GG n.F und Art. 87f GG[238]) des Grundgesetzes erläutert wer-

---

[233] vgl. Entschließung des Rates vom 22.07.1993 zur Prüfung der Lage im Bereich Telekommunikation und zu den notwendigen künftigen Entwicklungen in diesem Bereich, ABl. EG Nr. C 213 vom 22.07.1993, S. 1, 3 die schon vor der Postreform II eine Liberalisierung aller öffentlichen Sprachtelefondienste zum 01.01.1998 vorsah.
[234] vgl. Maunz/ Dürig – Lerche, Art. 87f GG Rdnr. 25; vgl. Holznagel/ Enaux/ Nienhaus (1), S. 10; Gramlich, NJW 1994, S. 2785, 2786.
[235] Gesetz zur Änderung des Grundgesetzes vom 30.8.1994, BGBl. I, S. 2245
[236] vgl. Gesetz zur Änderung des Grundgesetzes vom 30.8.1994, BGBl. I, S. 2245
[237] Bundesregierung, BT-Drs. 12/7269, S.4; Gramlich, ArchivPT 1995, 189, 194; Engels, ZUM 1997, 106, 108 Fn .16, Jarras/ Pieroth – Pieroth, Art. 73 Rdnr. 17.
[238] In beiden Artikeln hat der Begriff die gleiche Bedeutung. (vgl. Maunz/ Dürig – Lerche, Art. 87f GG, Rdnr. 43). Näheres zu Art. 87f GG sogleich.

den, ohne dabei allerdings auf die damit verbundenen Kompetenzstreitigkeiten zwischen dem Bund und den Ländern (vor allem in Abgrenzung zum Rundfunk) einzugehen[239]. Aus den obigen Erläuterungen folgt, dass der Begriff der Telekommunikation den gleichen verfassungsrechtlich geprägten Inhalt haben muss, wie der des Fernmeldewesens. Das Fernmeldewesen ist nach dem allgemeinen Sprachgebrauch ein technischer am Vorgang der Übermittlung von Signalen orientierter Begriff, zu dem nur die technischen Vorgänge des Sendens von Informationsinhalten zählen[240]. Das Fernmeldewesen umfasst dabei sämtliche Elemente, die für einen geordneten Ablauf des Betriebes von fernmeldetechnischen Sendern und des Empfangs ihrer Nachrichten unerlässlich sind[241]. Später hat das BVerfG zudem entschieden, dass zum Begriff des Fernmeldewesens die Fernmeldeanlagen gehören, für welche die körperlose Übermittlung von Nachrichten in der Weise, dass die ausgesandten Zeichen am Empfangsort wiedererzeugt würden, wesentlich sind[242]. Das Fernmeldewesen umfasst nicht nur den unmittelbaren Netzbereich (Übertragungsleitungen) samt Leitungsabschluss, sondern auch alle Einrichtungen, durch die die Übertragung von Signalen erst möglich wird[243]. Zudem gilt, dass das Fernmeldewesen die technische Seite des Übermittlungsvorgangs der Nachrichten unabhängig davon umfasst, ob dieser zur Vermittlung von Individual- (z.B. Fernsprechverkehr) oder Massenkommunikation (z.B. Rundfunk)[244] dient und ob die Übermittlung der Signale mittels Leitungen oder Funk erfolgt[245]. Aus diesen höchstrichterlichen Vorgaben wird in der Literatur zusammenfassend gefolgert, dass es sich bei der Telekommunikation um den rein technischen Vorgang der körperlosen Nachrichtenübermittlung handelt, bei der die ausgesandten Signale am Empfangsort wieder erzeugt

---

[239] vgl. dazu: Maunz/ Dürig – Lerche, Art. 87f GG Rdnr. 52 m.w.N..
[240] BVerfGE 12, 205, 226, 227.
[241] BVerfGE 12, 205, 227.
[242] BVerfGE, 46, 120, 139 und 143; vgl. zum Begriff der Fernmeldeanlagen auch unter D.I.1..
[243] BVerfGE, 46, 120, 144.
[244] Nach dem dynamischen verfassungsrechtlichen Rundfunkbegriff zählen zum Rundfunk alle diejenigen Dienste, die bestimmt und geeignet sind, auf die öffentliche Meinungsbildung (also die Allgemeinheit) einzuwirken und die fernmeldetechnisch verbreitet werden, so dass unter anderem der klassische Fernseh- und Hörfunk dazuzurechnen ist. (vgl. BVerfGE 74, 297, 352; vgl. BVerfGE 83, 283, 302 und 313; BVerfGE 12, 105, 226; BVerfGE 31, 314, 325); Zur Individual- und Massenkommunikation siehe auch Ausführungen unter D.IV.3.a. bzgl. Abgrenzung des Begriffs der Telekommunikation von Tele- und Mediendiensten.
[245] BVerwGE 77, 128, 131; vgl. Maunz/ Dürig – Lerche, Art. 87f Rdnr. 50.

werden[246]. Die Art der dabei verwendeten Technik ist unerheblich, so dass insbesondere auch neuartige Übertragungsformen (z.B. digitale Technik) in den Bereich der Telekommunikation fallen können[247]. Der Begriff der Telekommunikation umfasst somit beispielsweise das Fernsprechwesen (Telefon, Telefax), das Fernschreibwesen (Telex), die Funkdienste und die sonstige Nutzung elektromagnetischer Schwingungen zur Signalübertragung „in die Ferne"[248]. Im Verhältnis von Telekommunikation und Rundfunk gilt zudem, dass sich der Begriff der Telekommunikation nach Art. 87f GG auch auf den Rundfunk beziehen kann. Er erfasst dabei allerdings immer nur den technischen Vorgang der Signalübermittlung und keinesfalls die Sendeinhalte[249]. Die Telekommunikation als der technisch geprägte Teil der Nachrichtenübermittlung hat gegenüber inhaltlichen Bereichen der Informationsübermittlung, wie dem Rundfunk, nur eine „untergeordnete, dienende Funktion"[250]. Dies gilt sowohl für Kommunikationsdienste, die zur Individualkommunikation als auch für solche, die zur Massenkommunikation verwendet werden[251]. Art. 87f GG erfasst somit nur

---

[246] vgl. v. Mangoldt/ Klein/ Starck – Gersdorf, Art. 87f GG Rdnr. 32; vgl. Sachs – Windthorst, Art. 87f GG Rdnr. 6; vgl. Maunz/ Dürig –Lerche Art. 87f GG Rdnr. 50.
[247] vgl. BVerfGE 46, 120, 143; Steiner in: HbdStR, Bd. III, 1988, S. 1087, 1112, Rdnr. 824; Wichman/ P.Maier DVBl. 1987, S. 814, 815; Badura, FS Thieme, S. 877, 878; Vgl. auch Erläuterungen zum Begriff der Fernmeldeanlagen unter D.I.a).
[248] Maunz/ Dürig – Lerche, Art. 87f Rndr. 50.
[249] v. Maunz/ Dürig –Lerche, Art. 87f Rdnr. 50, 52; v. Mangoldt/ Klein/ Starck – Gersdorf, Art. 87f Rdnr. 32; vgl. BVerfGE 12, 205, 225ff; Gerade in Bezug auf die technische Seite beim Rundfunk gilt aber auch, dass der Bereich des Fernmeldewesens erst mit der Übermittlung der sendefertigen Ton- und Bildsignale beginnt, so dass die dafür verwendete Studiotechnik nicht mit eingeschlossen ist (BVerfGE 12, 205,227).
[250] BVerfGE 12, 205, 227; vgl. auch Scherer, Telekommunikationsrecht, S. 641f; Maunz/ Dürig-Lerche. Art. 87f GG Rdnr. 52.
[251] vgl. BVerwGE 77, 128, 131; vgl. Maunz/ Dürig – Lerche, Art. 87f Rdnr. 50 und 52 Fn 43; v. Mangoldt/ Klein/ Starck- Gersdorf, Art. 87f Rdnr. 32,33; i.E. auch Sachs- Windthorst, Art. 87f Rdnr. 6; Anders allerdings eine Meinung in der Literatur (Bullinger/ Mestmäcker, S. 80 ; Bullinger AfP 1996, 1,4) die implizit davon ausgeht, dass der Telekommunikation im Zuge der Verfassungsänderung 1994 auch Kompetenzen bezüglich Sendeinhalten zuzurechnen sind (vgl. v. Mangoldt/Klein/ Starck – Gersdorf, Art. 87f Rdnr. 31). „Nicht- Rundfunkdienste" bzw. Dienste der Individualkommunikation und auch sog. „überindividuelle Kommunikationsdienste" die noch nicht der Massenkommunikation zuzurechnen sind, die keinem verfassungsrechtlichen Sonderregime zugeordnet sind, sollen aufgrund dessen generell der „privatwirtschaftlichen Ordnung" der Telekommunikation des Art. 87f II S.1 GG zu unterstellen sein (Bullinger, AfP 1996, 1,4f; Bullinger/ Mestmäcker, 80f) Diese Ansicht ist aber u.a. aufgrund der Tatsache, dass nach dem Willen des Gesetzgebers zwischen den Begriffen Telekommunikation und Fernmeldewesen kein inhaltlicher Unterschied bestehen sollte und der Begriff des Fernmeldewesens schon nach Auffassung des Bundesverfassungsgerichts, wie soeben erläutert, gerade nur die technische Seite der Nachrichtenübermittlung betrifft, abzulehnen (v. Mangoldt/ Klein/ Starck- Gersdorf, Art. 87f Rdnr. 32 ; vgl. Maunz/ Dürig – Lerche, Art. 87f Rdnr. 50 und 52 Fn 43.

Dienstleistungen der Telekommunikation, nicht aber Dienstleistungen durch Telekommunikation, also Dienstleistungen, die die körperlose Übermittlung von Nachrichten bereits voraussetzen (z.B. Rundfunk, Teledienste, Mediendienste)[252].

b. Änderung von Art. 87 I S.1 GG

Im Rahmen der Postreform II wurde außerdem Art. 87 I S.1 GG a.F. dahingehend geändert, dass die Bundespost nicht mehr Gegenstand bundeseigener Verwaltung sein musste[253], so dass eine Verselbständigung der Behörde als juristische Person des öffentlichen oder privaten Rechts mit eigner Rechtsfähigkeit möglich wurde[254].

c. Einfügung von Art. 87f GG und Art. 143b GG in das Grundgesetz

Es werden der wesentliche Inhalt der neu eingefügten Art. 87f, 143b GG[255] und die damit verbundenen Neuerungen und Veränderungen im Bereich der Telekommunikation vorgestellt.

aa. Art. 87f GG

Art. 87f II S.1 GG besagt, dass sowohl „die aus dem Sondervermögen Deutsche Bundespost hervorgegangen Unternehmen, als auch private Anbieter" Dienstleistungen im Bereich des Postwesens und der Telekommunikation[256] „als privatwirtschaftliche Tätigkeiten" erbringen können. Der Verweis auf „andere private Anbieter" verdeutlicht die Entscheidung des Verfassungsgebers für eine wettbewerbliche Struktur des Telekommunikationswesens[257]. Unter „Dienstleistungen" im Bereich der Telekommunikation ist die Gesamtheit aller technischen Dienste gemeint, die zum Zwecke

---

[252] v. Mangoldt/ Klein/ Starck – Gersdorf, Art. 87f Rdnr. 32 a.E.; Windthorst, Universaldienst, S. 90, 266ff; Sachs – Windthorst, Art. 87f Rdnr. 1; Zu Tele- und Mediendiensten in Abgrenzung zum Telekommunikationsdienst, siehe näher unter D.IV.3.a..
[253] vgl. Gesetz zur Änderung des Grundgesetzes vom 30.8.1994, BGBl. I 2245.
[254] vgl. Wegmann, S. 37.
[255] vgl. Gesetz zur Änderung des Grundgesetzes vom 30.08.1994, BGBl. I 2245.
[256] Anders als es der Wortlaut des Art. 87f II S.1 i.V.m. I GG vermuten lassen könnte sollen nach ganz herrschender Meinung sämtliche Dienstleistungen im Bereich des Postwesens und der Telekommunikation und nicht nur „flächendeckend angemessene und ausreichende Dienstleistungen" i.S. von Art. 87 f I GG von der Privatisierung erfasst sein (Sachs – Windthorst, Art. 87f Rdnr. 27, Maunz/ Dürig- Lerche Art. 87f Rdnr. 54 m.w.N; Wegmann, S. 38f).
[257] Holznagel/ Enaux/ Nienhaus (1), S. 11.

der körperlosen Signalübertragung erforderlich sind[258]. Zu diesen Diensten ist nicht nur der gesamte Netzbereich zu zählen, sondern auch alle technischen Einrichtungen, die eine Übertragung erst ermöglichen[259]. Desweiteren umfasst der Begriff „privatwirtschaftliche Tätigkeit" jede Wirtschaftstätigkeit durch kaufmännisches, wettbewerbsorientiertes Handeln in privatrechtlicher Unternehmensform mit privatrechtlichen Mitteln[260]. Es darf keine der Dienstleistungen im Bereich der Telekommunikation mehr als „Verwaltungsaufgabe", also nach althergebrachten Grundsätzen in erster Linie an den Grundsätzen der Daseinsvorsorge und dem Gemeinwohl orientiert und ohne Berücksichtigung kaufmännischer Aspekte erbracht werden[261], sondern es ist vielmehr eine Kommerzialisierung von Telekommunikationsdienstleistungen beabsichtigt[262]. Die privatwirtschaftlich, also in privatrechtlicher Unternehmensform handelnden Akteure, sind Art. 87f II S.1 GG entweder „private Anbieter" oder die Nachfolgeunternehmen der DBP, die nach Art. 143b I GG ebenfalls in „Unternehmen privater Rechtsform umgewandelt" werden, so dass nach Art. 87f II S.1 GG insgesamt eine umfassende Organisationsprivatisierung vorgesehen ist[263]. Umstritten war inwiefern Art. 87f II S.1 GG zudem eine Verpflichtung zur materiellen Privatisierung (Aufgabenprivatisierung) enthielt, wie es zum Teil unter Hinweis auf die Verpflichtung zur Privatwirtschaftlichkeit angenommen wurde[264]. Eine echte Aufgabenprivatisierung wurde aber u.a. mit

---

[258] v. Mangoldt/ Klein/ Starck – Gersdorf, Art. 87f Rdnr. 36.
[259] vgl. BVerfGE 46, 120, 144; v. Mangoldt/ Klein/ Starck- Gersdorf, Art. 87f Rdnr. 36. Zur Vermeidung von Missverständnissen ist zudem darauf hinzuweisen, dass das im Rahmen der Postreform III erlassen Telekommunikationsgesetz (TKG (1996)) (BGBl. I, S.1120) in § 3 Nr. 18 TKG (1996) zwar den Begriff der Telekommunikationsdienstleistung definiert, dieser aber nur das" gewerbliche Angebot von Telekommunikation einschließlich des Angebots von Übertragungswegen für Dritte" beinhaltet. Bei den „Dienstleistungen" im Telekommunikationssektor nach dem Grundgesetz kommt es aber entsprechend der obigen Definition auf den gewerblichen oder nicht gewerblichen Charakter der Dienstleistungen nicht an, so dass sie auch diejenigen Dienstleistungen, die etwa zum Zwecke der Eigenversorgung erbracht werden mit einschließen (vgl. v. Mangoldt/ Klein/ Starck- Gersdorf, Art. 87f Rdnr. 36). Unter anderem aus diesem Grund stimmt der Begriff der Dienstleistungen im Bereich der Telekommunikation in Art. 87f II S.1 GG nicht mit der Legaldefinition der Telekommunikationsdienstleistung im TKG (1996) überein (vgl. v. Mangoldt/ Klein/ Starck- Gersdorf, Art. 87f Rdnr. 36).
[260] Sachs- Windthorst, Art. 87f GG, Rdnr. 30.
[261] BT-Drs. 12/7269,S.4; vgl. v. Mangoldt/ Klein/ Starck – Gersdorf, Art.87f Rdnr. 70f
[262] v. Mangoldt/ Klein/ Starck – Gersdorf, Art.87f Rdnr. 71.
[263] Sachs- Windthorst. Art.87f Rdnr. 23; vgl. Maunz/ Dürig - Lerche, Art. 87f GG Rdnr. 54; Siehe auch unter D.I.2.b. zum Begriff der Organisationsprivatisierung und vergleiche auch Ausführung zu Art. 143b I GG in diesem Abschnitt.
[264] Windthorst, Universaldienst, S.206ff, vgl. Holznagel/ Enaux/ Nienhaus (1), S.11). Vgl. zum Begriff Erläuterungen unter D.I.2.b..

dem Argument abgelehnt, dass der Bund als alleiniger Anteilseigner in Bezug auf die aus der DBP geschaffenen privatrechtlichen Unternehmen aus verfassungsrechtlichen Gründen nicht nur nach reiner Gewinnerzielung als Selbstzweck handeln könne[265].

Die Entscheidung diese Streits[266] ist aber letztendlich für den weiteren Fortgang der Postreform bzw. der Liberalisierung des Telekommunikationswesens nicht erheblich, zumal der Bund inzwischen nicht mehr die Mehrheit der Aktien an der DTAG hält und somit zumindest im Bereich der Telekommunikation, unabhängig von einem möglichen verfassungsrechtlichen Gebot, von einer echten Aufgabenprivatisierung ausgegangen werden kann[267].

Der neu eingefügte Art. 87f I GG stellt in gewisser Weise eine Absicherung im Verhältnis zur Kommerzialisierung der Telekommunikationsdienstleistungen in Art. 87f II S.1 GG und auch zu Art. 143 b GG dar und verdeutlich somit den Kompromisscharakter der gesamten Grundgesetzänderung, die im Rahmen der Postreform II erfolgte[268]. Für Gegner der Postreform II schien die (teilweise) Aufgabenprivatisierung, die mit ihr verbunden war, nur schwer mit dem Ziel vereinbar, eine Grundversorgung der gesamten Bevölkerung mit Telekommunikationsdienstleistungen zu einheitlichen Bedingungen zu gewährleisten, zumal die Befürchtung bestand, private Telekommunikationsunternehmen würden sich nur auf die Versorgung lukrativer städtischer Regionen konzentrieren und dabei weniger profitable ländliche Gebiete vernachlässigen[269]. Art. 87f I GG ergänzt Absatz 2 S.1 im Sinne einer sozialstaatlich geprägten Sicherung[270]. Er schreibt vor, dass der „Bund im Bereich des Postwesens und der Telekommunikation flächendeckend angemessene und ausreichende Dienstleistungen" zu gewährleisten hat. Diese Leistungen müssen jeweils von angemessener

---

[265] Gersdorf, AfP 1998, S. 470, 472.
[266] Überwiegend wurde vertreten, es handle sich unter Berücksichtigung der „anderen" privaten Anbieter lediglich um eine Verpflichtung zur „erweiterten Organisationsprivatisierung" vgl v. Mangoldt/ Klein/ Starck- Gersdorf, Art. 87f Rdnr. 76) oder zu einer „eingeschränkten Aufgabenprivatisierung". (Sachs- Windthorst, Art.87f Rdnr. 24; vgl. BK/ Dolzer u.a. - Badura, Art. 87f Rdnr. 22).
[267] Siehe zur Anteilseignerschaft des Bundes an der DTAG Informationen aus dem Jahresabschluss 2002 der DTAG unten D.III.2.c.bb.
[268] vgl. Maunz/ Dürig – Lerche Art. 87f Rdnr. 28; siehe auch Rottmann, ArchivPT 1994, S. 193, 193f.
[269] Holznagel/ Enaux/ Nienhaus (1), S. 12f.
[270] vgl. v. Mangoldt/ Klein/ Starck – Gersdorf, Art. 87f Rdnr. 42.

Qualität sein, in ausreichendem Maße zur Verfügung stehen und zudem erschwinglich sein, also ein angemessenes Preis- Leistungs-Verhältnis aufweisen[271]. Die „Gewährleistung" dieser Leistungen nach Art. 87f I GG stellt keinen unverbindlichen Programmsatz dar, sondern ist einen bindende Rechtspflicht im Sinne eines sozialpolitisch motivierten Staatsziels[272]. Aus dem staatlichen Infrastruktursicherungsauftrag"[273], der auf europäischer Ebene auch als Universaldienstgewährleistung bezeichnet wird[274], lässt sich allerdings kein grundrechtsähnlicher Anspruch eines einzelnen Bürgers auf eine entsprechende Grundversorgung ableiteten[275]. Es ist zu beachten, dass es dem Bund durch das Privatisierungsgebot des Art. 87f II S.1 GG nicht möglich ist, die Gewährleistung des Universaldienstes durch eigene Dienstleistungen zu erbringen, sondern er muss sich darauf beschränken auf den privatwirtschaftlichen Telekommunikationssektor einzuwirken und auf diese Weise durch Regulierung[276] eine Umsetzung des Infrastruktursicherungsauftrages zu erreichen[277] und diese auch zu überwachen[278]. Aus der früheren Erfüllungsverantwortlichkeit wird also eine Gewährleistungs- und Überwachungsverantwortlichkeit[279]. Aus dem Zusammenspiel von Art. 87f II S.1 und Art. 87f I GG lässt sich schließen, dass der Universaldienst in der Regel schon durch einen funktionierenden Wettbewerb sichergestellt werden soll und staatliche Maßnahme unmittelbar zur Gewährleistung des Universaldienstes eher nur angewendet werden, falls die Kräfte des Wettbewerbs nicht ausreichen[280]. Somit ist auch bereits die Förderung und Sicherung des funktionsfähigen Wettbewerbs durch staatliche Regulierung als ein Mittel zur Ausfüllung der Universaldienstgewährleistung anzusehen[281]. Der Umfang der durch Art. 87f I GG gewährleisteten Leistungen wird unter Ausnutzung eines dem Gesetzgeber

---

[271] Maunz/ Dürig – Lerche, Art. 87f GG Rdnr. 75; Sachs- Windthorst, Art. 87f GG Rdnr. 12
[272] Bundesregierung, BT-Drs. 12/7269, S.5, zu Nr. 3; Stern, DVBl. 1997, 309, 313ff; vgl. Rottmann, ArchivPT, S. 193, 194; vgl. Sachs- Windthorst, Art. 87f GG Rdnr. 14.
[273] v. Münch/ Kunig – Uepermann, Art. 87f Rdnr. 7.
[274] Sachs – Windkorst, Art. 87f Rdnr. 8; vgl. v. Mangoldt/ Klein/ Starck – Gersdorf, Art. 87f Rdnr. 20.
[275] vgl. Bundesregierung, BT-Drs. 12/7269, S.5, zu Nr.3; vgl. Rottmann, ArchivPT, S. 193, 194; vgl. Sachs- Windthorst, Ar. 87f GG Rdnr. 13, 14; a.A. Müller- Using, ArchivPT 1995, 46, 46
[276] Maunz/ Dürig – Lerche, Art.87 Rdnr. 35.
[277] Sachs- Windthorst, Art.87f Rdnr. 15.
[278] vgl. v. Mangoldt/ Klein/ Starck – Gersdorf, Art. 87f Rdnr. 21.
[279] v. Mangoldt/ Klein/ Starck – Gersdorf, Art. 87f Rdnr. 21; Sachs- Windthorst, Art.87f Rdnr. 8; vgl. Maunz/ Dürig- Lerche, Art. 87f Rdnr. 35.
[280] Sachs- Windthorst, Art.87f Rdnr. 15.
[281] vgl. Sachs- Windthorst, Art.87f Rdnr. 15.

in weiten Grenzen eingeräumten Gestaltungsspielraums[282] durch bundesgesetzliche Regelungen zunächst in den Gesetzen über die Regulierung der Telekommunikation und das Postwesen (PTRegG)[283] bzw. zur Sicherstellung des Postwesens und der Telekommunikation (PTSG)[284] festgelegt. Später erfolgt dies im TKG (1996 bzw. 2004). Durch das Einfügen dieser Gewährleistungsverpflichtung in Art. 87f I GG, die den Gesetzgeber dazu verpflichtet Infrastrukturdefizite und Unterversorgungen in der Telekommunikation, die durch eine verstärkte Öffnung des Marktes für den Wettbewerb und das damit verbundene Agieren privater Anbieter entstehen können, zu beseitigen, wurde das Prinzip der europarechtlich geforderten Universaldienstverpflichtung[285] grundgesetzlich verankert[286].

Im Gegensatz zu den „Dienstleistungen" nach Art. 87f II S.1 GG müssen Hoheitsaufgaben im Bereich des Postwesens und der Telekommunikation nach dem neu eingefügten Art. 87f II S.2 GG allerdings weiterhin in bundeseigener Verwaltung[287] ausgeführt werden. Unter hoheitlichen Aufgaben i.S. dieses Artikels sind solche öffentlichen Aufgaben zu verstehen, die notwendigerweise nur von Hoheitsträgern wahrgenommen werden können[288]. Dies betrifft im Bereich von Telekommunikation etwa die Erteilung von Genehmigungen (Lizenzen), Fragen der Funkfrequenzverwaltung oder die Ausfüllung des Universaldienstgewährleistungsauftrages des Art. 87f I GG durch Regulierung[289]. Nachdem diese Aufgaben zunächst vom Bundesminister für Post und Telekommunikation wahrgenommen wurden (vgl. insbesondere §3 I S.1 i.V.m. §§1,2 I, II PTRegG[290]) trat später nach

---

[282] siehe dazu näher bei Sachs- Windthorst, Art. 87f Rdnr.19.
[283] PTRegG (Art. 7 PTNeuOG), BGBl. I, S. 2371ff.
[284] Gesetz zur Sicherstellung des Postwesens und der Telekommunikation (Post- und Telekommunikationssicherstellungsgesetz - PTSG) vom 14.09.1994, Art. 10 PTNeuOG, BGBl. I, S. 2378ff.
[285] vgl. Entschließung des Rates vom 07.02.1994 über die Grundsätze für einen Universaldienst im Bereich der Telekommunikation, ABL. EG Nr. C 48 vom 16.02.1994, S.1f; vgl. Kommission, Grünbuch Telekommunikationsinfrastruktur Teil II, KOM (94) 682, S. 48ff.
[286] vgl. Holznagel/ Enaux/ Nienhaus (1), S. 69f; BeckTKG/ Büchner u.a. – Schütz, § 19 TKG (1996) Rdnr. 19.
[287] Zur bundeseigenen Verwaltung siehe Erläuterungen unter D.I. 2.b.
[288] Sachs-Windthorst, Art. 87f Rdnr. 31.
[289] vgl. Sachs-Windthorst, Art. 87f Rdnr. 31.
[290] § 3 I S.1. i.V.m. §§1, 2 I, II PTRegG vom 14.09.1994, Art. 7 PTNeuOG, BGBl. I 2323, 2371.

Erlass des TKG im Rahmen der Postreform III die Regulierungsbehörde für Post und Telekommunikation (RegTP) an seine Stelle[291].

Durch Art. 87f III GG werden einzelne Aufgaben in Bezug auf die Nachfolgeunternehmen der DBP einer bundesunmittelbaren Anstalt öffentlichen Rechts zugewiesen. Zu den „einzelnen Aufgaben", die inhaltlich nur sehr schwer zu definieren sind[292], zählen zumindest weder die in Absatz II S.2 genannten hoheitlichen Aufgaben[293] noch die in Absatz II S.1 ausdrücklich direkter staatlicher Wahrnehmung entzogenen „privatwirtschaftlichen Dienstleistungen"[294]. In der Praxis wird durch die zur Wahrnehmung der Aufgaben nach Art. 87f III GG gegründete Bundesanstalt für Post und Telekommunikation Deutsche Bundespost (BAPT) die Verwaltung der aus den Teilsondervermögen der Deutschen Bundespost hervorgegangenen Aktiengesellschaften[295] und dabei insbesondere deren Einführung am Kapitalmarkt[296] übernommen.

bb. Art. 143b GG

Nachdem Art. 87f GG vorgestellt wurde, soll nun der ebenfalls neu eingefügte Art. 143b GG erläutert werden, der, grundsätzlich betrachtet, die Umwandlung des Sondervermögens Deutsche Bundespost in ein privates Unternehmen und damit verbundene Rechtsfragen bzgl. der der Behörde zustehenden Monopolrechte regelt. Art. 143b I S.1 GG schreibt vor, dass das Sondervermögen Deutschen Bundespost, also die DBP POSTDIENST, die DBP POSTBANK und die DBP TELEKOM nach Maßgabe eines Bundesgesetzes in Unternehmen privater Rechtsform umgewandelt werden müssen. Somit ist die Organisationsprivatisierung der Unternehmen der DBP verbindlich vorgeschrieben[297]. Dem Bund wurde

---

[291] vgl. § 66 I i.V.m. § 98 S.1 TKG (1996) vom 25.07.1996, BGBl. I, S.1120. Zu den Aufgaben und dem rechtlichen Status der RegTP siehe auch Erläuterungen unter D.IV.4.b..
[292] vgl. v. Mangoldt/ Klein/ Starck – Gersdorf, Art. 87f Rdnr. 106ff.
[293] „Sperrwirkung" des Art. 87f III GG vgl. Sachs- Windthorst, Art. 87 f Rdnr. 39.
[294] Sachs- Windthorst, Art. 87 f Rdnr. 39; v. Mangoldt/ Klein/ Starck – Gersdorf, Art. 87f Rdnr. 106.
[295] Erläuterungen dazu im Zusammenhang mit Art. 143b I S.1 GG sogleich.
[296] § 1 I i.V.m. § 3 I Gesetz über die Errichtung einer Bundesanstalt für Post und Telekommunikation Deutsche Bundespost (Bundesanstalt Post-Gesetz- BAPostG) vom 14.09.1994 , Art. 1 PTNeuOG, BGBl. I, S. 2325, 2326 ; vgl. BK/ Dolzer u.a. - Badura, Art. 87f Rdnr. 6.
[297] vgl. Bundesregierung, BT-Drs. 12/7269, S.5 zu Nr.4; Vgl. auch weiter oben in diesem Abschnitt bei der Erläuterung von Art. 87f II S.1 GG; Zum Begriff der Organisationsprivatisierung siehe unter D.I.2.b..

durch Art. 143b I S.2 GG die ausschließliche Gesetzgebungskompetenz für alle sich aus der Privatisierung ergebenden Angelegenheiten übertragen, von der er durch den Erlass des Postumwandlungsgesetzes (PostUmwG)[298] Gebrauch machte. Durch §1 I, II PostUmwG wurden die drei Sondervermögen der DBP in die Deutsche Post AG, die Deutsche Postbank AG und die Deutsche Telekom AG (DTAG) umgewandelt, deren Aktien nach § 3 I PostUmwG alle dem Bund zustanden. Die DTAG nahm am 01.01.1995 ihre Geschäfte auf[299]. Die Anteile des Bundes werden durch die Bundesanstalt für Post und Telekommunikation Deutsche Bundespost (BAPT) verwaltet[300]. Damit war dem Bund die Möglichkeit einer vollständigen „materiellen Privatisierung" i.S. einer „Privatisierung der Inhaberschaft" gegeben, wenngleich er grundgesetzlich nicht dazu verpflichtet war[301]. Gemäß § 3 I S.2 BAPostG[302] hatte die Einführung der DTAG am Kapitalmarkt bis zum 31.12.1999 zu erfolgen. Am 31.12.2002 hielt der Bund als Hauptaktionär 42,77% der Aktien der DTAG[303]. Die dem Bund nach der Postreform I noch zustehenden Monopolrechte wurden im Zuge der Postreform II nicht abgeschafft. Art. 143 b II S.1 GG sah vielmehr vor, dass diese ausschließlichen Rechte durch Bundesgesetz für eine Übergangszeit den aus der Deutschen Bundespost POSTDIENST und der Deutschen Bundespost TELEKOM hervorgegangenen Unternehmen verliehen werden konnten. Bei der Postreform II handelt es sich also um eine Privatisierung ohne eine vollständige Liberalisierung[304]. Das Netz- und das Telefondienstmonopol der DBP wurden durch § 1 II S.2 und IV S.4 FAG[305] der Deutsche Telekom AG übertragen. Das FAG blieb aber nach § 28 FAG nur bis zum Ablauf des 31.12.1997 in Kraft und öffnete somit den Weg für die ab dem 01.01.1998 europarechtlich festgelegte vollständige Einführung

---

[298] Gesetz zur Umwandlung der Unternehmen der Deutschen Bundespost in die Rechtsform der Aktiengesellschaft (Postumwandlungsgesetz – PostUmwG) vom 14.09.1994, Art. 3 des PTNeuOG, BGBl. I S. 2339ff.

[299] § 24 S.1 der nach § 11 II PostUmwG erlassenen Satzung der Deutsche Telekom AG vom 14.09.1994, BGBl. I, S. 2339, 2341 bzw. 2346.

[300] § 1 I i.V.m. § 3 I BAPostG vom 14.09.1994, BGBl. I S. 2325, 2326.

[301] Maunz/Dürig – Lerche, Art. 143b Rdnr. 21.

[302] § 3 I S.1 BAPostG, Biblo. I, S. 2335, 2326.

[303] Der Anteil umfasst die Aktien; die der Bund direkt über die BAPT hält (30, 75%), als auch diejenigen, die sich im Besitz der staatlichen Kreditanstalt für Widerafbau (KfW) befinden (12, 04%). Siehe: DTAG, Geschäftsbericht 2002, S.130, http://www.downnload-dtag.t-online.de/deutsch/investor-relations/4-finanzdaten/geschaeftsbericht/2002/gb_2002_dt.pdf (abgerufen am 01.05.03).

[304] vgl. Wegmann, S. 41.

[305] § 1 II, IV FAG in der Fassung der Bekanntmachung vom 03.07.1989 (BGBl. I, 1455), geändert durch Art. 5 des PTNeuOG vom 14.09.1994, BGBl. I 2325, 2363.

des Wettbewerbs auf den Telekommunikationsmärkten[306]. Zudem wurde bereits in § 1 IV S.3 FAG ausdrücklich vorgeschrieben, dass auch private Anbieter das Recht hatten Festnetz- und Wählverbindungen, die von der DTAG als Monopoldienstleistung bereitgestellt werden, zu nutzen, um Telekommunikationsdienstleistungen für andere zu erbringen. Diese Vorschrift entspricht damit zumindest in den Grundzügen den Anforderungen des Art. 1 der „ONP- Mietleitungsrichtlinie", der von Mitgliedsstaaten neben einer „Harmonisierung der Bedingungen für den offenen und effizienten Zugang zu und die Nutzung von Mietleitungen, die Benutzern des öffentlichen Telekommunikationsnetzes bereitgestellt werden", auch „die Bereitstellung eines gemeinschaftsweiten Mindestangebots von Mietleitungen mit harmonisierten Merkmalen"[307], verlangt.

IV. Postreform III (Erlass des Telekommunikationsgesetzes (1996))

Im Zuge der Postreform III[308] erfolgte in Deutschland die Ausarbeitung des Telekommunikationsgesetzes (TKG) [309], das vom Bundestag mit Zustimmung des Bundesrates am 25.07.1996 erlassen wurde und nach § 100 I S.2 TKG (1996) am 01.08.1996 in Kraft trat.

In einem ersten Schritt wird ein kurzer Überblick über den Aufbau des TKG gegeben. In diesem Zusammenhang wird auch die Beseitigung aller noch verbliebenen Monopolrechte der DTAG durch das TKG erläutert und anschließend die Notwendigkeit einer erneuten gesetzlichen Regulierung der Telekommunikationsmärkte aufgezeigt. In einem zweiten Schritt soll der Begriff der Telekommunikation nach dem TKG (1996) im Zusammenhang mit dem Begriff der Telekommunikationsdienstleistung erläutert werden. Es wird zudem ein Einblick in die Systematik und den Inhalt des TKG (1996) gegeben, indem überblicksartig die Sonderregeln für „marktbeherrschende Anbieter und die Marktzutrittsregulungen dieses Gesetzes erörtert werden. In einem weiteren Teil werden schließlich am Beispiel

---

[306] siehe dazu Erläuterungen unter D.III.1..
[307] Art. 1, „ONP-Mietleistungsrichtlinie", ABl. EG Nr. L 165 vom 19.06.1992, S. 27, 29.
[308] Zum Teil werden die Veränderungen im deutschen Telekommunikationsrecht, die zum Erlass des TKG (1996) geführt haben nicht als Postreform III und damit als eigenständige Reform gesehen, sondern es wird angenommen, dass durch das TKG (1996) erreichte „Liberalisierung" sei lediglich eine „logische Konsequenz" (der durch die Postreform II eingeführten) „Privatisierung" und das TKG (1996) somit nur Ergebnis einer „Folgegesetzgebung". (Bötsch in: Witte, S. 3, 4)
[309] TKG vom 25.07.1996, BGBl. I, S. 1120. Im Folgenden zur Abgrenzung von späteren Fassungen des Gesetzes TKG (1996) genannt.

einzelner Regelungskomplexe des TKG Probleme bei der Umsetzung der europarechtlichen Vorgaben bzgl. des Telekommunikationsrechts in deutsches Recht aufgezeigt.

1. Überblick über den Aufbau des TKG (1996)

Das TKG (1996) ist in 13 Teile aufgegliedert, von denen einige hier kurz erwähnt werden sollen. Es ist dem Gesetz ein allgemeiner Teil vorangestellt, der in §§ 1 und 2 TKG (1996) Ziele und Zwecksetzungen des TKG (1996) erläutert, in § 3 TKG (1996) Begriffsbestimmungen enthält und in §§ 4 und 5 TKG (1996) Anzeige- und Berichtspflichten beinhaltet, denen jeder Anbieter von Telekommunikationsdienstleistungen unterliegt. Im zweiten Teil (§§ 6 –22 TKG (1996)) werden Regeln für die Erteilung von Lizenzen und bzgl. der Universaldiensterbringung aufgestellt. Der dritte und vierte Teil (§§ 23- 31 TKG (1996) bzw. §§ 33 - 39 TKG (1996)) enthalten Vorschriften zur Entgeltregulierung und zur Gewährung des „offenen Netzzugangs" unter anderem durch die Zusammenschaltung von Telekommunikationsnetzen. Neben Vorschriften zum Kundenschutz (§§ 40- 42 TKG (1996)), zur Nummerierung (§ 43 TKG (1996))und zur Frequenzordnung (§§ 44 – 49 TKG (1996)) umfasst das TKG auch ein Kapitel über die rechtliche Stellung und die Aufgaben der Regulierungsbehörde für Post- und Telekommunikation §§ 66 – 84 TKG (1996)).

2. Aufhebung aller staatlichen Monopolrechte, erneute staatliche Regulierung der Telekommunikationsmärkte und Zweck des TKG (1996)

Im Zusammenhang mit der vollständigen Aufhebung der Monopolrechte der DTAG im Bereich der Telekommunikation in Deutschland wird die Notwendigkeit einer weiteren staatlichen Regulierung der Telekommunikationsmärkte und der damit im Zusammenhang stehende Zweck des TKG (1996) erläutert.

a. Beseitigung des staatlichen Infrastruktur- und Sprachtelefondienstmonopols

Durch den Erlass des TKG (1996) im Rahmen der Postreform III werden die im Rahmen der Postreform II noch unangetasteten Monopolrechte der DTAG im Bereich der Telekommunikationsinfrastruktur und des Sprachtelefondienstes abgeschafft. Die Mitgliedsstaaten waren nach Art. 2 II Unterabsatz 3 der durch die „Wettbewerbsrichtlinie" geänderten „Diensterichttlinie"[310] aber verpflichtet alle Beschränkungen bei der Nutzung alternativer Infrastrukturen für Telekommunikationsdienste mit Ausnahmen des Sprachtelefondienstes bis zum 01.07.1996 aufzugeben und damit einen Monat früher als dies in Deutschland geschah[311]. Nach § 99 I Nr.1a) TKG (1996) erlosch etwa das Übertragungswegemonopol das auch die Nutzung alternativer Infrastrukturen für Telekommunikationsdienste beschränkte der DTAG aber erst 01.08.1996 (vgl. § 100 I S.1 TKG (1996)) und somit einen Monat nachdem alternative Netze etwa von großen Versorgungsunternehmen hätten von jeglicher Beschränkungen befreit sein müssen. Allerdings sieht das TKG (1996) in § 99 I Nr.1a) keine Ausnahme für das öffentliche Telefonnetz vor, so dass bereits zum 01.08.1996 von einer vollständigen Abschaffung des Netzmonopols der DTAG auszugehen war[312]. Nach den europarechtlichen Vorgaben hätte bis zum 01.01.1998 ein ausschließliches Recht der nationalen Telekommunikationsorganisationen bzgl. des öffentlichen Telekommunikationsnetzes bestehen bleiben können[313]. Der deutsche Gesetzgeber hat in diesem Bereich also früher als europarechtlich vorgeschrieben eine vollständige Liberalisierung vorgenommen. Das Sprachtelefondienstmonopol der DTAG, das ihr durch § 99 IV TKG (1996) vorübergehend verliehen worden war, wurde entsprechend §100 I S.3 TKG (1996) zum 01.01.1998 aufgehoben. Ab dem 01.01.1998 sind somit in Deutschland entsprechend der Vorgabe der Wettbewerbsrichtlinie[314] sämtliche Monopolrechte der nationalen Telekommunikationsorganisation abgeschafft und es ist in dieser Hinsicht eine vollständige Liberalisierung der Märkte des Telekommunikationssektors erfolgt.

b. Notwendigkeit einer erneuten staatlichen Regulierung der Telekommunikationsmärkte unter dem Regime des TKG (1996)

Es wird gezeigt, dass auch nach einer vollständigen Aufhebung aller Monopolrechte im Telekommunikationssektor eine Regulierung der damit verbundenen Märkte erforderlich ist und dass sich dadurch auch der Zweck des TKG (1996), der nach §1 TKG (1996) unter anderem in einer

---

[310] Art. 2 II Unterabsatz 3, „Diensterichtlinie" in der Fassung der „Wettbewerbsrichtlinie", ABl. EG Nr. L 74 vom 22.03.1996, S. 13, 21.
[311] vgl. Geppert/ Ruhle/ Schuster (1), S. 41.
[312] vgl. Kemmler, Archiv PT, S. 321, 322; vgl. Scherer, NJW 1996, 2953, 2954; vgl. Geppert/ Ruhle/ Schuster (1), S.41; vgl. Wegmann, S. 43; vgl. v. Mangoldt/ Klein/ Starck- Gersdorf, Art. 87f Rdnr. 18.
[313] Art. 2 II Unterabsatz 2, „Diensterichtlinie", ABl. EG Nr. L 74 vom 22.03.1996, S. 13, 21.
[314] Art. 2 I der „Wettbewerbsrichtlinie", ABl. EG Nr. L 74 vom 22.03.1996, S. 13, 21.

Förderung des Wettbewerbs in der Telekommunikation durch Regulierung besteht, erklärt.

Der Gesetzgeber war sich bewusst, dass es allein durch eine Liberalisierung eines Wirtschaftsbereiches, in dem zuvor gesetzlich verankerte Monopolrechte existierten, nicht möglich war, im diesem Bereich einen fairen und chancengleichen Wettbewerb einzuführen[315]. Es wurden durch die Abschaffung der ausschließlichen Rechte der DTAG zwar die rechtlichen Hindernisse für eine Entwicklung wettbewerblicher Strukturen abgeschafft, in tatsächlicher Hinsicht wären die neuen Mitbewerber auf den Telekommunikationsmärkten bei einem vollständig freien Spiel der Kräfte, aufgrund der starken Marktmacht des ehemaligen Monopolisten, die sich etwa durch seine kabelgebundene Netzinfrastruktur zeigte, nur schwerlich in der Lage gewesen, sich zu behaupten[316]. Ein funktionsfähiger Wettbewerb konnte somit nur entstehen, wenn die Abschaffung staatlicher Marktzugangsbeschränkungen in Form von Monopolrechten als Maßnahme der Deregulierung[317] zumindest für einen Übergangszeitraum[318] durch staatliche Eingriffe begleitet und somit ein System sog. staatlicher „Re-Regulierung"[319] geschaffen wurde[320]. Ein solches System kann neben der Ermöglichung bzw. der Förderung eines funktionsfähigen Wettbewerbs auch auf die Verwirklichung von Gemeinwohlzielen, die im Rahmen des freien Wettbewerbs nicht unbedingt verwirklicht würden, ausgerichtet sein[321]. Aus § 1 TKG (1996), in dem der Zweck des TKG dahingehend festgelegt wird, dass „durch Regulierung im Bereich der Telekommunikation den Wettbewerb zu fördern und flächendeckend angemessene und ausreichende Dienstleistungen zu gewährleisten" sind, sowie aus den in § 2 II TKG (1996) genannten Zielen, die mittels Regulierung erreicht werden sollen, ergibt sich, dass das im Kontext der oben beschriebenen Liberalisierungsmaßnahmen erlassene TKG (1996) ein System der „Re-

---

[315] vgl. Fraktionen, BT-Drs. 13/3609, S. 33f.
[316] Wegmann, S. 43 und 51.
[317] vgl Boss/ Laaser/ Schatz, S. 182ff; Möschel, JZ 1988, S. 885, 885.
[318] vgl. Hefekäuser, MMR 1999, S. 144, 152; von Meibom/ von dem Bussche, MMR 2000, S.206, 210.
[319] Hoffmann- Riem, in: ders./ Schmidt-Assman, S. 261ff, 288ff sowie 329ff.
[320] vgl. Wegmann, S.44 und 51.
[321] Wegmann, S. 52.

Regulierung" darstellt[322]. Es soll als normative Grundlage einen chancengleichen Wettbewerb im Telekommunikationssektor ermöglichen[323].

3. Begriff der Telekommunikation und der Telekommunikationsdienstleistung im TKG (1996) sowie Systematik dieses Gesetzes unter Berücksichtigung von europarechtlichen Vorgaben

In Anschluss an die Untersuchung des grundgesetzlichen Begriffs der Telekommunikation (vgl. unter D.III.2.a.), soll nun der Begriff der Telekommunikation bzw. der Telekommunikationsdienstleistung nach dem TKG untersucht und zu den Tele- und Mediendiensten abgegrenzt werden. Anschließend wird ein Überblick über die Systematik des TKG (1996) gegeben und der sogenannte „asymmetrische Regelungsansatz" vorgestellt. Zur weiteren Erläuterung der Systematik des Gesetzes werden danach die Marktzugangsregeln des TKG (1996) vorgestellt und dabei die Umsetzung europarechtlicher Vorgaben erläutert.

a. Begriff der Telekommunikation und der Telekommunikationsdienstleistung nach § 3 Nr. 16 bzw. Nr. 18 TKG (1996)

Die in § 3 Nr. 16 TKG (1996) verwendete Definition der Telekommunikation als „technischer Vorgang des Aussendens, Übermittelns und Empfangens von Nachrichten jeglicher Art in der Form von Zeichen, Sprache, Bildern oder Tönen mittels Telekommunikationsanlagen[324]" ist, wie sich schon aus dem Wortlaut der Norm ergibt, ebenso technisch geprägt, wie dies bereits für den verfassungsrechtlichen Telekommunikationsbegriff festgestellt wurde[325]. Der Begriff wird in § 3 Nr.18 TKG (1996) auch zur Erläuterung des Wortes Telekommunikationsdienstleistung verwendet, die „das gewerbliche Angebot von Telekommunikation einschließlich des Angebots von Übertragungswegen für Dritte" umfasst. In Bezug auf das gewerbliche Angebot bzw. die Dienstleistung, die erbracht werden soll, muss es sich direkt um einen Telekommunikationsdienst handeln und nicht nur um eine Tätigkeit, die in irgendeiner Form mit Telekommunikation in

---

[322] vgl. Wegmann, S. 44 und S.55; vgl. Fraktionen, BT-Drs. 13/3609, S.1 und 33f.
[323] vgl. Wegmann, S. 44 und S.55; vgl. Fraktionen, BT-Drs. 13/3609, S.1 und 33f.
[324] Telekommunikationsanlagen sind nach § 3 Nr. 17 TKG (1996) „technische Einrichtungen oder Systeme, die als Nachrichten identifizierbare elektromagnetische oder optische Signale senden, übertragen, vermitteln, empfangen, steuern oder kontrollieren können".
[325] vgl. auch Maunz/ Dürig – Lerche, Art. 87f GG, Rdnr. 50; Vgl. auch Erläuterungen unter D.III.2.a..

Verbindung steht, wie beispielsweise die Wartung einer Telekommunikationsanlage[326]. Unter dem Erbringen eines Telekommunikationsdienstes ist das Angebot von Telekommunikation, also die Aussendung, Übermittlung oder das Empfangen von Nachrichten jeder Art, mittels Telekommunikationsanlagen zu verstehen (vgl. § 3 Nr. 5 und Nr. 18 sowie Nr. 16 TKG (1996)), wobei eine dieser genannten Verarbeitungsformen der Nachricht ausreicht[327].

Problematisch ist die Abgrenzung von Telekommunikationsdienstleistungen zu Telediensten gemäß § 2 Teledienstegesetz (TDG (1997))[328] und den Mediendiensten gemäß § 2 des Mediendienste- Staatsvertrages (MDStV 1997)[329]. Die Frage, ob ein bestimmter Dienst bzw. ein bestimmtes Handeln als eine Telekommunikationsdienstleistung angesehen wird, kann in der Praxis beispielsweise im Bereich des Marktzutritts von hoher Bedeutung sein, da Medien- und auch Teledienste nach § 4 MDStV (1997) bzw. § 4 TDG (1997) (und unten weiter) zulassungs- und anmeldefrei sind, so dass sie keinen besonderen Genehmigungserfordernissen unterliegen. Davon bleiben allerdings Anmelde- und Zulassungserfordernisse nach allgemeinem Recht unberührt, so dass beispielsweise die Anzeigepflicht nach § 4 TKG (1996) bei Aufnahme eines neuen Dienstes beachtet werden muss, sofern das TKG einschlägig ist und es sich bei dem entsprechenden Dienst um eine Telekommunikationsdienstleistung nach § 3 Nr. 18 TKG (1996) handelt[330]. Somit ist auf dieses Abgrenzungsproblem kurz einzugehen, ohne dass dabei an dieser Stelle einzelne Abgrenzungsprobleme im Detail erläuterte werden können[331].

Das Teledienstegesetz soll nach § 2 I TDG (1997) für alle elektronischen Informations- und Kommunikationsdienste gelten, die „für eine individuelle Nutzung von kombinierbaren Daten wie Zeichen, Bilder oder Töne be-

---

[326] BeckTKG/ Büchner u.a. – Schuster, § 4 Rdnr. 5.
[327] BeckTKG/ Büchner u.a. – Schuster, § 4 Rdnr. 5.
[328] § 2 des Gesetzes über die Nutzung von Telediensten (Teledienstegesetz – TDG) vom 22.07.1997, BGBl. I, S. 1870, 1870.
[329] § 2 des Staatsvertrags über Mediendienste (Mediendienste- Staatsvertrag) in der Fassung vom 20./21.12.2001, Nds.GVBl. 1997, S.280 zuletzt geändert durch Art.3 Sechster Staatsvertrag zur Änderung des Rundfunkstaatsvertrages, des Rundfunkfinanzierungsstaatsvertrages und des Mediendienste-Staatsvertrages vom 19.96.2002, Nds.GVBl. Nr. 16/2002, S. 175
[330] vgl. Hoeren/ Sieber (Teil 3.2) – Holznagel, Rdnr. 70; Engel- Flechsing/ Maennel/ Tettenborn, S. 15, Nr. 4.1.
[331] vgl. zu Problematik der Einordnung von Internet-Providern: BeckTKG/ Büchner u.a. – Schuster, § 4 Rdnr. 4b.

stimmt sind und denen eine Übermittlung mittels Telekommunikation zugrunde liegt", wie etwa das Telebanking (§ 2 II Nr.1 TDG (1997)). Diese sogenannten „Teledienste", sind also auf die Individualkommunikation ausgerichtet[332]. § 2 IV TDG (1997) bestimmt zudem ausdrücklich, dass das TDG nicht auf Telekommunikationsdienste anwendbar sein soll. Mediendienste umfassen nach §2 I MDStV (1997) „das Angebot und die Nutzung von an die Allgemeinheit gerichteten Informations- und Kommunikationsdiensten [...] in Text, Ton oder Bild, die unter Benutzung elektromagnetischer Schwingungen ohne Verbindungsleiter oder längs oder mittels eines Leiters verbreitet werden". Mediendienste sind somit an die Allgemeinheit gerichtet und dienen folglich zur „Massenkommunikation"[333]. Eine genauere Unterscheidung zwischen Individual- und an die Allgemeinheit gerichteter Kommunikation und damit eine Abgrenzung damit zwischen Tele- und Mediendiensten[334] ist zur Bestimmung ihres Verhältnisses zu Telekommunikationsdienstleistungen nicht erforderlich und kann damit hier dahinstehen. In Anlehung an den technischen Telekommunikationsbegriff des TKG (1996) und an die den genannten Definitionen lässt sich schließen, dass eine Telekommunikationsdienstleistung, als das gewerbliche Angebot von Telekommunikation, also dem technischen Vorgang des Aussendens, Übermittelns und Empfangens von Nachrichten dann vorliegt, wenn eine Transportleistung („das Aussenden, Übermitteln und Empfangen") bei der Erbringung des Dienstes im Vordergrund steht[335]. Ein Telekommunikationsdienst betrifft somit den Transport einer Nachricht und nicht die Aufbereitung des Inhalts der Nachricht[336]. Falls dagegen bei der hier problematisierten Abgrenzung die Nutzung oder die Aufbereitung von Inhalten bei der Erbringung eines Dienstes im Vordergrund steht, handelt es sich um einen Tele- oder Mediendienst[337]. Ein Tele- oder Mediendienst setzt also die Übermittlung der Nachrichten durch Telekommunikation voraus, die übermittelten Inhalte selbst bilden aber keinen Telekommunikationsdienst[338]. Die Abgrenzungskriterien sind also letztlich die

---

[332] Hoeren/ Sieber (Teil 3.2) – Holznagel, Rdnr. 45.
[333] BeckTKG/ Büchner u.a. – Schuster, § 4 Rdnr. 4.
[334] vgl. dazu Hoeren/ Sieber (Teil. 3.2) – Holznagel, Rdnr. 44ff; Trafkowski, S. 205ff.
[335] BeckTKG/ Büchner u.a. – Schuster § 1 Rdnr. 4; Roßnagel, Teil 2- Spindler, § 2 TDG Rdnr. 37; vgl. i.E. Engel-Flechsig, in: Büllesbach, S. 103f.
[336] Hoeren/ Sieber (Teil 16.4) – Schmitz, Rdnr.11; Roßnagel, Teil2 - Spindler , § 2 Rdnr. 37; BeckTKG/ Büchner u.a. – Schuster § 1 Rdnr. 4; Koenig, MMR- Beilage 12/1998, S.1, 4.
[337] Geppert/ Ruhle/ Schuster (2), Rdnr. 211.
[338] Schmitz, in Hoeren/ Sieber , Teil 16.4 Rdnr. 11ff; BeckTKG/ Büchner u.a. – Schuster § 1 Rdnr. 4; Roßnagel, Teil 2- Spindler § 2 Rdnr. 37; Wuermeling/ Felixberger, CR 1997, S. 230, 233f.

gleichen, die bereits im Rahmen der Darstellung des verfassungsrechtlichen Begriffes der Telekommunikation und der Abgrenzung zum Rundfunk herausgearbeitet wurden[339]. Bei der Einordung eines Telekommunikationsdienstes in die drei hier betrachteten Kategorien ist somit auf die Funktion des einzelnen Dienstes abzustellen[340]. Bei dieser „funktionellen Betrachtung" ist dann zwischen der Transportleistung bzw. dem technischen Vorgang des Aussendens, Übermittelns, Empfangens und der Inhaltsleistung, also den mittels des technischen Vorgangs transportierten Inhalt zu unterscheiden[341]. Falls ersteres überwiegt liegt ein Telekommunikationsdienst bzw. eine Telekommunikationsdienstleistung vor, die nach dem TKG (1996) zu behandeln ist, wenn letzeres überwiegt, ist ein Tele- und Mediendienst gegeben, der durch das TDG (1997) oder den MDStV (1997) geregelt wird.

b. Systematik und Inhalt des TKG (1996)

Es soll aufgezeigt werde, dass das TKG verschiedene Sonderregeln enthält, die lediglich für Unternehmen mit einer sogenannten „marktbeherrschenden Stellung" gelten (vgl. §§ 14 II, 19 II, 25 I, 33 I S.1 TKG (1996). Darüber hinaus werden die Regelungen, die die Lizenzvergabe (§§ 6ff TKG (1996)) betreffen unter Einbeziehung ihrer europarechtlichen Vorgaben erläutert.

aa. Sonderregeln für „marktbeherrschende Anbieter"

Das TKG enthält verschiedene Vorschriften, die nicht für alle auf den Telekommunikationsmärkten tätigen Unternehmen gelten, sondern nur für diejenigen, die eine „marktbeherrschende Stellung" inne haben. Der Begriff der Marktbeherrschung ist nicht im TKG selbst definiert, sondern es erfolgt lediglich eine Verweisung auf den Begriff der Marktbeherrschung aus § 19 GWB (vgl § 15 I TKG (1996)). Auf die Definition dieses Begriffes und auch auf die Abgrenzung zwischen verschiedenen Märkten im Telekommunikationssektor soll unter D.IV.4.a. näher eingegangen werden. Grundsätzlich sei aber bereits erwähnt, dass dann, wenn es auf einem Telekommunikationsmarkt in Deutschland ein marktbeherrschendes Unternehmen gibt, diese Position in aller Regel von der DTAG als ehemaligem

---

[339] vgl. unter D.III.2.a..
[340] BeckTKG/ Büchner u.a. – Schuster, § 4 Rdnr. 4 a.E.
[341] BeckTKG/ Büchner u.a. – Schuster, § 4 Rdnr. 4f.

Monopolisten eingenommen wird[342]. Die Sonderregeln werden auch als asymmetrische Regeln bezeichnet, da sie eben gerade nicht für alle Unternehmen gleichermaßen gelten[343]. So ist nach § 36 TKG (1996) jeder Betreiber eines öffentlichen Telekommunikationsnetzes (vgl. § 3 Nr. 2 TKG (1996)) verpflichtet mit anderen Netzbetreibern zu verhandeln und diesen jeweils ein Angebot zur Zusammenschaltung abzugeben[344]. Dies entspricht einer Umsetzung der europarechtliche Vorgabe des Art. 4 I S.1 i.V.m. Anhang II der „ONP-Zusammenschaltungsrichtlinie"[345]. Lediglich marktbeherrschende Netzbetreiber sind aber nach § 35 I S.1 TKG (1996) dazu verpflichtet ihren Wettbewerbern vollständigen Netzzugang zu gewähren. Das heißt, sie müssen einem Mitbewerber je nach dessen Wünschen sowohl den „allgemeinen" als auch den „besonderen Netzzugang gewähren (§ 35 I S.2 TKG (1996))[346] und sind gemäß § 35 I S.3 TKG (1996) insbesondere auch zu der Zusammenschaltung mit den öffentlichen Telekommunikationsnetzen anderer Netzbetreiber verpflichtet. Unter einem „allgemeinen Netzzugang"[347] ist dabei gemäß § 35 I S.2 TKG (1996) ein Zugang zu verstehen, der über für sämtliche Nutzer in gleicher Weise bereitgestellte Anschlüsse erfolgt. Dieser wird typischerweise Endverbrauchern zur Verfügung gestellt[348]. Ein „besonderer Netzzugang" ist hingegen gegeben, wenn der Zugang des Nutzers nur über besondere Anschlüsse erfolgt (§ 35 I S.2 TKG (1996)). Ein solcher Netzzugang ist erforderlich, wenn ein Nutzer nur auf einzelne Funktionen eines Telekommunikationsnetzes wie beispielsweise eine Mietleitung, die benötigt wird um eigenen Kunden wiederum Telekommunikationsdienstleistungen zu erbringen, zurückgreifen will[349]. Nutzer eines „besonderen Netzzugangs" sind nach § 1 II NZV[350]

---

[342] vgl. Erläuterungen unter D.IV.4.a. und F.I.; vgl. Gramlich, CR 2000, S. 509, 516; vgl. Mitteilung Nr. 581/1999, ABl. RegTP 1999, S. 4129.
[343] vgl. Büchner CR 1996, S. 581, 589.
[344] Unter Zusammenschaltung i.S.d. TKG ist nach § 3 Nr. 24 TKG (1996) derjenige Netzzugang zu verstehen, der die physische und logische Verbindung von Telekommunikationsnetzen herstellt, um Nutzern, die an verschiedene Telekommunikationsnetze angeschaltet sind, die mittelbare oder unmittelbare Kommunikation zu ermöglichen.
[345] vgl. Art. 4 I „ONP- Zusammenschaltungsrichtlinie", ABl. EG Nr. L 199 vom 26.07.1997, S.32, 36; Die Zusammenschaltungsrichtlinie verpflichtet in dieser Vorschrift allerdings nicht nur Netzbetreiber, sondern auch Diensteanbieter, die in § 33 TKG (1996) berücksichtig werden.
[346] Unter einem „allgemeinen Netzzugang" ist dabei gemäß § 35 I S.2 TKG (1996) ein Zugang zu verstehen, der für sämtliche Nutzer in gleicher Weise bereitgestellte Anschlüsse erfolgt.
[347] Zum Umfang vgl. § 13 Telekommunikations-Kundenschutzverordnung (TKV) vom 11.12.1997, BGBl. I S. 2910.
[348] Holznagel/ Enaux/ Nienhaus (1), S. 93.
[349] Holznagel/ Enaux/ Nienhaus (1), S. 93; vgl. Geppert/ Ruhle/ Schuster, Rdnr. 533.

(vgl. auch § 35 III TKG (1996)) nur Telekommunikationsnetzbetreiber und -dienstleister. Die Zusammenschaltung von Telekommunikationsnetzen nach § 3 Nr. 24 TKG (1996) stellt einen Unterfall des „besonderen Netzzugangs" dar. Die besonderen Anforderungen an Netzbetreiber mit marktbeherrschender Stellung entsprechen den Vorgaben der „Zusammenschaltungsrichtlinie", die vorsieht, dass Organisationen mit beträchtlicher Marktmacht[351] gemäß Art. 4 III der „ONP- Zusammenschaltungsrichtlinie"[352] allen begründeten Zusammenschaltungsanträgen stattzugeben haben. Auch § 33 TKG (1996) ist eine Sonderregel für marktbeherrschende Anbieter. Nur diese haben nach § 33 I S.1 TKG (1996) den anderen Wettbewerbern auf dem betreffenden Markt intern genutzte und am Markt angebotene Leistungen, sofern sie wesentlich sind, zur Verfügung zu stellen. Dieses hat, diskriminierungsfrei, das heißt zu den gleichen Bedingungen, zu denen sie auch selbst die Leistung nutzen[353], zu geschehen. Ob eine Leistung wesentlich ist bestimmt sich in Anlehung an die aus dem amerikanischen Kartellrecht kommende sog. „Essential-Facilities-Doctrine"[354] danach, ob ein Wettbewerber auf die Leistungen des marktbeherrschenden Anbieters zur Erbringung eigener Leistung typischerweise angewiesen ist[355]. Im Bereich der Entgeltregulierung nach §§ 24II, 25 I TKG (1996) gelten ebenfalls besondere Regeln für marktbeherrschende Unternehmen. So bedürfen Entgelte und entgeltrelevante Bestandteile von Allgemeinen Geschäftsbedingungen für die Erbringung von bestimmten Telekommunikationsdienstleistungen nach § 25 I TKG (1996) der vorherigen Genehmigung durch die RegTP, sofern diese Dienstleistungen von Unternehmen erbracht werden, die auf dem jeweiligen Markt eine beherrschende Position inne haben. Hinzu kommt, dass ausschließlich Unternehmen mit einer „marktbeherrschenden Stellung" auf dem jeweils relevanten Markt nach § 19 II TKG (1996) zur Erbringung von Universaldienstleistungen verpflichtet werden können. Es ist also ersichtlich, dass das TKG (1996) für marktbeherrschende Anbieter spezielle Wettbewerbsregeln enthält[356] und diese Vorschriften ein sektorspezifisches Kartellrecht für den Bereich der Tele-

---

[350] § 1 II der Verordnung über besondere Netzzugänge (Netzzugangsverordnung – NZV) vom 23.10.1996, BGBl. I S. 1568.
[351] Zur Bedeutung des Begriffs der „beträchtlichen Marktmacht" siehe unter D.III.4.a..
[352] Art. 4 II, „ONP- Zusammenschaltungsrichtlinie", ABl. EG Nr. L 199 vom 26.07-1997. S. 32, 36f.
[353] Manssen- Manssen, § 33 Rdnr. 9.
[354] vgl. Scherer, MMR 1999, S. 315, 319; EuGH MMR 1999,S. 348, 351.
[355] vgl. Manssen- Manssen, § 33 Rdnr. 7.
[356] vgl. Holznagel/ Enaux/ Nienhaus (1), S. 32; siehe auch: Immenga, MMR 2000, S. 141, 141.

kommunikation bilden[357]. Die asymmetrischen Regeln sind also Voraussetzung für die Entstehung von wettbewerbliche Strukturen und Verhaltensweisen in den Märkten der Telekommunikation. Der asymmetrische Regelungsansatz des TKG (1996) trägt der Überzeugung Rechnung, dass auch nach der Aufhebung der Monopolrechte aufgrund der starken Marktmacht des ehemaligen Monopolisten (DTAG) neue Anbieter ohne regulatorische Eingriffe des Staates keine Chance haben würden, sich auf Dauer neben diesem zu behaupten[358]. Diese Regeln sind zudem dadurch gekennzeichnet, dass die Konkurrenten eines Unternehmens mit beträchtlicher Marktmacht bereits im Vorfeld eines möglichen Missbrauchs der überragenden Marktmacht im Wettbewerb durch ex-ante wirkende Regelungen geschützt waren[359]. So muss sich ein Unternehmen mit marktbeherrschender Stellung, wie oben erwähnt, etwa im Rahmen der Entgeltregulierung nach § 25 I TKG (1996) seine Tarife ex-ante genehmigen lassen. Darin liegt der grundlegende Unterschied zum GWB, das verhaltenskontrollierende Eingriffe und Vorgaben nur nachträglich (ex-post), also nach bereits erfolgtem Missbrauch der marktbeherrschenden Stellung durch Unternehmen vorsieht[360]. Die asymmetrischen Regeln sind also Voraussetzung für die Entstehung von wettbewerblichen Strukturen und Verhaltensweisen in den Märkten der Telekommunikation.

bb. Marktzutrittsregelung: Lizenzen

Im Folgenden wird das System der Marktzutrittsregelungen des TKG nach § 4, §§ 6 –16 TKG (1996) vorgestellt. Es ist dabei darauf hinzuweisen, dass die Mitgliedsstaaten aus europarechtlicher Sicht trotz der in der „Wettbewerbsrichtlinie" vorgeschriebenen vollständigen Marktöffnung das Recht hatten, den Marktzutritt neuer Anbieter im Telekommunikationssektor von hoheitlichen Zulassungsakten in Form von „Genehmigungs- oder Anmeldeverfahren zur Einhaltung von grundlegenden Anforderungen" abhängig zu machen[361]. Das TKG (1996) geht zunächst grundsätzlich davon aus, dass „jeder" Telekommunikationsdienstleistungen erbringen kann und dabei nach § 4 TKG (1996) lediglich die Aufnahme, Änderung

---

[357]vgl. Haar, CR 1996, S. 713, 717.
[358] vgl. Fraktionen, BT-Drs 13/3609, S.33; vgl. Holznagel/ Nienhaus/ Enaux (1), S. 28.
[359] Holznagel/ Enaux/ Nienhaus (1), S. 35.
[360] Holznagel/ Nienhaus/ Enaux (1), S. 35.
[361] Art. 2 II „Diensterichtlinie", ABL. EG Nr. L 192 vom 24.07.1990, S. 10, 15; vgl. auch später Art. 2 III der „Diensterichtlinie" in der Fassung der „Wettbewerbsrichtlinie", ABl. EG Nr. L 74 vom 22.03.1996, S. 13, 22.

oder Beendigung des Betriebes anzeigen muss. Dies entspricht der Vorgabe des Art. 3 III der „Genehmigungsrichtlinie", nach der die Mitgliedsstaaten Telekommunikationsdienste und –netze grundsätzlich genehmigungsfrei oder aufgrund von Allgemeingenehmigungen bereitzustellen haben[362]. Im Fall der Genehmigungsfreiheit kann dann gemäß Art. 2 II der „Diensterichtlinie" in ihrer ursprünglichen Fassung lediglich ein Anmeldungsverfahren vorgeschrieben werden, so dass die Aufnahme eines Telekommunikationsdienstes anzuzeigen ist[363], wie dies nach § 4 TKG zu geschehen hat. Weiterhin ist nach § 6 I TKG (1996) in zwei Fällen eine, im Einklag mit dem internationalen Sprachgebrauch Lizenz genannte, Kontrollerlaubnis erforderlich[364]. Unter einer Lizenz ist nach § 1 Nr.7 die Erlaubnis zum Angebot bestimmter Telekommunikationsdienstleistungen für die Öffentlichkeit zu verstehen. Eine solche Erlaubnis wird für die früheren Monopolbereiche Netzbetrieb bzw. das Betreiben von Übertragungswegen (§ 1 Nr.1 TKG (1996)), die die Grenze eines Grundstücks überschreiten und für Telekommunikationsdienstleistungen für die Öffentlichkeit genutzt werden (§ 6 I Nr.1 TKG (1996)) sowie das Angebot von Sprachtelefondienst (auf der Basis selbst betriebener Telekommunikationsnetze, § 6 I Nr.2 TKG (1996)) benötigt. Die Erteilung einer Lizenz erfolgt nach § 8 I TKG auf schriftlichen Antrag von der RegTP (§ 66 I TKG (1996)). Sie stellt einen begünstigenden Verwaltungsakt i.S.v. § 35 S.1 VwVfG[365] dar. Bei Erfüllung der sachlichen und persönlichen Lizenzvoraussetzungen nach § 8 III TKG (1996) besteht im Einklag mit den europarechtlichen Vorgaben[366] ein Anspruch des Antragstellers auf Erteilung der Lizenz,[367] so dass es sich bei der Entscheidung der RegTP um eine gebundene Entscheidung handelt[368]. Ein Tätigwerden auf dem Markt ist also im Anwendungsbereich des § 6 I TKG (1996) grundsätzlich möglich, es wird lediglich eine behördliche Erlaubnis in Form einer Lizenz benötigt, auf die grundsätzlich ein Anspruch besteht, so dass es sich bei dem Lizenzerfordernis um ein präventives Verbot mit

---

[362] Art. 3 III „ONP- Genehmigungsrichtlinie", ABl. EG Nr. L 117 vom 07.05.1997, S. 15, 18.
[363] Art. 2 I, „Diensterichtlinie", ABl. EG Nr. L 192 vom 24.07.1990, S. 10, 15
[364] Scherer, NJW 1996, S. 1953, 2955 ; zur Terminologie allg.: Maurer (2) § 9 Rdnr. 51.
[365] Manssen – Manssen, § 8 Rdnr. 6.
[366] vgl. Art. 9 III, RL „ONP- Genehmigungsrichtlinie", ABl. EG Nr. L 117 vom 07.05.1997, S. 15, 21.
[367] Scherer, NKW 1996, S. 29553, 2956.
[368] Nolte, CR 1996 459, 461; Spoerr/ Deutsch, DVBl. 1997, 300, 307; Holznagel/ Enaux/ Nienhaus (1), S. 59; a.A. Manssen – Manssen, § 8 Rdnr. 3, 10, der die Versagungsgründe des § 8 III TKG (1996) entgegen der Gesetzesbegründung (Fraktionen, BT -Drs. 13/3609, S.38, zu § 8) nicht für abschließend erachtet.

Erlaubnisvorbehalt handelt[369]. Mit diesem Erfordernis wird Art. 7 II der "ONP- Genehmigungsrichtlinie" entsprochen, der es Mitgliedsstaaten erlaubt, die Erbringung des öffentlichen Sprachtelefondienstes und die Errichtung und Bereitstellung von öffentlichen Telekommunikationsnetzen von der Erteilung sog. "Einzelgenehmigungen" abhängig zu machen[370]. Es ist allerdings insbesondere zu beachten, dass die Regulierungsbehörde nach § 8 III Nr. 1 TKG (1996) in sachlicher Hinsicht die Lizenz zu versagen hat, wenn sie über keine nutzbaren Funkfrequenzen verfügt, die einem Antragsteller, der Funkverbindungen betreiben möchte, zugeteilt werden können. Dieser Fall kann eintreten, da aus physikalischen Gründen das nutzbare Frequenzspektrum begrenzt ist, so dass es sich bei Frequenzen um ein knappes Gut handelt[371]. Falls sich nach Maßgabe des Frequenznutzungsplans (§ 46 TKG (1996)) ergibt, dass im Verhältnis zu den Anträgen nicht genügend Frequenzen verfügbar sind und somit Frequenzknappheit vorliegt, "kann" die Anzahl der Lizenzen gemäß § 10 beschränkt werden. Dabei handelt es sich um eine Ausnahmenvorschrift im Verhältnis zu § 8 I TKG (1996), die regelmäßig keine Beschränkung der Lizenzen erlaubt. § 10 trägt dabei dem Umstand Rechnung, dass zwischen Lizenz- und Frequenzvergabe ein unlösbarer Zusammenhang besteht, weil eine Lizenz ohne eine entsprechende Frequenzausstattung, die gerade zur Nutzung und zum Betrieb von Funkverbindungen unerlässlich ist, keinen Wert besitzt[372]. Die Vorschrift trägt damit Art. 10 I der "ONP- Genehmigungsrichtlinie" Rechnung, der eine Beschränkung der Anzahl der Einzelgenehmigungen nur in dem Maße erlaubt, wie es "zur Gewährleistung einer effizienten Nutzung von Funkfrequenzen erforderlich ist"[373]. Die Regulierungsbehörde muss also sobald ersichtlich wird, dass Lizenzanträge mangels verfügbarer Frequenzen abgewiesen werden müssen, das Verfahren nach § 10 TKG (1996) durchführen und hat, sofern sich daraus ergibt, dass tatsächlich eine Frequenzknappheit vorliegt die Anzahl der Lizenzen zu beschränken[374]. Ein potentieller Lizenznehmer hat dann entsprechend

---

[369] Holznagel/ Nienhaus/ Enaux (1), S. 52; BeckTKG/ Büchner u.a. – Schütz, § 8 Rdnr. 38; vgl. allgemein dazu bei: Maurer (2), § 9 Rdnr. 51.
[370] Art. 7 II, RL "ONP- Genehmigungsrichtlinie", ABl. Nr. L 117 vom 07.05.1997, S. 15, 20.
[371] Holznagel/ Enaux/ Nienhaus (1), S. 60 und 141.
[372] Holznagel/ Enaux/ Nienhaus (1), S. 61.
[373] Art. 10 I, RL 97/13/EG, ABl. 117 vom 07.05.1997, S. 15, 21;.
[374] Manssen – Manssen, § 10 Rdnr. 4,5; Es handelt sich dabei trotz der Formulierung des Gesetzes ("kann beschränken") nicht um eine Ermessensentscheidung der RegTP (a.A. Scherer, NJW 1996, 2953, 2957), da nicht erkennbar ist, wie im Falle einer tatsächlich vorhandenen Frequenzknappheit unter Wahrung der Anforderungen an ein rechtsstaatliches Vergabeverfahren (vgl. BeckTKG/ Büchner u.a. – Geppert, § 10 Rdnr. 5 anders verfahren werden sollte. Dem Anspruch

den europarechtlichen Vorgaben[375] nur noch Anspruch auf Beteiligung an einem nichtdiskriminierenden Vergabeverfahren zur Erteilung der Lizenzen nach § 11 TKG (1996). Die Vorschrift sieht, im Einklang mit der dem deutschen Gesetzgeber im Rahmen der Subsidiarität zustehenden Entscheidungsbefugnis über die Auswahl der Verfahren[376], sowohl Versteigerungsverfahren als auch Auswahlverfahren (§ 11 IV bzw. VI TKG (1996)) zur Vergabe der Lizenzen vor. Nach § 11 II S.1 TKG (1996) soll das Versteigerungsverfahren den Regelfall darstellen.

4. Einzelne Probleme bei der Umsetzung der europarechtlichen Vorgaben in deutsches Recht am Beispiel ausgewählter Regelungskomplexe des TKG (1996)

Anhand von drei ausgewählten Beispielen soll untersucht werden, inwiefern die Umsetzung von Vorgaben aus europarechtlichen Richtlinien zum Telekommunikationsrecht in das deutsche Recht europarechtskonform erfolgt ist[377] bzw. ob in bestimmten Rechtsvorschriften des TKG ein Verstoß gegen europarechtliche Vorschriften zu sehen ist[378]. Dabei soll die Umsetzung des europarechtlichen Begriffs der „beträchtlichen Marktmacht" (Significant Market Power, SMP), die Unabhängigkeit der deutschen Regulierungsbehörde (ehemals: Regulierungsbehörde für Telekommunikation und Post (RegTP), seit dem 25.07.2005: Bundesnetzagentur (vgl. unter D.V.2.a.) im Verhältnis zu den Vorgaben des europäischen Sekundärrechts

---

aller Antragsteller auf Erteilung der Lizenz nach § 8 I S.1 TKG (1996) kann nicht nachgekommen werden und die Vergabeverfahren des § 11 TKG (1996) finden nach § 11 I S.1 TKG (1996) nur Anwendung, falls die Anzahl der Lizenzen nach § 10 TKG (1996) beschränkt worden ist. Selbst, wenn die Lizenzen nur in Reihenfolge des Eingangs der Anträge und nur soweit vergeben werden würden, wie dies aufgrund ihrer Anzahl möglich ist, so läge in dieser im TKG nicht vorgesehenen Vorgehensweise zumindest die faktische Beschränkung der Anzahl der Lizenzen (Grundsätzlich wäre allerdings die Auswahl der Lizenznehmer nach der Reihenfolge des Eingangs ihrer Anträge mit dem Europarecht vereinbar (Kommission, Grünbuch Mobilkommunikation, KOM (94) 145, S.26). Der RegTP hat also bei objektiv vorliegender Frequenzknappheit kein Ermessen bzgl. der Lizenzbeschränkung eröffnet (vgl. Manssen- Manssen, § 10 Rdnr. 7, Klöck, RTkom, S. 280, 282).

[375] vgl. 10 III „Genehmigungsrichtlinie", ABl. EG Nr. L 117 vom 07.05.1997, S. 15, 21.

[376] vgl. Polster, S. 75 und Erwägungsgrund 2, RL 97/13/EG, ABl. EG Nr. L 117 vom 07.05.1997, S. 15, 15; siehe auch Kommission, Grünbuch Mobilkommunikation, KOM (94), 145, S. 26f.

[377] vgl. zur Geltung und zur Umsetzungspflicht von Richtlinie: Art. 249 S.3 EG , „ONP- Zusammenschaltungsrichtlinie", Art. 32 I ABl. EG Nr. L 101 vom 01.04.1998, S. 24, 38; siehe auch Herdegen, Rdnr. 177.

[378] Berücksichtigt werden dabei hier zunächst nur die europarechtlichen Vorgaben, die bis zum sog. „Review 1999" umzusetzen waren. Auf spätere Rechtsentwicklungen infolge des sog. „Neuen Rechtsrahmens" wird erst unter D.V. eingegangen.

und die Realisierung der Betreibervorauswahl bei Orts- und Ferngesprächen untersucht werden.

a. „Beträchtliche Marktmacht" (Significant Market Power, SMP)

Es wurde bereits unter D.IV.3 b. der „asymmetrische Regelungsansatz" des TKG erläutert, aufgrund dessen spezielle Wettbewerbsregeln für marktbeherrschende Anbieter auf den Telekommunikationsmärkten gelten. Diese Anbieter haben aufgrund ihrer Position besondere Pflichten etwa im Bereich des „offenen Netzzugangs" und der Zusammenschaltung sowie der Universaldienstgewährleistung zu erfüllen[379]. Es soll im Folgenden zunächst der europarechtliche Ursprung des Begriffes der „marktbeherrschenden Stellung" im TKG aufgezeigt werden. Anschließend wird untersucht, inwiefern die Umsetzung der europäischen Vorgaben in Bezug auf diesen Begriff im TKG 1996 europarechtskonform erfolgte.

aa. Bedeutung des Konzepts der „beträchtlichen Marktmacht" (SMP)

Im deutschen TKG wird der Begriff der „marktbeherrschenden Stellung" verwendet, um den Anwendungsbereich bestimmter Sonderregeln zu charakterisieren und sektorspezifische Wettbewerbsregeln festzulegen[380]. In der englischen Fassung der europäischen Richtlinie wird hingegen der Begriff der „Significant Market Power" (SMP)[381] benutzt, der in der deutschen Übersetzung dieser Rechtsnormen mit „beträchtlicher Marktmacht" wiedergegeben wird[382]. Entsprechend des bereits erläuterten asymmetrischen Regulierungsansatzes im TKG 1996, der sich aus den europarechtlichen Vorgaben entwickelt hat, werden in verschiedenen Richtlinien Unternehmen bzw. Organisationen mit „beträchtlicher Marktmacht" besondere Pflichten auferlegt. So sind nur „Organisationen mit beträchtlicher Marktmacht", die Telekommunikationsnetze oder für die Öffentlichkeit zugängliche Telekommunikationsdienste bereitstellen, nach Art. 4 II i.V.m. Anhang I der „ONP- Zusammenschaltungsrichtlinie" dazu verpflichtet, allen begründeten Anträgen auf Netzzugang stattzugeben[383]. Sie haben dabei

---

[379] vgl. dazu unter D.IV.3.b..
[380] vgl. Erläuterungen, unter D.IV.3.b..
[381] Tarrant, E.C. R., S. 320, 320, Fn 2.
[382] z.B. Art. 8 II, ONP- Zusammenschaltungsrichtlinie", ABl. EG Nr. L 1999 vom 26.07.1997, S. 32, 39; vgl. Klaue/ Schwintowski, S. 70.
[383] Art. 4 II i.V.m. Anhang I, „ONP-Zusammenschaltungsrichtlinie", ABl. EG Nr. L 199 vom 26.07.1997, S. 32, 38.

zudem verschiedene Nichtdiskriminierungs- und Transparenzpflichten gegenüber ihren Mitbewerbern zu beachten[384]. Zudem gelten besonders strenge Anforderungen hinsichtlich der von Organisationen mit „beträchtlicher Marktmacht" einzuhaltenden Tarifgrundsätze[385]. Somit wird in den verschiedenen „ONP"- Richtlinien[386] das Eingreifen der speziellen telekommunikationsrechtlichen Wettbewerbsregeln vom Begriff der „beträchtlichen Marktmacht" abhängig gemacht[387]. Auf europäischer Ebene besteht bzgl. des Telekommunikationsrechts somit eine andere Eingriffsvoraussetzung für die Wettbewerbsregeln bzw. die Wettbewerbsaufsicht als nach dem allgemeinen Wettbewerbsrecht, das gemäß Art. 82 EG n.F (Art.86 EG a.F.) zunächst erfordert, dass ein Unternehmen eine „marktbeherrschende Stellung"[388] inne hat. Im Folgenden soll die Bedeutung des Begriffes untersucht und dargestellt werden, wann von „beträchtlicher Marktmacht" eines Anbieters auszugegehen ist. „Beträchtliche Marktmacht einer Organisation" gilt nach Art. 4 III „ONP-Zusammenschaltungsrichtlinie" als gegeben, wenn diese Organisation „einen Marktanteil von mehr als 25 % an einem bestimmten Telekommunikationsmarkt in dem geographischen Gebiet in einem Mitgliedsstaat, in dem sie zugelassen ist, besitzt"[389]. Die nationalen Regulierungsbehörden können entsprechend Art. 4 III S.2 derselben Richtlinie aber im Einzelfall sowohl festlegen, dass eine Organisation bei einem geringeren Marktanteil an dem betreffenden Markt über eine beträchtliche Marktmacht verfügt, als auch, dass trotz eines Marktanteils von mehr als 25% nicht von einer beträchtlichen Marktmacht auszugehen ist. In beiden Fällen sind für eine solche Entscheidung verschiedene Faktoren zu berücksichtigen. In Art. 4 III S.3 der „ONP-Zusammenschaltungsrichtlinie" werden z.B. die Möglichkeit der Organisation Marktbedingungen zu beeinflussen, ihr Umsatz im Verhältnis zur Größe des Marktes, ihre Kontrolle über den Zugang zu Endbenutzern, ihr

---

[384] Art. 6 „ONP- Zusammenschaltungsrichtlinie", ABl. EG Nr. L 1999 vom 26.07.1997, S. 32, 38.
[385] Art. 17, „ONP-Sprachtelefondienstrichtlinie II", ABl. EG Nr. L 101 vom 01.04.1998, S. 24, 34.
[386] vgl. zusätzlich: Art. 10IV, „ONP-Zusammenschaltungsrichtlinie" in der Fassung der Richtlinie 97/51/EG, ABl. EG Nr. L 295, S. 23, 29.
[387] vgl. Klaue/ Schwintowski, S. 70.
[388] Englisch: „Dominant Position", vgl. Klaue/ Schwintowski, S. 70
[389] Art. 4 III S.1 „ONP-Zusammenschaltungsrichtlinie", ABl. EG Nr. L 99 vom 26.07.1997, S. 32, 37.

95

Zugang zu Finanzmitteln sowie die Erfahrung bei der Bereitstellung von Produkten und Diensten am Markt genannt[390].

bb. Umsetzung des Begriffes der „beträchtlichen Marktmacht" in Deutschland

Wie soeben beschrieben, wird im deutschen TKG das Eingreifen der speziellen Wettbewerbsregeln an das Vorliegen einer „marktbeherrschenden Stellung" geknüpft[391]. Dieser Begriff ist aber nicht direkt im TKG geregelt, sondern es wird auf § 19 GWB und unten und oben[392] verwiesen (vgl. etwa § 25 I TKG (1996)). Die marktbeherrschende Stellung ist in § 19 II S.1 GWB definiert. Es wird dort zwischen drei verschiedenen Formen der Marktbeherrschung unterschieden. Nach § 19 II S.1 Nr. 1 GWB ist eine solche Stellung entweder gegeben, wenn es auf dem relevanten Markt neben dem zu untersuchenden Unternehmen keinen anderen Wettbewerber gibt (Alt.1) oder aber das Unternehmen zumindest keinem wesentlichen Wettbewerb ausgesetzt ist (Alt. 2). Zudem ist nach § 19 II S.1 Nr. 2 GWB eine marktbeherrschende Stellung anzunehmen, wenn einem Unternehmen im Verhältnis zu seinen Mitbewerbern eine überragende Marktstellung zukommt[393]. Angesichts der Tatsache, dass ab dem 01.01.1998 alle Monopolrechte der DTAG abgeschafft wurden und sie somit in allen Bereichen der Telekommunikation dem Wettbewerb ausgesetzt ist, kann im Bereich der Telekommunikation zumindest im nicht von einem „Vollmonopol"[394] i.S. von § 19 II S.1 Nr.1 Alt.1 GWB ausgegangen werden. Wenn mehrere Unternehmen mit unterschiedlich starken Marktstellungen auf einem Markt agieren, ist im Einzelfall sehr schwierig zu beurteilen, ob ein herausragendes Unternehmen wie etwa die DTAG noch wirksamem also we-

---

[390] Ähnlich Bestimmungen des Begriffes der „beträchtlichen Marktmacht" finden sich in Art. 2 III, „ONP- Mietleitungsrichtlinie" in der Fassung der Richtlinie 97/51/EG, ABl. EG Nr. L 295 vom 29.10.1997, S. 23, 28 und Art. 2 II i), „ONP-Sprachtelefondienstrichtlinie II", ABl. EG Nr. L 101 vom 01.01.1998, S. 24, 28
[391] vgl. D.IV.3.b.aa.
[392] § 19 des Gesetzes gegen Wettbewerbsbeschränkungen (GWB), in der Fassung der Bekanntmachung vom 26.08.1998, BGBl. I S. 2546.
[393] Es ist grundsätzlich anzumerken, dass das Vorliegen einer „marktbeherrschenden Stellung" immer nur in Bezug auf einen bestimmten sachlich und geographischen Markt (z.B. Festnetzverbindungen im überregionalen Bereich, Mobilfunkverbindungen innerhalb Deutschlands, etc.) beurteilt werden kann. (vgl. etwa Salje, K&R 1998, 332ff bzgl. einer Abgrenzung zwischen verschiedenen Märkten sowie Traugott, WuW 1998, 929, 934ff für die Abgrenzung des sachlich-gegenständlichen Marktes (Bedarfsmarktkonzept) und des räumlichen Marktes.)
[394] Immenga/ Mestmäcker – Möschel, § 19 Rdnr. 45.

sentlichem Wettbewerb ausgesetzt ist und damit auch ein Quasi-Monopol nach § 19 II S.1 Nr. 1 Alt. 2 GWB auszuschließen ist[395]. Ein „Quasi-Monopol" wird aber generell - zum Zeitpunkt der Umsetzung - nur in Bezug auf eine geringere Zahl von Märkten im deutschen Telekommunikationssektor noch anzunehmen sein[396], so dass in der Praxis dem § 19 II S.1 Nr.2 GWB das größte Gewicht zu kommen dürfte[397]. Ob eine überragende Marktstellung im Verhältnis zu den Mitbewerbern nach § 19 II S.1 Nr.2 GWB vorliegt ist unter anderem anhand verschiedener im Gesetz nicht abschließend geregelter Kriterien wie Marktanteil, Finanzkraft oder Zugang zu Beschaffungs- und Absatzmärkten zu beurteilen. Der Marktanteil und die Finanzkraft sind bei der Beurteilung die wichtigsten der aufgeführten Kriterien[398]. Erforderlich zur Untersuchung, ob eine marktbeherrschende Stellung vorliegt ist nach deutschem Recht dabei aber immer eine Gesamtschau aller für den Markt wettbewerbsrelevanten Umstände[399], wobei es ausreichen kann, dass nur einzelne der in § 19 II S.1 Nr. 2 GWB genannten Merkmale vorliegen und im jeweiligen Fall die Bewertung der Marktstellung dominieren[400]. Eine überragende Marktstellung eines Unternehmens liegt vor, wenn es „einen überragenden (einseitigen) Verhaltensspielraum bei der Entwicklung von Marktstrategien oder auch beim Einsatz einzelner Aktionsparameter" besitzt[401]. Nach § 19 III S.1 TKG (1996) wird zudem vermutet, dass ein Unternehmen eine marktbeherrschende Stellung inne hat, wenn es einen Marktanteil von mindestens einem Drittel aufweist. Nach der Rechtsprechung und der herrschenden Meinung in der Literatur ist diese Vermutungsregel aber lediglich als ein „Aufgreifkriterium"[402] zu verstehen, aufgrund dessen eine Behörde veranlasst sein soll, ein Verfahren zur Überprüfung der Marktmacht einzuleiten[403]. Eine echte materiellrechtliche und damit bindende Wirkung kann die gesetzliche

---

[395] Immenga/ Mestmäcker – Möschel, § 19 Rdnr. 47f
[396] siehe auch: Auswertung unter F.I. zum aktuellen Stand der Entwicklung.
[397] Eine genaue Untersuchung, welche Form der „marktbeherrschenden Stellung" vorliegt, ist nicht zwingend notwendig um beurteilen zu können, ob die Umsetzung der europarechtlichen Vorgaben europarechtskonform durchgeführt wurde, zumal diese Frage sich nur jeweils im Hinblick auf einen ganz bestimmten Markt im Telekommunikationssektor beantworten lässt. Siehe dazu Ausführungen unter D.IV.4.a.bb..
[398] vgl. BGHZ 71, 102, 109; Immenga/Mestmäcker § 19 Rdnr. 59 , 63
[399] Immenga/ Mestmäcker – Möschel, § 19 Rdnr. 54
[400] Immenga/ Mestmäcker – Möschel, § 19 Rdnr. 55
[401] BGHZ 67, 104,113; BGHZ 68, 23, 28ff; BGHZ 71, 102, 116;
[402] Baur, BB 1973, 915, 916ff; Ebel, NJW 1981, 1763, 1765f; Langen/ Bunte- Ruppelt, § 19 Rdnr 62f ; FK/ Glassen u.a.- Paske/Kersten § 22 a.F. Rdnr. 332;
[403] vgl. Immenga/ Mestmäcker § 19 Rdnr. 92

Vermutung erst erlangen, wenn in einem Verfahren trotz aller Ermittlungen ein „non liquet" besteht[404], das Gericht also nach freier Würdigung des gesamten Verfahrensergebnisses eine marktbeherrschende Stellung des Unternehmens weder ausschließen noch bejahen kann[405].

cc. Bewertung der Umsetzung des Begriffes der „beträchtlichen Marktmacht" in das deutsche TKG 1996

Nach Ansicht der EU- Kommission ist in dem bloßen Verweis auf § 19 GWB im TKG (1996) keine sachgerechte Umsetzung des Begriffes der „beträchtlichen Marktmacht" zu sehen. Sie hat ein Vertragsverletzungsverfahren nach Art. 226 EG eingeleitete in dem neben anderen Rechtsproblemen, auch die Umsetzung dieses Teils der Richtlinie 97/33/EG („ONP- Zusammenschaltungsrichtlinie") durch den deutschen Gesetzgeber bemängelt wurde[406]. Kritisiert wurde vor allem, dass die widerlegbare Vermutungsregel, die z.B. in Art. 4 III „ONP- Zusammenschaltungsrichtlinie" zu finden ist, nach der eine „beträchtliche Marktmacht" ab einem Marktanteil von 25% anzunehmen ist, angesichts der Vermutungsregel in § 19 III S.1 GWB, die von einer „marktbeherrschenden Stellung" ab einem Marktanteil von einem Drittel ausgeht, nicht hinreichend berücksichtigt worden sei[407]. Deutschland erklärte sich im Rahmen des soeben zitierten Vertragsverletzungsverfahren bereit, „verbindliche Verwaltungsvorschriften" zu erlassen, die die Berücksichtigung der 25% - Regeln durch die deutschen Behörden im Anwendungsbereich der „ONP- Zusammenschaltungsrichtlinie" gewährleisten sollten[408]. Es erachtete ansonsten aber eine Änderung

---

[404] FK/ Glassen u.a.- Paske/Kersten § 22 a.F. Rdnr. 332.
[405] Langen/ Bunte- Ruppelt, § 19 Rdnr 62f; FK- Paske/Kersten § 22 a.F. Rdnr. 332; BGH, BB 1981, 569, 571; vgl. BGHZ 71, 102, 108 und 110ff
[406] Vertragsverletzungsverfahren wegen nicht europarechtskonformer Umsetzung der Richtlinie 97/33/EG („ONP- Zusammenschaltungsrichtlinie"), ABl. EG Nr. L 199 vom 26.07.1997, S. 32ff. Einleitung des Vorverfahrens durch Schreiben der Kommission vom 28.04.1999(SG(99)D/2865), dazu Stellungnahme der Bundesregierung am 23.06.1999. Begründete Stellungnahmen der Kommission vom 12.11.1999 (SG)D/9103) mit Antwort der Bundesregierung in ihrer Mitteilung vom 03.02.2000, zitiert nach: Klaue/ Schwintowski, S. 80f, Fn 224. Anmerkung des Verfassers: Angaben über das Verfahren selbst bzw. mögliche Ergebnisse sind, wie dem Verfasser auf Anfrage in einer Email von einem Mitarbeiter der Kommission mitgeteilt wurde, der Öffentlichkeit nicht zugänglich. Zur Reaktion Deutschlands auf das Verfahren siehe sogleich.
[407] vgl. Klaue/ Schwintowski, S. 49; vgl. auch Klotz, K&R-Beilage 1/2003, S. 3, 5
[408] vgl. Mitteilung der Regierung der Bundesrepublik Deutschland an die Kommission der europäischen Gemeinschaften vom 3.2.2000, S. 4f: zitiert nach Klaue/ Schwintowski, S. 80; Es wur-

des TKG 1996 für nicht erforderlich[409]. Es ist somit zu prüfen inwiefern die Umsetzung des Begriffes der „beträchtlichen Marktmacht" im TKG europarechtskonform erfolgt ist und ob sie insbesondere mit den Vorgaben aus den verschiedenen „ONP- Richtlinien[410]" im Einklang steht. Problematisch ist, dass die Umsetzung des Begriffes „beträchtliche Marktmacht" ins deutsche Recht, wie bereits erläutert, lediglich in einem Verweis verschiedener Paragraphen des TKG auf § 19 GWB besteht und die damit zur Geltung gebrachte Vermutungsregel 33 %, statt in den Richtlinien vorgesehenen 25%, beträgt. Aufgrund dieser unterschiedlichen Vermutungsregeln ist das deutsche Recht deutlich weniger strikt als die europarechtliche Vorgabe. Auf der einen Seite ist es auch nach den Begriffsbestimmungen im europäischen Sekundärrecht sowohl möglich, „beträchtliche Marktmacht" bei weniger als 25% Marktanteil anzunehmen, als auch trotz eines Marktanteils von mehr als 25% die „beträchtliche Marktmacht" zu verneinen[411]. Die Prozentzahl ist somit auch nur als ein Indiz bzw. Aufgreifkriterium zu verstehen, so wie es für die 33%- Grenze in § 19 GWB entsprechend der obigen Ausführungen auch gilt. Daraus wird gefolgert, dass die 25%- Regeln in den „ONP-Regeln" durch den Rückgriff auf § 19 GWB keinesfalls verletzt würden, da keine Bindung an einen die „ex-ante Kontrolle leitenden Marktanteil" bestehe. Vielmehr sei zur Bewertung einer möglicherweise „marktbeherrschenden Stellung" im deutschen Recht, ähnlich wie nach Vorgabe der Richtlinien, im Ergebnis auf eine wertende Gesamtschau aller wettbewerbsrelevanten Umstände unter besonderer Berücksichtigung von Faktoren wie z.B. der Finanzkraft abzustellen[412]. Es sei somit eine europarechtskonforme Auslegung des § 19 GWB dahingehend, dass auch 25 % Marktanteil ausreichen können, um eine „marktbeherrschende Stellung" anzunehmen, aufgrund der Funktion der 33%- Vermutungsregel als „Aufgreifkriterium" ohne weiteres möglich[413]. Bedenklich an dieser An-

---

de schließlich eine Verwaltungsvorschrift zur Auslegung von § 19 GWB im Sinne der Richtlinie 97/33/EG (RegTP, Mitteilung Nr. 574/2001, ABl. RegTP 20/2001, S. 3086) erlassen.
[409] vgl. Klaue/ Schwintowski, S. 80.
[410] Es geht nicht nur um die Vereinbarkeit der Umsetzung des Begriffes im Verhältnis zur „ONP-Zusammenschaltungsrichtlinie", sondern um die richtige Umsetzung im Verhältnis zu allen „ONP-Richtlinien" in denen der Begriff verwendet wird. Dabei wird hier vorausgesetzt, dass die „ONP- Richtlinien" bzgl. ihrer Vorgaben für die „beträchtliche Marktmacht" ihrerseits mit dem europäischen Primärrecht und insbesondere den wettbewerbsrechtlichen Vorschriften des EG-Vertrages vereinbar sind (dazu: Tarrant, E.C.L.R., 2000, S. 320, 323, Fn 16 und Klaue/ Schwintowski, S. 21).
[411] Erläuterungen unter D.IV.4.a..aa..
[412] Klaue/ Schwintowski, S. 21
[413] Klaue/ Schwintowski, S. 21

sicht ist aber, dass der 33% Vermutungsregel im Falle eines „non liquets" im Prozess durchaus materiellrechtliche Wirkung zukommen kann und diese Wirkung aufgrund der unterschiedlich hohen „Schranken" im deutschen und europäischen Recht, in Deutschland erst bei einer deutlich stärkeren Marktmacht eintritt, als dies auf europäischer Ebene vorgesehen ist. Problematisch ist zudem, dass eine europarechtskonforme Auslegung des § 19 GWB zwar möglich und gemeinschaftsrechtlich geboten aber nicht gesetzlich verankert ist, so dass keine Rechtssicherheit für die Bürger besteht. Zu beachten ist aber, dass die von der Bundesregierung im Rahmen des oben angesprochenen Vertragsverletzungsverfahrens angekündigte sogenannte „verbindliche Verwaltungsvorschrift" inzwischen in Form einer „Verwaltungsvorschrift zur Auslegung von § 19 GWB im Sinne der Richtlinie 97/337EG"[414] ergangen ist. Durch sie wird festgelegt, dass § 19 GWB gemeinschaftsrechtskonform auszulegen ist und 25% Marktanteil ausreichen um eine „marktbeherrschende Stellung" annehmen zu können bzw. regulierungsspezifische Rechtsfolgen des TKG auszulösen. Die Vorgaben der „ONP-Richtlinien" (vgl. oben zu § 4 III „ONP- Zusammenschaltungsrichtlinie") einschließlich der 25%-Vermutungsregel sind damit inhaltlich erfüllt. Fraglich ist aber, ob durch die Verwaltungsvorschrift eine europarechtskonforme Umsetzung der „ONP-Richtlinien" hinsichtlich des Begriffes der „beträchtlichen Marktmacht" gegeben ist. Grundsätzlich haben die Mitgliedsstaaten Wahlfreiheit hinsichtlich der Form und der Mittel zur Erreichung des Ziels einer umzusetzenden Richtlinie, da eine Richtlinie nur hinsichtlich ihres zu erreichenden Ziels verbindlich ist[415]. Dabei ist aber zu berücksichtigen, dass sie in innerstaatliche Rechtsvorschriften umzusetzen sind, die den Erfordernissen der Rechtssicherheit und Rechtsklarheit genügen[416]. Schlichte Verwaltungspraktiken oder auch ein bloßes Rundschreiben, das Regelungen enthält, die jederzeit geändert werden können, reichen zur Umsetzung von Richtlinien nicht aus[417]. Es handelt sich bei der fraglichen Verwaltungsvorschrift aber immerhin um eine schriftlich fixierte Anweisung, die im Amtsblatt der RegTP veröffentlicht wurde. Zudem ist sie erlassen worden, nachdem sich die Bundesrepublik Deutschland im Rahmen des Vorverfahrens eines Vertragsverletzungsverfahrens dazu bereit erklärt hatte. Somit ist dieser nicht mit einem Rundschreiben oder dem schlichten Ändern von Verwaltungspraktiken ver-

---

[414] Mitteilung Nr. 574/2001, ABl. RegTP 20/2001, S. 3086.
[415] Lenz – Hetmeier, Art. 249 Rdnr. 9.
[416] Streinz, Rdnr. 391.
[417] vgl. Streinz, Rdnr. 391.

gleichbar und könnte folglich grundsätzlich den Umsetzungsanforderungen genügen. Weiterhin ist zu beachten, dass, sobald eine Richtlinie darauf abzielt dem einzelnen Bürger subjektive Rechte zu verleihen, der Maßnahme, die zur Umsetzung verwendet wird, Außenrechtswirkung zu kommen muss[418]. In diesem Zusammenhang ist die Rechtsprechung des EuGH zu beachten, nach der im Erlass von normenkonkretisierenden Verwaltungsvorschriften jedenfalls dann keine hinreichende Umsetzung europarechtlicher Vorgaben zu sehen ist, wenn deren Verbindlichkeit für die Gerichte und den Einzelnen nicht eindeutig gewährleistet ist[419].

Es ist also zunächst zu untersuchen, ob Art. 4 III „ONP-Zusammenschaltungsrichtlinie" dazu dient, dem einzelnen Bürger subjektive Rechte zu verleihen. Die Vorschrift dient zwar zunächst dazu, zu bestimmen wann ein Unternehmen über „beträchtliche Marktmacht" verfügt, damit ihm besondere Verpflichtungen durch die Regulierungsbehörden auferlegt werden können. Dies ist aber kein Selbstzweck, sondern dient vielmehr dazu, dass schwächere Wettbewerber auf dem Telekommunikationsmarkt oder auch einzelne Kunden von den marktbeherrschenden Unternehmen verlangen können, ihnen bestimmte Leistungen zur Verfügung zu stellen (vgl. § 36 I S.2 TKG (1996)), zu deren Erbringung sie nicht verpflichtet wären. Somit besteht das Ziel der Richtlinie darin, Unternehmen auf Telekommunikationsmärkten und letztendlich auch dem einzelnen Bürger bestimmte Rechte zuzusprechen. Es ist weiterhin zu prüfen, ob sich der einzelne Bürger vor Gericht auf die Verwaltungsvorschrift berufen kann. Dazu müsste die Verwaltungsvorschrift nicht nur Bindungswirkung im „Innenbereich" haben, also entsprechend des Hierarchieprinzips für die nachgeordneten Behörden innerhalb der Verwaltung bindend sein[420], sondern ihr müsste zudem auch eine bindende Wirkung im Außenverhältnis zukommen[421]. Das bedeutet, dass ein Bürger sich im Verhältnis zu Dritten bzw. vor Gericht auf diese Verwaltungsvorschrift berufen können muss und sie somit auch außerhalb der Verwaltung selbst Wirkung entfalten kann[422]. Ob eine solche „Außenwirkung" besteht, ist bei Verwaltungsvorschriften im deutschen Recht grundsätzlich strittig und hängt im Einzelnen

---

[418] vgl. Grabitz/ Hilf – Nettesheim, Art. 249 Rdnr. 142.
[419] vgl. EuGH. Rs. C-361/88, Kommission gegen Deutschland, Slg.1991, I- S.2567, 2600, Rz. 15; EuGH, Rs C-59/89,, Kommission/ Deutschland, Slg. 1991, I- S.2607, 2631f, Rz. 18 und 23.
[420] Maurer (2) § 24 Rdnr. 16ff; Faber, § 11 I (S. 70);
[421] Ossenbühl in: Erichsen (11.), § 6 Rdnr. 43f, vgl. BVerfGE 78, 212, 227, m.w.N.
[422] Maurer (2), § 24 Rdnr. 20

von der Art der Verwaltungsvorschrift ab[423]. Es ist also zu untersuchen, ist welcher Typ Verwaltungsvorschrift hier gegeben ist. Es könnte sich bei der Mitteilung der RegTP um eine sogenannte „norminterpretierende" Verwaltungsvorschrift[424] handeln, die den nachgeordneten Behörden Auslegungsvorschriften im Hinblick auf einen unbestimmten Rechtsbegriff vorgibt[425]. In diesem Fall ist die Verwaltungsvorschrift zwar mit dem Titel überschrieben, „Verwaltungsvorschrift zur Auslegung von § 19 GWB im Sinne der Richtlinie 97/33/EG"[426]. Inhaltlich schreibt diese Verwaltungsvorschrift aber vor, dass, um „eine richtlinienkonforme Auslegung des § 19 GWB [....] sicherzustellen, [...] festgelegt" wird, „ dass die Regulierungsbehörde schon bei einem Vorliegen von Anhaltspunkten für einen Marktanteil von über 25% verpflichtet ist, eingehende Ermittlungen aufzunehmen, ob eine marktbeherrschende Stellung vorliegt"[427]. „Im Lichte der Richtlinie" sei das „Entschließungsermessen der Regulierungsbehörde, in Form solcher Ermittlungen tätig zu werden, bei Vorliegen dieser Anhaltspunkte auf Null reduziert"[428].

Bei Vorliegen eines Entschließungsermessens ist der Behörde ein Ermessen, also die Wahl zwischen mehreren Verhaltensweisen bei der Verwirklichung eines gesetzlichen Tatbestandes, dahingehend eingeräumt, ob die Verwaltung eine zulässige Maßnahme überhaupt treffen will. Es ist also zu prüfen, ob statt einer „norminterpretierenden Verwaltungsvorschrift" eine sog. „Ermessensrichtlinie"[429], also eine Verwaltungsvorschrift, die Entscheidungsmaßstäbe und Entscheidungsmuster für eine sachgerechte Ausübung des Verwaltungsermessens vorgibt, gegeben ist[430]. Grundsätzlich wird nach § 19 III S.1 GWB nur vermutet, dass ein Unternehmen mit einem Marktanteil von mindestens 33% marktbeherrschend ist. Die RegTP bzw. nachgeordnete Behörden haben also zu untersuchen, wie hoch der Marktanteil eines Unternehmens ist und sie „sollen"[431] bei Erfüllung der 33% Schwelle, die nur einen „ verwaltungsrechtlichen Aufgreiftatbestand" darstellt, weitere Untersuchungen vornehmen. Die Behörde kann aber auch

---

[423] Maurer (2), § 24, Rdnr. 28ff; vgl. Ossenbühl in: Erichsen (11.), § 6 Rdnr. 43f
[424] Ossenbühl in: Erichsen (11.), § 6 Rdnr. 35.
[425] Maurer, § 24 Rdnr. 9, vgl. Faber , § 11 I (S.70).
[426] Mitteilung Nr. 574/2001 der RegTP, ABl. RegTP 20/2001 vom 17.10.2001, S. 3086.
[427] Mitteilung Nr. 574/2001 der RegTP, ABl. RegTP 20/2001 vom 17.10.2001, S. 3086.
[428] Mitteilung Nr. 574/2001 der RegTP, ABl. RegTP 20/2001 vom 17.10.2001, S. 3086.
[429] Maurer, § 24 Rdnr. 10.
[430] Ossenbühl in: Erichsen (11.), § 6 Rdnr. 36.
[431] vgl. Immenga/ Mestmäcker - Möschel, § 19 Rdnr. 92.

bereits bei einem Marktanteil, der unter einem Drittel liegt, eine marktbeherrschende Stellung annehmen[432]. Grundsätzlich steht den Behörden also ein Entscheidungsspielraum dahingehend zu, wann konkreter nachgeforscht werden muss, ob „beträchtliche Marktmacht" gegeben sein könnte, so dass von einem Entschließungsermessen der Behörde auszugehen ist. In diesem Fall wird der RegTP bzw. ihren nachgeordneten Behörden und Stellen vorgeschrieben, dass sie bei Ermittlung des Vorliegens von „beträchtlicher Marktmacht" bereits ab einem Marktanteil von 25% eingehende Untersuchungen vorzunehmen haben, ob eine solche marktmächtige Stellung eines Unternehmens angenommen werden kann. Die Entscheidung, ob sie weitere Nachforschungen hinsichtlich des Vorliegens der „beträchtlichen Marktmacht" vornimmt, ist ihr also nicht offen gelassen, sondern sie ist verpflichtet in einer bestimmten Weise vorzugehen. Folglich liegt eine sog. „Ermessensreduzierung auf Null vor"[433]. Die untersuchte Verwaltungsvorschrift der RegTP stellt also eine „Ermessensrichtlinie" dar. Es ist zu prüfen, ob derartigen „Ermessensrichtlinien" Rechtsverbindlichkeit im „Außenverhältnis" zukommt, so dass der Bürger gestützt auf diese Verwaltungsvorschriften Rechte geltend machen und sich auf diese vor Gericht berufen kann. Nach der herrschenden Lehre wird die Außenwirkung von verhaltenslenkenden Verwaltungsvorschriften und insbesondere den „Ermessensrichtlinien" über die Verwaltungspraxis und den Gleichheitssatz des Art. 3 I GG hergestellt[434]. Wenn solche Verwaltungsvorschriften von Behörden angewandt werden, begründen sie durch ständige Anwendung eine gleichmäßige Verwaltungspraxis, durch die die Verwaltung sich selbst bindet, da sie gleichgelagerte Fälle nicht ohne sachlichen Grund unterschiedlich behandeln darf (sog. „Selbstbindung der Verwaltung")[435]. Der Gleichheitssatz des Art. 3 I GG verlangt, dass die Verwaltung ihr Ermessen gleichmäßig ausübt[436]. Wenn von der praktizierten Verwaltungspraxis ohne rechtfertigenden sachlichen Grund abgewichen wird, kann der Bürger geltend machen, dass die Verwaltung gegen das Gleichbehandlungsgebot aus Art. 3 I GG verstoßen hat[437]. Ein nicht

---

[432] vgl. Klaue/ Schwintowski, S. 21.
[433] Maurer (2), § 7 Rdnr. 24.
[434] Maurer (2), § 24 Rdnr. 21; vgl. Ossenbühl in: Erichsen (11.), § 6 Rdnr. 48 m.w.N. ; Pietzcker, NJW 1981,S. 2087, 2090f ; Scholler; DVBl. 1968, S.409, 41ff; Dicke, VerwArch 59 (1968), S. 291, 298.
[435] Maurer (2) § 24 Rdnr. 21; BVerwGE 8, 4, 10; BVerwG NJW 1979,S. 280, 280; Maunz/Dürig, Dürig, Art. 3 I Rdnr. 423; Ossenbühl in: Erichsen (11.), § 6 Rdnr. 49.
[436] Ossenbühl in: Erichsen (11.), § 6 Rdnr. 49.
[437] Maurer (2) § 24 Rdnr. 21.

gerechtfertigtes Abweichen von den Verwaltungsvorschriften kann also unmittelbar als Verstoß gegen den Gleichheitsbehandlungsgrundsatz qualifiziert werden, so dass Art. 3 I GG als eine „Umschaltnorm"[438] die verwaltungsinterne Weisungen in die das Staat-Bürger-Verhältnis unmittelbar regelnde (Außen-)Rechtsordnung extrahiert[439]. Voraussetzung für einen Anspruch auf Gleichbehandlung ist dabei allerdings, dass sich eine entsprechende Verwaltungspraxis gebildet haben muss. Die Rechtsprechung löst die Problematik, dass eine Gleichbehandlung immer erst bei mindestens zwei Vergleichsfällen möglich ist, durch die „antizipierte Verwaltungspraxis", indem sie einen Verstoß gegen den Gleichheitssatz mit Blick auf den künftig zu erwartenden „ersten Fall" annimmt[440].

Dem Bürger steht somit ein einklagbarer Anspruch auf Gleichbehandlung zu[441] und die Verwaltungsvorschriften erlangen mittelbar rechtliche Außenwirkung. Die Anforderungen des EuGH bzgl. der Verbindlichkeit von Verwaltungsvorschriften für den Einzelnen und die Gerichte sind also erfüllt. Im Erlass der Verwaltungsvorschrift in Ergänzung zu den Verweisungen des TKG auf § 19 GWB ist also eine europarechtskonforme Umsetzung des Begriffes der „beträchtlichen Marktmacht" in das deutsche Recht zu sehen.

b. Unabhängigkeit der Regulierungsbehörde für Telekommunikation und Post (RegTP) bzw. der Bundesnetzagentur

Nach einer Erläuterung des rechtlichen Status der RegTP nach deutschem Recht wird untersucht, ob die deutsche Regulierungsbehörde in ihrer Zeit als Regulierungsbehörde für Telekommunikation und Post nach § 66 I TKG (1996) als unabhängig im Sinne der Anforderungen, die in den europäischen Richtlinien an nationale Regulierungsbehörden gestellt werden, zu betrachten ist.

Anschließend erfolgt unter D.V.2.a. eine Betrachtung hinsichtlich der Unabhängigkeit der deutschen Regulierungsbehörde in Gestalt der Bundesnetzagentur.

---

[438] Zacher, VVDStRL 24 (1966) 237, zitiert nach: Ossenbühl in: Erichsen (11.), § 6 Rdnr. 49.
[439] Ossenbühl in: Erichsen (11.), § 6 Rdnr. 49.
[440] BVerwGE 52, 192, 199.
[441] BVerwGE 8, 4, 10; BVerwGE , NJW 1972, 1483, 1483; Maunz/Dürig, Dürig, Art. 3 I Rdnr. 428.

aa. Regulierungsbehörde als Bundesoberbehörde

Gemäß Art.87f II S.2 GG werden Hoheitsaufgaben im Bereich des Postwesens und der Telekommunikation in bundeseigener Verwaltung ausgeführt. Somit muss die Wahrnehmung hoheitlicher Aufgaben organisationsrechtlich betrachtet durch Behörden bzw. Organisationseinheiten ohne eigene Rechtspersönlichkeit geschehen, die direkt dem Bund als Rechtsperson zu geordnet sind[442] (vgl. Näheres zur bundeseigenen Verwaltung unter D.I.2.a.. Obere Bundesbehörden, die einem Ministerium direkt nachgeordnet sind gehören zum Bereich der bundeseigenen Verwaltung[443]. Die Regulierungsbehörde ist entsprechend § 66 I TKG (1996) als Bundesoberbehörde im Geschäftsbereich des Bundesministeriums für Wirtschaft und Technologie eingerichtet worden. Folglich ist sie als eine in der Verwaltungshierarchie dem BMWi nachgeordnete Behörde anzusehen[444] und somit dem Bereich der bundeseigenen Verwaltung zuzuordnen.

(1) Rechts- und Dienstaufsicht

Die Regulierungsbehörde als Bundesoberbehörde unterliegt aufgrund der Ressortverantwortlichkeit des Ministers nach Art. 65 S.2 GG für Gegenstände der unmittelbaren Bundesverwaltung der Rechts- und Dienstaufsicht des übergeordneten BMWi[445]. Während Rechtsaufsicht, die Aufsicht über die Rechtmäßigkeit des Verwaltungshandelns des beaufsichtigten Verwaltungsträgers[446] ist, versteht man unter dem Begriff Dienstaufsicht eine allgemeine Behördenaufsicht über nachgeordnete Verwaltungsstellen des gleichen Ressorts, die im wesentlichen die Personalaufsicht umfasst[447].

(2) Fachaufsicht

Fraglich ist, inwiefern die RegTP auch einer Fachaufsicht durch das BMWi unterliegt. In einem solchen Fall könnte das Bundesministerium die Zweckmäßigkeit der Entscheidungen der RegTP überprüfen[448]. Gemäß § 66 V TKG (1996) kann das BMWi allgemeine Weisungen für den Erlass

---

[442] Sachs-Sachs Art. 74 Rdnr.13; von Mangoldt/ Klein/ Starck – Burgi Art. 86. Rdnr. 44; zur bundeseigenen Verwaltung unter D.I.2.a..
[443] von Mangoldt/ Klein/ Starck – Burgi Art. 86 Rdnr. 44.
[444] vgl. Rudolf in: Erichsen (11.), § 52 Rdnr. 48.
[445] Geppert/ Ruhle/ Schuster (2), Rdnr. 822; BeckTKG/ Büchner u.a.- Geppert, § 66 Rdnr. 14.
[446] Rudolf in: Erichsen (11.), § 52 Rdnr. 53.
[447] Rudolf in: Erichsen (11.), § 52 Rdnr. 48.
[448] vgl. Oertel, S. 237; vgl. Rudolf in: Erichsen (11.), § 52 Rdnr. 48.

oder die Unterlassung von Entscheidungen nach diesem Gesetz erteilen[449]. Der entscheidende Punkt bei der Bewertung der rechtlichen Stellung der Regulierungsbehörde nach deutschem Recht ist aber die Frage, ob das BMWi über Art. 66 V TKG (1996) hinaus auch Einzelweisungen erlassen kann. Auf diese Weise wäre es ihm möglich der Regulierungsbehörde ein aus seiner Sicht zweckmäßiges Verhalten vorzuschreiben, so dass von einer vollen Fachaufsicht auszugehen wäre. Diese Frage ist im deutschen Recht sehr umstritten. Im Telekommunikationsgesetz (1996) selbst sind keine Angaben über mögliche Einzelweisungen enthalten, so dass zu untersuchen ist, wie diese „Nichterwähnung" zu beurteilen ist. Die Zulässigkeit von Einzelweisungen ist nach Ansicht eines großen Teils der Literatur trotz der Nichterwähnung unter Anwendung einer verfassungskonformen Auslegung zu bejahen[450]. Begründet wird dies zunächst damit, dass die Regulierungsbehörde als Teil der bundeseigenen Verwaltung einer umfassenden Direktionsmacht des Bundes unterliege[451] und der Bundeswirtschaftsminister eine „sachlich steuernde Funktion", über die ihm unterstehenden Teile der Verwaltung einschließlich der Regulierungsbehörde[452] ausübe. Diese organisationsrechtlichen Grundsätze ergäben sich letztendlich aus der Ressortverantwortlichkeit nach Art. 65 S.2 GG eines Ministers für seinen Geschäftsbereich[453]. Diese „Verantwortlichkeit" aus Art. 65 S.2 GG sei im Sinne einer parlamentarischen Ministerverantwortlichkeit aufzufassen[454], so dass durch die Befugnis eines parlamentarisch kontrollierten Ministers Einzelweisungen zu erteilen, im Ergebnis auch das Handeln nachgeordneter Entscheidungsträger legitimiert werde[455]. Zur Gewährleistung des Prinzips der demokratischen Legitimation bzw. der Volkssouveränität nach Art. 20 II S.1 GG sei also die Einzelweisungsbefugnis des BMWi über die RegTP erforderlich, damit Entscheidungen, die dort ge-

---

[449] vgl. als Beispiel: Allgemeine Weisung des Bundeswirtschaftsministers Müller im März 2000 mit der er eine von der Regulierungsbehörde angestrebte Senkung des Briefportos verhinderte (Müller, Bundesanzeiger vom 07.04.2000, S. 6374).
[450] Manssen- Weber/ Rommersbach, § 66 Rdnr. 19ff ,21; v. Mangoldt/ Klein/Starck- Gersdorf Art. 87 f Rdnr. 102; BeckTKG/ Büchner u.a.-Geppert, § 66 Rdnr. 18, 20; BeckPostG/ Badura u.a.- Badura, § 44 Rdnr. 64f; Geppert/ Ruhle/ Schuster (2), Rdnr. 822; vgl. Ulmen/Gump, CR 1997 S. 396, 401f; vgl. Nolte, CR 1996, 459, 464.
[451] Müller- Trepitz, ZG 1997, S. 275, 270; Ulmen/ Gump, CR 1997, S. 396, 401.
[452] Ulmen/ Gump, CR 1997, S. 396, 401.
[453] vgl. Mannsen- Weber/ Rommersbach, § 66 Rndr. 19; vgl. Ulmen/ Gump, CR 1997, S. 396, 401.
[454] Stein/ Götz, § 10 VII.
[455] Oertel, S. 242 und S. 315.

troffen würden, auf den Willen des Volkes zurückgeführt werden könnten[456].

Aus Sicht der Anhänger der Gegenmeinung ist eine Einzelweisungsbefugnis des BMWi zumindest für die Bereiche, in denen die kollegial besetzen Beschlusskammern der Regulierungsbehörde entscheidungsbefugt sind, zu verneinen[457]. Auf die Weisungsfreiheit der Beschlusskammern wird aus dem justizähnlich ausgestalteten Verfahren[458] dieser Kammern geschlossen[459]. Diese agieren als Kollegialspruchkörper[460] ähnlich wie Gerichte und ihre Arbeitsweise und Entscheidungsfindung wurde als besonders transparent angesehen[461]. Außerdem wird die Einzelweisungsfreiheit von den Vertretern dieser Meinung durch einen Verweis auf die ähnlich gelagerte Situation der Beschlussabteilungen des Bundeskartellamtes begründet, bei denen zumindest eine „faktische Weisungsunabhängigkeit" anzunehmen sei[462]. Die Entscheidung dieses Meinungsstreits ist zwar im deutschen Recht entscheidend um die rechtliche Stellung der RegTP und damit eine mögliche Unabhängigkeit zu bewerten. Wie im Folgenden zu zeigen sein wird, ist ein Streitentscheid aber zur Beurteilung der Unabhängigkeit der RegTP nach den geltenden europarechtlichen Vorgaben nicht erforderlich, so dass der Streit dahinstehen kann. Festzuhalten bleibt aber, dass die RegTP als Bundesoberbehörde im Geschäftsbereich des BMWi unstrittig der Rechts- und Dienstaufsicht dieses Ministeriums unterliegt und zudem allgemeine Weisungen nach § 66 V TKG (1996) vom Bundeswirtschaftsminister zu befolgen hat. In fachlicher Hinsicht ist entweder von der Einzelweisungsfreiheit der Beschlusskammern und damit in diesem Bereich von einem sogenannten „ministerialfreien" Raum[463] auszugehen oder aber es ist anzunehmen, dass die RegTP der vollen Fachaufsicht des BMWI unterworfen ist und das Ministerium somit auch das Recht hat die Zweckmäßigkeit des Handelns der RegTP zu kontrollieren.

---

[456] v. Mangoldt/ Klein/ Starck- Gersdorf, § 87f Rdnr. 102 Fn 96.
[457] Maunz/ Dürig- Lerche, Art. 87 f Rdnr. 112; Gramlich, CR 1998, S. 463, 466; Müller- Trepitz, ZG 1997, S. 257, 271; Möschel, MMR –Beilage 3/1999, Seite 3, 5; BeckTKG/ Büchner u.a. – Kerkhoff, § 73 Rndr. 33; Vgl. dazu auch § 73 TKG (1996) bzgl. Zusammensetzung und Kompetenzen der Beschlusskammern.
[458] Fraktionen, BT- Drs. 13/3609, S. 51 zu § 70.
[459] Möschel, MMR –Beilage 3/1999, S. 3, 5.
[460] Fraktionen, BT- Drs. 13/3609, S51 zu § 70.
[461] BeckTKG/ Büchner u.a. – Kerkhoff, § 73 Rndr. 33 (S. 1263 Mitte).
[462] Müller-Trepitz, ZG 1997,S. 257, 271; vgl. Rittner, FS Kaufmann, S. 307, 317ff.
[463] Maunz/ Dürig – Lerche, Art. 87f Rdnr. 112.

bb. Unabhängigkeit der Regulierungsbehörde gemäß den europarechtlichen Vorgaben

Es ist weiter zu untersuchen, ob die RegTP trotz der möglicherweise auch in fachlicher Hinsicht bestehenden Weisungsabhängigkeit noch als unabhängig im Sinne der europarechtlichen Vorgaben zu sehen ist. In Art. 6 „Endgeräterichtlinie"[464] wird gefordert, dass unter anderem die Zulassung von Endgeräten ab dem 01.01.1989 von einer Stelle vorgenommen wird, von der Unternehmen, die im „Bereich der Telekommunikation Waren und/ oder Dienstleistungen anbieten unabhängig sind". Nach Art. 7 I der „Diensterichtlinie"[465] müssen die Mitgliedsstaaten desweiteren ab dem 01.07.1991 gewährleisten, dass unter anderem die Erteilung von Betriebsgenehmigungen und Nummern sowie die Zuteilung von Frequenzen „von einer von den Fernmeldeorganisationen[466] unabhängigen Einrichtung durchgeführt wird". Diese Regelung soll Interessenkonflikten, die durch eine Zusammenfassung von regulatorischen und betrieblichen Funktionen in einer Hand entstehen können und dadurch eine Marktzutrittsschranke für private Wettbewerber bilden können, vorbeugen[467]. Was genau unter einer „unabhängigen Institution" im Sinne der „Diensterichtlinie gemeint ist, erschließt sich nicht unmittelbar aus dieser Richtlinie. Als Auslegungshilfe kann insoweit eine Mitteilung der Kommission aus dem Jahre 1995 herangezogen werden, in der die Kommission erklärt, dass im Vordergrund des Interesses die „Trennung der Funktionen Regulierung des Telekommunikationssektors und Betrieb der nationalen Fernmeldeorganisationen" stehe[468]. Die rein rechtliche oder administrative Trennung von Regulierung und betrieblicher Tätigkeit „wie in Form von zwei Dienststellen eines Ministeriums" können bereits ausreichen, sofern dabei eine „reale" Trennung bestehe und beiderseitige finanzielle Unabhängigkeit gegeben sei sowie eine Überwachung jedes Personalwechsels zwischen Regulierungs- und Betriebsinstanz erfolge[469]. Art. 5a II „ONP-Rahmenrichtlinie"

---

[464] Art. 6, „Endgeräterichtlinie", ABl. EG Nr. L 131 vom 27.05.1988, S. 73, 76.
[465] Art. 7 I, „Diensterichtlinie", ABl. EG Nr. L 192 vom 24.07.1990, S. 10, 16.
[466] vgl. zum Begriff der Fernmeldeorganisation: nach Art.1 I, erster Spiegelstrich der „Diensterichtlinie" (ABl. EG Nr. L 192 vom 24.04.1990, S. 10, 14) ; vgl. auch unter A.I .
[467] vgl. Erwägungsgründe 28 und 29, „Diensterichtlinie", ABl. EG Nr. L 192 vom 27.07.1990, S.10, 13 sowie Erwägungsgrund 14 der „ONP- Mietleitungsrichtlinie", ABl. EG Nr. L 165 vom 16.06.1992, S. 27, 28.
[468] Kommission, Mitteilung „Umsetzung RL 90/388/EWG", KOM (95), 113, S.1, 22.
[469] Kommission, Mitteilung „Umsetzung RL 90/388/EWG", KOM (95), 113, S.1, 22.

in der Fassung der Richtlinie 97/51/EG[470] konkretisiert schließlich unter Einbeziehung der zwischenzeitlichen Liberalisierungsmaßnahmen ausdrücklich welche Voraussetzungen erfüllt sein müssen, um die Unabhängigkeit der nationalen Regulierungsbehörden zu gewährleisten. Danach müssen sich die nationalen Regulierungsbehörden rechtlich von allen Organisationen unterscheiden, die Telekommunikationsnetze, -geräte oder -dienste bereitstellen und zudem von diesen funktionell unabhängig sein[471]. Desweiteren müssen die Mitgliedsstaaten, wenn sie Eigentum an Organisationen behalten, die Telekommunikationsnetze und/oder -dienste bereitstellen, oder über diese eine wesentliche Kontrolle ausüben, eine wirksame strukturelle Trennung der hoheitlichen Funktion von Tätigkeiten im Zusammenhang mit dem Eigentum oder Kontrolle sicherstellen[472]. Die Schwelle zur Erfüllung der Unabhängigkeitsvoraussetzungen der „Diensterichtlinie" ist entsprechend der oben beschriebenen Anforderungen der Kommission eher niedrig gesetzt. In Deutschland war bereits bei Einführung des TKG 1996 eine Trennung zwischen den Bereichen Regulierung, die der RegTP übertragen wurde, und der unternehmerischen Tätigkeit der immer noch im Staatseigentum stehenden aber inzwischen privatisierten DTAG, deren Anteile von der BAPT gehalten wurden, gegeben[473]. Angesichts der Tatsache, dass sogar die Einrichtung von zwei Dienststellen des gleichen Ministeriums ausgereicht hätten, um den Anforderungen der „Diensterichtlinie" zu genügen, wird durch das TKG somit das „Unabhängigkeitskriterium" nach dieser Richtlinie und erst recht der noch älteren „Endgeräterichtlinie" erfüllt. Es ist allerdings zu berücksichtigen, dass diese Richtlinien und auch die zitierte Mitteilung der Kommission verfasst wurden, bevor die Abschaffung sämtlicher Monopolrechte der nationalen Telekommunikationsorganisationen und die vollständige Öffnung des Wettbewerbs zum 01.01.1998 beschlossen wurden. Das Hauptaugenmerk ist somit auf die Vorgaben der Änderungsrichtlinie zur „ONP-Rahmenrichtlinie" zu legen, die nach Beschluss dieser Liberalisierungsschritte erlassen wurde. Aufgrund der Tatsache, dass der Bund im Jahr

---

[470] Art. 5 a „ONP-Rahmenrichtlinie" in der Fassung der Richtlinie 97/51/EG, ABl. EG Nr. L 295 vom 29.10.1997, S. 23, 28.
[471] Art. 5a II Erster Spiegelstrich, „ONP-Rahmenrichtlinie" in der Fassung der Richtlinie 97/51/EG, ebenda.
[472] Art. 5a Abs.2 Zweiter Spiegelstrich, ONP-Rahmenrichtlinie" in der Fassung der Richtlinie 97/51/EG, ebenda.
[473] vgl. dazu unter D. III.2.c)bb).

2002 42,77% der Aktien der DTAG inne hatte[474] und er am 01.02.2008 zusammen mit der staatlichen KFW immer noch 32 % der Aktien besaß[475], hat er zweifellos ein gewisses Interesse an einer positiven Geschäftsentwicklung dieses Unternehmens. Zudem hat der Bund bzw. die Bundesregierung in Person des Bundeswirtschaftsministers zumindest die Befugnis der RegTP nach § 66 V TKG (1996) allgemeine Weisungen zu erteilen. Somit könnte man zumindest zweifeln, ob die Bundesrepublik Deutschland den oben zitierten Anforderungen an die Unabhängigkeit der Regulierungsbehörde nachgekommen ist[476]. Aus den Vorgaben der Änderungsrichtlinie zur „ONP-Rahmenrichtlinie" folgt aber, dass ein Mitgliedsstaat grundsätzlich Anteile an einem Unternehmen, das auf dem Telekommunikationsmarkt tätig ist, behalten oder eine wesentliche Kontrolle auf dieses ausüben kann, so wie dies etwa für die Bundesrepublik Deutschland als Großaktionär der Deutsche Telekom AG gilt, ohne, dass darin ein Verstoß gegen europäisches Recht zu sehen ist, solange eine wirksame strukturelle Trennung zwischen unternehmerischer und hoheitlicher Tätigkeit gegeben ist. In Deutschland erfüllt auf der einen Seite die RegTP, eingerichtet im Geschäftsbereich des BMWi, wie oben dargelegt[477] die hoheitlichen Funktionen im Bereich der Telekommunikation. Andererseits wurde, wie unter D.III.2.c.bb. erläutert, gemäß Art. 87f III i.V.m.§1 I , 3 I BAPostG die Bundesanstalt für Post und Telekommunikation Deutsche Bundespost (BAPT)gegründet, die als eine Art „Holding" die Aktien des Bundes an der Deutsche Telekom AG verwaltet und damit im Zusammenhang stehende Rechte und Pflichten des Bundes wahrnimmt[478]. Die BAPT untersteht dabei der Aufsicht des Bundesministeriums für Finanzen[479]. Eine „rechtliche Unterscheidung" der RegTP von allen Anbietern auf dem Telekommunikationsmarkt und insbesondere auch von der DTAG ist somit gegeben. Funktionell unabhängig voneinander sind beide Einrichtungen auch. Zudem liegt in der Einführung von RegTP und der BAPT, die die Anteile des Bundes an der DTAG hält, eine strukturelle Trennung zwi-

---

[474] DTAG, Geschäftsbericht 2002, S.130, http://www.download-datag.t-online.de/deutsch/investor-relations/4-finanzdaten/geschaeftsbericht/2002/gb_2002_dt.pdf (abgerufen am 01.05.03)
[475] http://www.telekom.com/dtag/cms/content/dt/de/22518 (abgerufen am 22.06.08).
[476] vgl. Windthorst, CR 1998, S. 340, 342; vgl. auch Schwintowski, CR 1997 S.630, 636 der deswegen ein Vertragsverletzungsverfahren gegen Deutschland erwartet.
[477] D.III.2.c.aa..
[478] vgl. im Einzelnen Manssen-Weber/Rommersbach, § 66 Rdnr. 23 (S. 9 unten); Holznagel/Enaux/Nienhaus (1), S. 11f.
[479] § 2 S. 1 BAPostG.

schen hoheitlicher und „unternehmerischer" Tätigkeit des Bundes in Deutschland. Fraglich ist allerdings, inwiefern diese als „wirksam" im Sinne der europarechtlichen Vorgabe zu bewerten ist. Dabei ist die Tatsache zu berücksichtigen, dass die RegTP im innerdeutschen Recht möglicherweise einer vollen Fachaufsicht durch das BMWI unterliegt. Andererseits ist aber die Überwachungspraxis der EU-Kommission zu berücksichtigen, die soweit ersichtlich in Bezug auf das hier relevante Problem lediglich einen Mitgliedsstaat rügte, bei dem die Regulierungsfunktion und die Leitung des marktbeherrschenden Unternehmens organisatorisch nicht sauber getrennt waren und sogar häufig ein Personalwechsel zwischen Mitarbeitern aus beiden Bereichen stattfand[480]. Gerade die personelle Trennung zwischen beiden Bereichen spielt auch in anderen Mitteilungen der Kommission zur Unabhängigkeit der Regulierungsbehörden eine wichtige Rolle[481]. Eine Bemängelung der Unabhängigkeit der RegTP durch die Kommission ist bisher nicht ersichtlich. Wenn man zudem berücksichtigt, dass die Kommission noch vor ein paar Jahren, „zwei Dienststellen eines Ministeriums" ausreichen ließ, um dem „Unabhängigkeitskriterium" Genüge zu tun, ist davon auszugehen, dass an die Unabhängigkeit der Regulierungsbehörde nach Maßgabe des europäischen Sekundärrechts geringere Maßstäbe anzusetzen sind, als dies im deutschen Recht der Fall ist. Es ist nach europäischem Recht also gerade keine „Einzelweisungsfreiheit" bzw. kein „ministerialfreier" Raum erforderlich[482], damit man die RegTP (in fachlicher Hinsicht) als unabhängig bezeichnen kann[483]. Vielmehr ist davon auszugehen, dass schon die bisherige Trennung in die dem BMWi unterstehende RegTP und der dem BFM unterstellten BAPT sowie die privatisierte DTAG ausreichend ist, um Regulierungsfragen vor einer Beeinflussung durch Eigentümerinteressen des Bundes zu bewahren[484]. Eine wirksame strukturelle Trennung der hoheitlichen Tätigkeit von Tätigkeiten im Zusammenhang mit Eigentum und Kontrolle, wie sie europarechtlich gefordert wurde, ist somit anzunehmen. Insgesamt genügt somit die Stel-

---

[480] vgl. Kommission, Mitteilung Umsetzung RL 90/388/EWG, KOM 95, 113, S. 23, Fn 47; Paulweber, S. 100; vgl. auch Mitteilung der Kommission, Umsetzung des Reformpakets für den Telekommunikationssektor (im Folgenden: Mitteilung, „2. Bericht der Kommission zum Reformpaket", KOM 1997, 504, S. 10.

[481] vgl. nur: Mitteilung der Kommission, Vierter Bericht über die Umsetzung des Reformpakets für den Telekommunikationssektor, (im Folgenden: Mitteilung, „Vierter Bericht der Kommission zum Reformpaket"), KOM 1998, 594, S. 15f;

[482] vgl. dazu unter D.IV.4.b.aa.(2).

[483] vgl. Paulweber, S. 100; vgl. Müller-Trepitz, ZG 1997, S. 257, 271.

[484] Paulweber, S.100; Müller-Trepitz, ZG 1997, S. 257, 271.

lung der RegTP, auch wenn man annimmt, ihr stehe keine Weisungsfreiheit im Verhältnis zum BMWi zu, den europarechtlichen Anforderungen an die Unabhängigkeit von Regulierungsbehörden.

c. „Betreibervorauswahl"[485] bei Orts- und Ferngesprächen

Es ist zu untersuchen, inwiefern das TKG (1996) den Anforderungen der europarechtlichen Vorgaben in Hinblick auf die sog. „Betreibervorauswahl" genügt. Nach Art. 12 VII „ONP-Zusammenschaltungsrichtlinie" in der Fassung der Richtlinie 98/83/EG muss die Betreibervorauswahl in Form von Preselection und Call by Call zumindest von allen Organisationen gewährleistet werden, die als solche mit beträchtlicher Marktmacht eingestuft werden[486]. Diese müssen dafür Sorge tragen, dass alle natürlichen und juristischen Personen, die mit einem Anbieter für die Öffentlichkeit zugänglicher Telekommunikationsdienste einen Vertrag über die Inanspruchnahme dieser Dienste geschlossen haben, über die Betreibervorauswahl Zugriff auf öffentlich zugängliche Telekommunikationsdienste jedes Anbieters erlangen können, der mit dem öffentlichen Telekommunikationsnetz zusammengeschaltet ist[487]. § 43 VI S.1 TKG (1996) [488] sah lediglich vor, dass eine freie Auswahl des sog. „Verbindungsnetzbetreibers"[489] mittels Call by Call oder Preselection möglich sein sollte. Entspre-

---

[485] Der Begriff „Betreibervorauswahl" entstammt wie oben gezeigt (vgl. dazu die Ausführungen in den (nicht nummerierten) Erwägungsgründen der RL 98/10/EG, ABl. EG Nr. L vom 03.10.1998, S. 38, 37), der europäischen Terminologie, im deutschen Recht wurde bisher zumeist von der sog. „Verbindungsnetzbetreiberauswahl" gesprochen. Ein Verbindungsnetz ist nach § 2 Nr. 23 TKG (1996) „ein Telekommunikationsnetz, das keine Teilnehmeranschlüsse und Teilnehmernetze miteinander verbindet". Ein Teilnehmernetz ist somit entsprechend dieser Terminologie ein durch eine Netzkennzahl oder eine Ortsnetzkennzahl eindeutig gekennzeichnetes Telekommunikationsnetz, das Teilnehmeranschlüsse aufweist. Wie zu zeigen sein wird, sollte dieser Begriff „Verbindungsnetzbetreiberauswahl" in Zukunft nicht mehr verwendet werden, da er irreführend ist und nicht mehr die aktuelle Rechtslage widerspiegelt. Um ganz genau zu sein, müsste der Begriff „Betreibervorauswahl" für „Preselection" und „Betreiberauswahl" für „Call by Call" verwendet werden. In Anlehnung an die RegTP und die EU-Kommission wird hier allerdings der Begriff der „Betreibervorauswahl" verwendet.
[486] vgl. Art. 12 VII S.1,2 , „ONP- Zusammenschaltungsrichtlinie" in der Fassung der Richtlinie 98/10/EG, ABl. EG Nr. L 268 vom 03.10.1998, Seite 37, 37.
[487] vgl. Art. 12 VII S.1, 2 i.V.m. Art. 2 I h) , „ONP- Zusammenschaltungsrichtlinie" in der Fassung der Richtlinie 98/10/EG, ABl. EG Nr. L 268 vom 03.10.1998, Seite 37, 37.
[488] Telekommunikationsgesetz (TKG) vom 15.07.1996, BGBl. I, S. 1120 (vor der Änderung durch das Erstes Gesetz zur Änderung des Telekommunikationsgesetzes vom 21.10.2002, BGBl. I, S. 4186).
[489] zur Terminologie siehe *Erläuterungen bei Fußnote 485*

chend der Erläuterung der Terminologie von Verbindungs- und Teilnehmernetz folgt somit, dass lediglich eine Verbindung zwischen zwei Teilnehmernetzen mittels „Call by Call" oder „Preselection" ausgewählt werden konnte, so dass in der Praxis die Betreibervorauswahl nach § 46 I S.1 TKG (1996) lediglich für Ferngespräche (zwischen zwei Teilnehmernetzen) nicht aber im Ortsnetz möglich war. Dies entsprach nicht mehr den europarechtlichen Vorgaben, so dass der Gesetzgeber am 21.10.2002 eine Änderung des TKG vornahm, die zuallererst darin begründet lag, § 42 VI TKG neu zu fassen[490]. Diese Änderung trat zum 01.12.2002 in Kraft[491]. Entsprechend der oben beschriebenen europarechtlichen Vorgaben ermöglicht der neue § 46 VI TKG (2002) die Betreibervorauswahl sowohl im Ortsnetz als auch bei Ferngesprächen soweit es Betreiber von öffentlichen Telekommunikationsgesellschaften mit einer marktbeherrschenden Stellung nach § 19 GWB angeht. Es ist nicht ersichtlich, dass bestritten wird, dass die neue gesetzliche Regelung, die ausdrücklich eine Betreibervorauswahl auch im Ortsnetz ermöglicht (vgl. arg. § 46 VI S.2 TKG (2002)), den Anforderungen der europarechtlichen Vorgaben entspricht und somit eine europarechtskonforme Umsetzung dieser Vorschriften erfolgte. Problematisch ist allerdings, dass die Richtlinie 98/61/EG, die wie gezeigt, die Neuerungen bei der Betreibervorauswahl vorschreibt, bis zum 31.12.1998 umgesetzt werden musste[492]. Die EU-Kommission leitete bereits am 30.10.2000 ein Vertragsverletzungsverfahren gemäß Art. 226 EG (unter anderem) gegen die Bundesrepublik Deutschland ein und beanstandete eine nicht ordnungsgemäße Umsetzung der oben genannten Richtlinie bzgl. der Betreibervorauswahl im Ortsnetz[493]. Nach der Einlassung der Bundesrepublik, es sei in der Zeit ohne Betreibervorauswahl im Ortsnetz ein Vertrauenstatbestand für diese Betreiber entstanden und zudem sei mangels eines existierendem Regulierungsmodells mit entsprechendem Zeitplan für die Umsetzung dieses komplexen Vorhabens eine Umsetzungsfrist von zwei bis drei Jahren bis zur Einführung einer Betreibervo-

---

[490] Art. 2 Nr. 2, Erstes Gesetz zur Änderung des Telekommunikationsgesetzes vom 21.10.2002, BGBl. I, S. 4186; I n Art. 2 dieses Gesetzes wurde mit § 3 Nr.23. TKG (1996) die Definition des „Verbindungsnetzes" aus dem TKG gestrichen. da zudem auch § 43 VI TKG dahingehend geändert wurde, dass der Begriff des Verbindungsnetzbetreibers nicht mehr verwendet wird, ist dieser Begriff im ganzen TKG nicht mehr enthalten. Daraus ist zu schließen, dass er auch ansonsten nicht mehr verwendet werden sollte, um rechtliche Klarheit zu schaffen.
[491] Art. 3 S.2, erstes Gesetz zur Änderung des Telekommunikationsgesetzes vom 21.10.2002, BGBl. I, S. 4186.
[492] Art. 2 I, Richtlinie 98/61/EG, ABl. EG Nr. L 268 vom 03.10.1998, S. 37, 38.
[493] PM der EU-Kommission vom 15.06.2000, IP/00/691: zitiert nach Ellinghaus, MMR 2/2003, S.91, 93; vgl. auch: Geppert/ Ruhle/ Schuster (2), Rdnr. 670.

rauswahl im Ortsnetz realistisch, wurde Deutschland von der Kommission eine Umsetzungsfrist bis Ende 2002 gesetzt. Diese Frist wäre durch die Änderung des TKG zwar grundsätzlich eingehalten. Nachdem zunächst aber eine Aussetzung der Umsetzung aus technischen Gründen gemäß § 46 VI S.5 TKG (2002) bis zum 28.02.2003 durch die RegTP erfolgt war, wurde nach einer Anhörung, durch die Verfügung 9/2003 der RegTP schließlich letztmalig eine Aussetzung beschlossen, so dass „Call by Call" im Ortsnetz ab 25.04.2003 und Preselection ab dem 09.07.2003 anzubieten sind[494]. DTAG als von § 46 VI TKG (2002) betroffenes Unternehmen hatte sich zuvor erneut auf technische Gründe berufen, aufgrund derer die Verpflichtung zur Umsetzung von „Call by Call" im Ortsnetz bis zum 24.04.2003 und von „Preselection" bis zum 08.07.2003 ausgesetzt werden sollten[495]. Somit ist die Betreibervorauswahl im Ortsnetz erst etwa viereinhalb Jahre nachdem es europarechtlich vorgesehen war, in Deutschland realisiert worden.

V. Das TKG 2004: Entwicklung und aktuelle Rechtsprobleme

1. Vom Kommunikationsbericht 1999 („Review 1999") zum Erlass des TKG 2004

Am 22.06.2004 trat ein novelliertes Telekommunikationsgesetz (im Folgenden: TKG 2004) in Kraft. Es beruht auf neuen europäischen Vorgaben für die elektronische Kommunikation. Das Gesetz basiert auf einem sog. „Neuen Rechtsrahmen"[496]. Dessen Ursprung, sowie die wesentlichen Inhalte und einige daraus resultierende, exemplarische Änderungen im TKG 2004 gegenüber dem TKG 1996 werden im Folgenden erläutert. Darüberhinaus wird die Europarechtskonformität der Richtlinie 2006/24/EG[497] zur Vorratsdatenspeicherung erörtert.

---

[494] Vfg. 9/2003, RegTP, ABl. RegTP, 5/2003, S. 306, 306.
[495] Vfg. 9/2003, RegTP, ABl. RegTP, 5/2003, S. 306, 307.
[496] Immenga/ Kirchner, TKMR 2002, S.430, 341.
[497] Richtlinie 2006/24/EG des Europäischen Parlaments und des Rates vom 14.03.1006 über die Vorratsspeicherung von Daten, die bei der Bereitstellung öffentlicher Kommunikationsnetze erzeugt oder verarbeitet werden und zur Änderung der Richtlinie 2002/58/EG, Abl. EU Nr. L 105 vom 13.4.2006, S. 54–63.

a. „Vom Review 1999" bis zum Erlass des neuen „Richtlinienpakets" im März 2002

Die EU-Kommission veröffentlichte am 10.11.1999 in einer Mitteilung den sog. „Kommunikationsbericht 1999"[498] (auch „Review 1999" genannt)[499]. Der Anlass für diesen Bericht ist darin zu sehen, dass in vielen Richtlinien bereits bei ihrer Verabschiedung verankert wurde, dass sie am 31.12.1999 überprüft und gegebenenfalls an zu diesem Zeitpunkt veränderte ordnungspolitische Anforderungen angepasst werden sollten[500]. Der „Kommunikationsbericht 1999" diente somit vor allem der Überprüfung des bisherigen Rechtsrahmens für den Bereich der Telekommunikation und zur Entwicklung von Vorschlägen für dessen Veränderung und Anpassung an zukünftige Erfordernisse unter Berücksichtigung des sich verändernden Wettbewerbs im Bereich der Telekommunikation[501]. Der Bericht bildete den Ausgangspunkt die Überarbeitung aller bisherigen Rechtsvorschriften in diesem Bereich und führte im Jahre 2002 zum Erlass des noch näher zu erörternden „Richtlinienpakets"[502], das den bisher geltenden Rechtsrahmen grundlegend veränderte[503]. Einer der Grundsätze, an denen sich die Vorschläge zur zukünftigen Regelung des (Tele)Kommunikationsbereiches der Kommission orientierten bestand darin, dass klar definierte politische Ziele, wie die „Förderung und Erhaltung eines offenen und wettbewerbsorientierten europäischen Marktes für Kommunikationsdienste" oder die „Konsolidierung des Binnenmarktes in einem konvergierenden Umfeld" durch ein Mindestmaß an regulatorischen Maßnahmen erreicht werden und überflüssig gewordene Verpflichtungen aus dem bisherigen Rechtsrahmen abgeschafft werden sollten („rolling back regulation")[504]. Darin kam die grundlegende Überzeugung der Kommission zum Ausdruck, dass die bisherigen regulatorischen Maßnahmen vor allem auf einen gerade erst entstehenden Wettbewerb in den Telekommunikationsnetzen der Mitgliedsländer gerichtet war bzw. dieser

---

[498] Mitteilung der Kommission vom 10.11.1999: Entwicklung neuer Rahmenbedingungen für elektronische Kommunikationsinfrastrukturen und zugehörige Dienste, (im Folgenden : „Mitteilung, „Kommunikationsbericht 1999"), KOM (1999) 539.
[499] Immenga/ Kirchner, TKMR 2002, S. 340, 340.
[500] vgl. etwa Art. 31, „ONP- Sprachtelefonierichtlinie II", ABl. EG Nr. L 101 vom 01.04.1998, S. 24, 38; vgl. auch Huber/ v. Mayerhofen, MMR 1999, S. 593, 593.
[501] Kommission, Mitteilung „Kommunikationsbericht 1999", KOM (1999), 539, S. IV f.
[502] Immenga/ Kirchner, TKMR 2002, S. 340, 340.
[503] vgl. Immenga/ Kirchner, TKMR 2002, S. 340, 240.
[504] Kommission, Mitteilung „Kommunikationsbericht 1999", KOM (99) 539, S. V; vgl. Geppert/ Ruhle/ Schuster (2), Rdnr. 48.

Wettbewerb erst ermöglicht werden sollte und man die Regulierung nun der Wettbewerbsentwicklung anpassen müsse[505]. Das Ziel der Kommission bestand darin, den bisherigen aus vielen einzelnen Richtlinien bestehenden Rechtsrahmen zu konsolidieren und zu vereinfachen, so dass eine sog. „Rahmenrichtlinie" und vier spezifische Richtlinien für die Bereiche Genehmigungen, Universaldienst, Zugang- und Zusammenschaltung sowie Datenschutz und Schutz der Privatsphäre im Telekommunikationssektor erlassen werden sollten. Hinzu kamen noch sog. „unverbindliche sektorspezifische Maßnahmen" etwa in Form von Empfehlungen, Leitlinien oder Verhaltensregeln sowie das allgemeine Wettbewerbsrecht. Sie sollten die Richtlinien ergänzen[506]. Nach der Veröffentlichung der Vorschläge der Kommission im November 1999 erfolgte eine umfassende öffentliche Konsultation deren Auswertung die Kommission Ende April 2000 in einer Mitteilung zusammen mit Leitlinien für den „Neuen Rechtsrahmen" veröffentlichte[507]. Auf die Veröffentlichung mehrerer Richtlinienentwürfe im Sommer 2000 erfolgte nach umfassender Beratung im Jahre 2002 die Verabschiedung eines „Richtlinienpakets" aus insgesamt sechs Richtlinien[508], das von einer Entscheidung[509] flankiert wurde. In den weiteren Umkreis, des durch diese Rechtsakte geschaffenen „Neuen

---

[505] vgl. Huber/ v. Mayerhofen, MMR 1999, S. 593, 594.
[506] Kommission, Mitteilung „Kommunikationsbericht 1999", KOM (99) 539, S.4, 17ff und 21f.
[507] Mitteilung der Kommission, „Die Ergebnisse der öffentlichen Anhörung zum Kommunikationsbericht 1999 und Leitlinien für den neuen Rechtsrahmen" (im Folgenden: Mitteilung „Ergebnisse 1999"), KOM (97) 239 endg..
[508] Richtlinie 2002/19/EG des Europäischen Parlaments und des Rates vom 07.03.2002 über den Zugang zu elektronischen Kommunikationsnetzen und zugehörigen Einrichtungen sowie deren Zusammenschaltung (**Zugangsrichtlinie**), ABl. EG Nr. L vom 24.04.2002, S. 7ff; Richtlinie 2002/20/EG des Europäischen Parlaments und des Rates vom 07.03.2002 über die Genehmigung elektronischer Kommunikationsnetze und- dienste (**Genehmigungsrichtlinie**), ABl. EG Nr. L 108 vom 24.04.2002, S. 21ff; Richtlinie 2202/21/EG des Europäischen Parlaments und des Rates vom 07.03.2002 über den gemeinsamen Rechtsrahmen für elektronische Kommunikationsnetze und –dienste (**Rahmenrichtlinie**), ABl. EG Nr. 108 vom 24.04.2002, S.33ff; Richtlinie 2002/22/EG des Europäischen Parlaments und des Rates vom 07.03.2002 über den Universaldienst und Nutzerrechte bei elektronischen Kommunikationsnetzen und -diensten (**Universaldienstrichtlinie**) , ABl. EG Nr. L 108 vom 24.4.2002, S. 51ff; Richtlinie 2002/77/EG der Kommission vom 16.09.2002 über den Wettbewerb auf den Märkten für elektronische Kommunikationsnetze und –dienste (im Folgenden: „**Neue Wettbewerbsrichtlinie**"), ABl. EG Nr. L 249 vom 17.09.2002, S.21ff; Richtlinie 2002/48/EG des Europäischen Parlaments und des Rates vom 12.07.2002 über die Verarbeitung personenbezogener Daten und den Schutz der Privatsphäre in der elektronischen Kommunikation (**Datenschutzrichtlinie für elektronische Kommunikation**).
[509] Entscheidung Nr. 676/2002/EG des Europäischen Parlaments und des Rates vom 07.03.2002 über den Rechtsrahmen für die Frequenzpolitik in der europäischen Gemeinschaft (**Frequenzentscheidung**). ABl. EG Nr. L 108 vom 24.04.2002, S. 1ff.

Rechtsrahmens" ist auch die sog. "Entbündelungsverordnung"[510] aus dem Jahre 2000 einzuordnen, die bereits seit dem 02.01.2001 in Kraft ist.

Die neuen Rechtsvorschriften sollen den bisher geltenden Rechtsrahmen ablösen und ein Regulierungskonzept einführen, dass der Veränderung der Wettbewerbsverhältnisse in den Telekommunikationsmärkten auf europäischer Ebene seit der Einführung der Liberalisierungs- und Harmonisierungsmaßnahmen Rechnung trägt[511]. Dementsprechend sieht Art. 26 der „Rahmenrichtlinie" gemäß Art. 28 I Unterabsatz 2 zum 25.07.2003 die Aufhebung von insgesamt acht Rechtsvorschriften[512], also insgesamt eines großen Teils derjenigen Richtlinien, die den bisher gültigen Rechtsrahmen gebildet haben, vor. Die „Diensterichtlinie" (90/388/EWG) wurde zudem durch die „Richtlinie 2002/77/EG[513] konsolidiert und überarbeitet[514]. Zwei signifikante Ziele der Rechtsvorschriften des „Neuen Rechtsrahmens" und insbesondere der Rahmenrichtlinie werden überblicksartig herausgearbeitet. Zudem wird das Konzept der beträchtlichen Marktmacht unter dem Regime des „Neuen Rechtsrahmens" näher untersucht.

aa. Größere Flexibilisierung der sektorspezifischen Regulierung durch neues „SMP-Konzept"

Es werden neue Regelungen eingeführt nach denen zu beurteilen ist, ob einem marktmächtigen Unternehmen Vorabverpflichtungen zum Schutz von Konkurrenten oder Kunden auferlegt werden sollen, um so die Entwicklung eines funktionierenden wettbewerbsorientierten Marktes zu gewährleisten[515]. Die bisherige Definition des Kriteriums der „beträchtlichen Marktmacht", wird als zu starr und nicht mehr zeitgemäß angesehen und

---

[510] Verordnung (EG) Nr. 2887/2000 des Europäischen Parlaments und des Rates vom 18.12.2000 über den entbündelten Zugang zum Teilnehmeranschluss (im Folgenden: **„Entbündelungsverordnung"**), ABl. EG Nr. L 336 vom 30.12.2000 S.4ff.
[511] vgl. Immenga/ Kirchner, TKMR 2002, S. 340, 341.
[512] u.a. Richtlinie 90/387/EWG („ONP-Rahmenrichtlinie"), Richtlinie 92/44/EWG („ONP-Mietleitungsrichtlinie"), Richtlinie 97/13/EG („ONP- Genehmigungsrichtlinie"), Richtlinie 97/33/EG („ONP-Zusammenschaltungsrichtlinie") und Richtlinie 98/10/EG („ONP-Sprachtelefondienstrichtlinie II").
[513] ABl. EG Nr. L 249 vom 17.09.2002, S.21ff.
[514] vgl. Erwägungsgrund 1,2 und 17 sowie Art.17 „Neue Wettbewerbsrichtlinie"; vgl. Schütz/Attendorn, Beilage- MMR 4/2002, S. 1, 4). Diese später als die anderen Richtlinien erlassene Rechtsvorschrift, passt im Wesentlichen lediglich bereits existierende Vorschriften an die neuen Rahmenbedingungen an (vgl Immenga/ Kirchner, TKMR 2002 S. 340, 34) und wird aufgrund dessen hier nicht weiter behandelt.
[515] vgl. Erwägungsgrund 25, „Rahmenrichtlinie".

soll durch ein Konzept, das auf der Definition der marktbeherrschenden Stellung entsprechend der Rechtsprechung des EuGH und des Gerichts erster Instanz beruht, ersetzt werden[516]. Das bisherige eher unflexible Verfahren zur Ermittlung des Vorliegens der „beträchtlichen Marktmacht" und der sich daran anschließenden Konsequenzen wurden also abgelöst und durch neue Regelungen, die ein Zusammenspiel der nationalen Regulierungsbehörden und der EU-Kommission vorsehen, ersetzt[517]. Dabei werden die Vorgaben der Richtlinien durch (die oben bereits erwähnten, vgl. D.V.1.) Leitlinien und Empfehlungen ergänzt.

bb. Verstärkte Einbindung der EU-Kommission in nationale Regulierungsverfahren

Die EU-Kommission erhält durch den „Neuen Rechtsrahmen" in vielen Bereichen ein Mitspracherecht bzw. Einfluss auf die Entscheidungen der nationalen Regulierungsbehörden[518]. Ein Beispiel für diese Entwicklung stellt das soeben angesprochene Verfahren zur Feststellung des Vorliegens von „beträchtlicher Marktmacht" und der daraus folgenden Maßnahmen dar. So kann die nationale Regulierungsbehörde beispielsweise im Rahmen des Marktdefinitionsverfahrens nach Art. 15 „Rahmenrichtlinie" nur nach Zustimmung der Kommission von den europarechtlichen, ihrer Natur nach eigentlich unverbindlichen, Vorgaben in Form von Empfehlungen und Leitlinien abweichen (Art. 15 III S.2 i.V.m. Art. 7 IV Unterabsatz 3 „Rahmenrichtlinie").

cc. „Beträchtliche Marktmacht" (SMP) im „Neuen Rechtsrahmen"

Das Konzept der „beträchtlichen Marktmacht" (SMP) erfuhr durch den „Neuen Rechtsrahmen" eine grundlegende Veränderung. Es wird ein kursorischer Überblick über die Neuerungen und die dadurch bedingten Änderungen im TKG gegeben werden.

(1) Zweck und Grundkonzeption des neuen „SMP-Konzepts"

Im Vorgriff auf die Vorschriften, die im Folgenden erläutert werden, sollen die Gründe für die Neuregelung dieses „SMP-Konzepts" dargestellt

---

[516] vgl. Erwägungsgrund 25; „Rahmenrichtlinie".
[517] vgl. Erwägungsgrund 27, „Rahmenrichtlinie"; vgl. auch Art. 14 , 15, „Rahmenrichtlinie"; vgl. dazu im Einzelnen unter E.V.1.a.cc.(2).
[518] vgl. Art. 1 I S.2, „Rahmenrichtlinie".

werden. Das Kriterium der „beträchtlichen Marktmacht" wird im „Neuen Rechtsrahmen" für die Anwendung von sektorspezifischen Regulierungsmaßnahmen (z.B. Vorabregulierung) beibehalten[519]. Es besteht also weiterhin ein „asymmetrischer Regulierungsansatz"[520], so dass der Übergang von der ehemals „staatlichen Monopolregulierung" zum Einen allein dem allgemeinen Wettbewerbsrecht unterliegenden Wirtschaftsbereich im Hinblick auf die Telekommunikation durch den „Neuen Rechtsrahmen" noch nicht vollzogen wurde[521]. Damit wird dem Umstand Rechnung getragen, dass auf vielen Telekommunikationsmärkten noch kein sich selbst tragender (hinreichender) also funktionsfähiger Wettbewerb besteht und dieser sich allein durch das allgemeine Wettbewerbsrecht, das z.B. keine Vorabregulierungsmaßnahmen kennt, auch nicht würde entwickeln können[522].

Der Begriff der „beträchtlichen Marktmacht" wurde aber inhaltlich verändert und das Verfahren zur Beurteilung, ob ein Unternehmen auf einem Markt über „beträchtliche Marktmacht" verfügt, erfuhr ebenfalls eine grundlegende Änderung[523]. Es wird zu zeigen sein, dass der Begriff der „beträchtlichen Marktmacht" durch seine neue Definition (vgl. Erwägungsgrund 25 und Art. 14 II „Rahmenrichtlinie"), sehr stark an die Rechtsprechung des EuGH und des Gerichts erster Instanz zur „marktbeherrschenden Stellung" nach Art. 82 EG angenähert[524] wird. Durch die Heranführung des sektorspezifischen Wettbewerbsrechts in Form des „SMP-Konzepts" an die Rechtsprechung der obersten Gerichte der Gemeinschaft erfolgte bis zu einem gewissen Grade bereits eine Annäherung des sektorspezifischen Rechts an das allgemeine Wettbewerbsrecht[525], so dass zukünftig eine Rückführung der sektorspezifischen Regulierung einfacher gelingen wird. Wie im Folgenden erläutert wird, erfolgt durch die Abkehr

---

[519] vgl. „Transparenzverpflichtung", Art. 9 „Zugangsrichtlinie"; „Entgeltkonrolle", Art. 13, „Zugangsrichtlinie" und Art. 17 „Universaldienstrichtlinie"; Bereitstellung eines Mindestangebotes an Mietleitungen" Art. 18 „Universaldienstrichtlinie.
[520] vgl. diesbezüglich Regelungen europarechtlichen Ursprungs im TKG unter D.IV.3.b)aa).
[521] vgl. Klotz, K& R, Beilage 1/ 2003, S. 3, 4.
[522] vgl. Klotz, K& R, Beilage 1/ 2003, S. 3, 4; siehe auch BMWi, „Eckpunkte Telekommunikation", S. 3f (abrufbar unter: http://www.vatm.de/images/dokumente/eckpunkte_bmwi.pdf (abgerufen am: 31.01.2003).
[523] vgl. Erwägungsgrund 25 und 27 sowie Art. 14 –16 „Rahmenrichtlinie"; Beide Punkte werden sogleich näher erläutert.
[524] vgl. Erwägungsgrund 25 „Rahmenrichtlinie".
[525] Klotz, K&R, Beilage 1/2003; S. 3, 5; siehe auch Kommission, Mitteilung „Ergebnisse 1999", S.1, 25.

vom bisher gültigen Konzept der Ermittlung der „beträchtlichen Marktmacht", das die 25%-Vermutungsregel einschloss, und die Anlehnung des Begriffes an die „marktbeherrschende Stellung" nach Art. 82 EG, sowie die neue Definition der zu untersuchenden Märkte, eine flexiblere Gestaltung des „SMP-Konzepts"[526]. Erweitert wird die Flexibilität der Regelungen des neuen „SMP-Konzepts" dadurch, dass den nationalen Regulierungsbehörden zukünftig die Anwendung des Regulierungsrechts auf nationaler Ebene obliegt, sie somit grundsätzlich sowohl über die das Vorliegen der Voraussetzungen einer Vorabregulierung (ex-ante-Regulierung") als auch über die im Einzelfall geeigneten und angemessenen Rechtsfolgen zu entscheiden haben und ihnen vor allem bei letzteren ein weiter Ermessensspielraum gewährt wird[527].

(2) Materiellrechtliche und verfahrensrechtliche Aspekte des neuen „SMP-Konzepts"

Die Bestimmung der „beträchtlichen Marktmacht" eines Unternehmens richtet sich nach den Art. 14 –16 „Rahmenrichtlinie". Art. 16 II bestimmt dabei die Fälle in denen das Vorliegen einer „beträchtlichen Marktmacht" von den nationalen Regulierungsbehörden zu überprüfen sein kann[528]. Dazu ist zunächst der relevante Markt festzulegen, in dem das Unternehmen marktmächtig sein könnte. Zu berücksichtigen ist dabei, dass die Kommission nach Art. 15 I Unterabsatz 1 „Rahmenrichtlinie" eine Empfehlung in Bezug auf relevante Produkt- und Dienstemärkte abgibt[529], in der diejenigen Märkte aufgeführt werden sollen die eine ex-ante Regulierung „rechtfertigen können". Diese Empfehlung soll regelmäßig überprüft werden (Art. 15 I Unterabsatz 2). Zusätzlich veröffentlicht die Kommission nach Art. 15 II auch „Leitlinien zur Marktanalyse und zur Bewertung beträchtlicher Marktmacht[530]". Die nationalen Regulierungsbehörden sollen bei der

---

[526] vgl. Schütz/Attendorn , MMR-Beilage 4/2002, S.1,5.
[527] siehe schon jetzt: Art. 15IV, „Rahmenrichtlinie"; Art. 9 I,"Zugangsrichtlinie"; Art. 17 I, 3. Unterabsatz, „Universaldienstrichtlinie" Klotz, K&R-Beilage 1/2003, S. 3, 5.
[528] Dies betrifft z.B. Art. 16-19 der „Universaldienstrichtlinie".
[529] Empfehlung der Kommission vom 11.03.2003 über relevante Produkt- und Dienstmärkte des elektronischen Kommunikationssektors, die aufgrund der Richtlinie 2002/21/EG des Europäischen Parlaments und des Rates über eine gemeinsamen Rechtsrahmen für elektronische Kommunikationsnetze und –dienste für eine Vorabregulierung in Betracht kommen (im Folgenden: Kommission, Empfehlung – Märkte), ABl. EG Nr. L 111 vom 08.05.2003, S. 45ff.
[530] Leitlinien der Kommission zur Marktanalyse und Ermittlung beträchtlicher Marktmacht nach dem gemeinsamen Rechtsrahmen für elektronische Kommunikationsnetze und Dienste, ABl. EG Nr. C 165 vom 11.07.2002, S.6ff (im Folgenden: Kommission „Leitlinien –Marktanalyse") .

Festlegung der relevanten Märkte auf nationaler Ebene diese „Empfehlung" und die „Leitlinien - Marktanalyse" der Kommission „weitestgehend berücksichtigen" (Art. 15 III S.1, „Rahmenrichtlinie"). Durch diese Formulierung wird zwar deutlich, dass weder Empfehlung noch Leitlinien rechtlich verbindlich sind[531], rein faktisch werden sie aber trotzdem eine starke Bindungswirkung auf die Regulierungsbehörden ausüben, da sie im Ergebnis gegen den Willen der Kommission nicht davon abweichen können werden. Falls eine Regulierungsbehörde auf nationaler Ebene einen Markt definieren bzw. festlegen will, der von der „Empfehlung" abweicht hat sie zunächst das Konsultationsverfahren nach Art. 6 „Rahmenrichtlinie" durchzuführen, im Rahmen dessen allen interessierten Parteien Gelegenheit zur Stellungnahme gegeben werden muss. Zudem ist auch das Verfahren nach Art.7 III „Rahmenrichtlinie" einzuleiten, so dass die Kommission und die anderen Regulierungsbehörden von der beabsichtigten Maßnahme erfahren. Falls die Kommission der Ansicht ist, dass die Festlegung des betreffenden Marktes ein Handelshemmnis zwischen den Mitgliedsstaaten bilden könnte oder sie „ernsthafte Zweifel an der Vereinbarkeit mit dem Gemeinschaftrecht" hat, kann sie die nationale Regulierungsbehörde auffordern den Entwurf der Maßnahme zurückzuziehen (Art. 7 IV a)). Dieses Recht wird als Vetorecht der Kommission verstanden, so dass sich die nationalen Regulierungsbehörden danach richten müssen[532]. Sobald der relevante Markt feststeht, ist er daraufhin zu analysieren, ob auf ihm ein „wirksamer Wettbewerb" besteht. Von diesem Kriterium ist nach Art. 16 II „Rahmenrichtlinie" die Auferlegung, Beibehaltung, Änderung oder gegebenenfalls auch Rücknahme von Vorabverpflichtungen durch die nationalen Regulierungsbehörden abhängig. Die Marktanalyse erfolgt wiederum unter „weitestgehender" Berücksichtigung" der „Leitlinien" der Kommission. Wenn die Regulierungsbehörde feststellt, dass auf dem Markt „wirksamer Wettbewerb besteht, so legt sie den dort tätigen Unternehmen keine ex-ante-Verpflichtungen, die an das Kriterium der „beträchtlichen Marktmacht" anknüpfen, auf und hebt gegebenenfalls solche bestehenden Verpflichtungen auf (Art. 16 III, S.1, 2). Falls die Regulierungsbehörde hingegen zu der Auffassung gelangt, dass kein „wirksamer Wettbewerb" auf dem untersuchten Markt besteht, hat sie zunächst gemäß Art. 16 IV „Rahmenrichtlinie" das oder die Unternehmen mit beträchtlicher Marktmacht zu ermitteln. Faktisch wird es sich dabei um ein und densel-

---

[531] vgl. Art. 249 V EG; siehe auch : Scherer, K&R 2002, S. 273, 285.
[532] vgl. Schütz/ Attendorn, MMR-Beilage 4/2002, S. 1, 14; Scherer, K&R 2002, S. 273, 284.

ben Vorgang handeln, denn wenn die Regulierungsbehörde zum Schluss kommt, dass kein „wirksamer Wettbewerb" auf dem relevanten Markt gegeben ist, dann deshalb, weil es auf diesem Markt ein oder mehrere Unternehmen mit „beträchtlicher Marktmacht" gibt[533]. Abgrenzungskriterien sind nicht ersichtlich. Nach Art. 14 II derselben Richtlinie verfügt ein Unternehmen dann über beträchtliche Marktmacht, „wenn es entweder allein oder gemeinsam mit anderen eine der Beherrschung gleichkommende Stellung einnimmt, d.h. eine wirtschaftlich starke Stellung, die es ihm gestattet, sich in beträchtlichem Umfang unabhängig von Wettbewerbern, Kunden und letztlich Verbrauchern zu verhalten". Diese Legaldefinition ist eng an die Rechtsprechung des EuGH zur „marktbeherrschenden Stellung" nach Art. 82 EG angelehnt[534]. Im Gegensatz zum Wettbewerbsrecht ist allerdings eine ex-ante Einschätzung erforderlich, die auf Hypothesen und Annahmen beruht[535]. Die „Leitlinien - Marktanalyse" bestimmen den weiteren Inhalt des „SMP-Konzepts"[536] Wesentliche Kriterien zur Ermittlung der Marktmacht eines Unternehmen sind neben den Marktanteilen etwa die „Gesamtgröße eines Unternehmens", die „Kontrolle über nicht leicht ersetzbare Infrastruktur" oder das „Fehlen von potentiellem Wettbewerb"[537]. Hinsichtlich des Marktanteils eines Unternehmens als Marktmachtindikator soll gelten, dass bei 25% Marktanteil noch nicht von einer marktbeherrschenden Stellung eines Unternehmens ausgegangen werden kann[538]. In Anlehung an die Rechtsprechung kann das Vorliegen einer marktbeherrschenden Stellung ab einem Marktanteil von 40% angenommen werden, es handelt sich also um ein Indiz für eine solche starke Marktstellung[539], das in Kombination mit den soeben beispielhaft erwähnten „öko-

---

[533] Kommission, „Leitlinien - Marktanalyse", KOM (2001, 175, S. 21 Rdnr. 112; vgl. Krüger, K&R-Beilage 01/2003, S. 9, 9.
[534] EuGH Rs.27/76. „United Brands/Kommission", Slg. 1978, S.207, 286, Rz. 63-66; vgl. Kommission, „Leitlinien – Marktanalyse", ABl. EG Nr. C 165 vom 11.07.2002; S.6, 14f Rdnr. 70.
[535] Kommission, „Leitlinien – Marktanalyse", ABl. EG Nr. C 165 vom 11.07.2002, S.6, 14 Rdnr. 70f.
[536] Kommission, „Leitlinien – Marktanalyse", ABl. EG Nr. C 165 vom 11.07.2002, S.6, 14f, Rz. 70ff.
[537] Kommission, „Leitlinien – Marktanalyse", ABl. EG Nr. C 165 vom 11.07.2002, S.6, 16, Rdnr.78.
[538] Kommission, „Leitlinie – Marktanalyse", ABl. EG Nr. C 165 vom 11.07.2002, S.6, 15 Rdnr. 75.
[539] vgl. EuGH Rs.27/76. „United Brands/Kommission", Slg. 1978, S.207, 290, Rz. 3 und 108 - 110; vgl. Kommission, „Leitlinien – Marktanalyse", ABl. EG Nr. C 165 vom 11.07.2002, S. 21, Rdnr. 67.

nomischen Faktoren"⁵⁴⁰ zur Annahme einer „marktbeherrschenden Stellung führen kann⁵⁴¹. Marktanteile von über 50% können hingegen „ohne weiteres" abgesehen von außergewöhnlichen Umständen als ein „Beweis für das Vorliegen einer marktbeherrschenden Stellung" angesehen werden⁵⁴². Beträchtliche Marktmacht kann einem Unternehmen mit so hohem Marktanteil aber nur zukommen, wenn dieser Marktanteil über längere Zeit stabil geblieben ist⁵⁴³. Falls eine Regulierungsbehörde „beträchtliche Marktmacht" allerdings entgegen den „Leitlinien - Marktanalyse" der Kommission für ein oder mehrere Unternehmen annehmen will, so gilt wiederum das Verfahren nach Art. 6 und 7, an deren Ende ein Vetorecht der Kommission stehen kann. (Art. 16 VI i.V.m. Art. 6, 7 „Rahmenrichtlinie"). Wenn also kein wirksamer Wettbewerb auf dem untersuchten Markt vorliegt und ein marktbeherrschendes Unternehmen identifiziert ist, dem „beträchtliche Marktmacht" auf diesem Markt zukommt, legt die Regulierungsbehörde dem Unternehmen nach Art. 16 IV „Rahmenrichtlinie" geeignete spezifische Verpflichtungen gemäß Art. 16 II dieser Richtlinie auf bzw. ändert die Verpflichtungen oder behält sie bei. Art. 16 II verweist auf die verschiedenen Artikel des „Richtlinienpakets" (Art. 16 –19 „Universaldienstrichtlinie" und Art. 7 – 8 „Zugangsrichtlinie") bei denen das Vorliegen von „beträchtlicher Marktmacht" der Anknüpfungspunkt für verschiedene Regulierungsmaßnahmen ist. Der Regulierungsbehörde ist dabei ein weites (Auswahl)-ermessen dahingehend eingeräumt, welche konkreten Maßnahmen sie auferlegen oder verändern will⁵⁴⁴. In den einzelnen Vorschriften obliegt ihr etwa „im erforderlichen Umfang die in den Artikeln 9-13 [...] genannten Verpflichtungen" aufzulegen (Art. 8 II „Zugangsrichtlinie"). Nach Art. 9 I „Zugangsrichtlinie" kann die Regulierungsbe-

---

⁵⁴⁰ Krüger, K&R -Beilage 01/2003, S. 9, 14.
⁵⁴¹ Kommission, „Leitlinien – Marktanalyse", ABl. EG Nr. C 165 vom 11.07.2002, S.6, 15 Rdnr. 75; vgl. Krüger, K&R -Beilage 01/2003, S. 9, 14.
⁵⁴² Kommission, „Leitlinien – Marktanalyse", ABl. EG Nr. C 165 vom 11.07.2002, S.6, 15 Rdnr. 72; vgl. EuGH Rs. 82/86, AKZO/ Kommission. Slg. 1991, I- S. 3359, 3453, Rz. 60.
⁵⁴³ EuGH Rs, 82/86, Akzo/ Kommission, Slg. 1991, I -S. 3359, 3451f, Rz.. 56 und 59. Ein solcher Zeitraum wird bei dynamischen Märkten, die einem raschen technischen Wandel unterliegen, zumindest 3 Jahre betragen müssen, um das Vorliegen einer marktbeherrschenden Stellung annehmen zu können (vgl. Arbeitsdokument der Kommission vom 28.03.2001 zu den künftigen Rechtsrahmen für elektronische Kommunikationsnetze und -dienste - Entwurf von Leitlinien zur Marktanalyse und Ermittlung beträchtlicher Marktmacht nach Artikel 14 des Vorschlags für eine Richtlinie über einen gemeinsamen Rechtsrahmen für elektronische Kommunikationsnetze und –dienste In: KOM (2001) 175 S. 20f Rz. 67, Fn 61 (zitiert: Mitteilung Leitlinien – Marktanalyse (Entwurf)).
⁵⁴⁴ Scherer, K& R 2002, S. 273, 286; Schütz/ Attendorn, MMR-Beilage 4/2002, S.1, 5 und 15; Klotz, K&R-Beilage 01/2003, S. 3,5.

hörde beispielsweise Netzbetreibern Verpflichtungen zur Transparenz auferlegen. Gemäß Art. 17 I „Universaldienstrichtlinie" kann die Regulierungsbehörde Unternehmen mit beträchtlicher Marktmacht „geeignete regulatorische Maßnahmen" bzgl. der Regulierung der Entgelte zum Schutz der Endnutzer auferlegen. Somit obliegt der Regulierungsbehörde in weiten Teilen „die konkrete Anwendung der Instrumente" zur Regulierung, während die Spielräume des nationalen Gesetzgebers hinsichtlich der „Festlegung des regulatorischen Instrumentenkastens" verringert werden[545]. Die zudem erfolgte Marktabgrenzung geschieht nicht mehr anhand von vorher bereits in den Richtlinien festgelegten Märkten (z.B. Sprachtelefonie im Festnetz, Mietleitungen, Zusammenschaltung), sondern nach ökonomischen Gesichtspunkten, die auch im allgemeinen Wettbewerbsrecht verwendet werden[546]. Somit geschieht die Abgrenzung flexibler als im bisherigen Rechtsrahmen und eine Rückführung der Regulierung durch die Regulierungsbehörden wird im Einzelfall eher möglich sein[547]. Auch die Untersuchung der „beträchtlichen Marktmacht" erfolgt wesentlich stärker in Anlehung an das allgemeine Wettbewerbsrecht unter Verwendung eines höheren Aufgreifkriteriums von 40% sowie anderer ökonomischer Faktoren. Das neue „SMP-Konzept ist also insgesamt flexibler, erlaubt eine bessere Anpassung an sich ändernden Wettbewerbsverhältnisse und vereinfacht eine in Zukunft gegebenenfalls mögliche Rückführung der sektorspezifischen Regulierung auf das allgemeine Wettbewerbsrecht.

(3) Umsetzungsbedarf bzgl. des TKG (1996) bedingt durch das neue „SMP-Konzept"

Zunächst ist auf die Umsetzung des Begriffes der „beträchtlichen Marktmacht" abzustellen. Es wurde oben festgestellt (vgl. unter D.IV.4.a.cc.), dass die Umsetzung des Begriffes der „beträchtlichen Marktmacht" mit den europarechtlichen Vorgaben vereinbar ist. Zukünftig beträgt das Aufgreifkriterium auf europäischer Ebene" aber statt 25% mindestens 40% und auch in einem solchen Fall müssten noch weitere Kriterien für die Marktbeherrschung eines Unternehmens sprechen, um von einer marktbeherrschenden Stellung ausgehen zu können.

---

[545] BMWi; „Eckpunkte Telekommunikation", S.4.
[546] vgl. Kommission, „Leitlinien – Marktanalyse" ABl. EG Nr. C 165 vom 11.07.2002, S.6, 10ff, Rdnr. 33ff; vgl. Klotz, MMR-Beilage 1/2003, S.3, 6 .
[547] Klotz, MMR-Beilage 1/2003, S.3, 6.

Eine Beibehaltung der bisherigen Regelung bzgl. des 25%-Kriteriums würde dazu führen, dass die deutsche Regelung strenger wäre, als die europäische Vorgabe. Nach Art. 95 IV – VII i.V.m. Art. 30 EG n.f ist die Beibehaltung weitergehender strikterer nationaler Regelungen über die Vorgaben nach Art. 95 EG verabschiedeten Richtlinie hinaus, wie der hier relevanten „Rahmenrichtlinie", unter engen Voraussetzungen grundsätzlich möglich, aber entsprechend Art.95 IV i.V.m. Art. 30 EG n.f von der Bundesrepublik besonders zu begründen[548]. Problematisch daran ist zum Einen, dass es schwerlich verständlich bzw. möglich scheint, warum Deutschland, als ein Mitgliedsstaat, der sich lange beharrlich geweigert hat, von der im Vergleich zu den europäischen Vorschriften weniger strikten 33%-Vermutungsregel im nationalen Recht abzuweichen, plötzlich gewichtige Gründe i.S.v. Art. 30 EG n.F. vortragen kann, die es rechtfertigen, eine wesentlich strengere Regel als auf europäischer Ebene vorgesehen, beizubehalten. Zudem ist auch grundsätzlich davon auszugehen, dass die Europäische Kommission gerade in Bezug auf die Neuregelung des „SMP-Konzepts" Abweichungen, wenn überhaupt nur in sehr seltenen Ausnahmefällen zulassen wird, so dass ihre Bemühungen der Annäherung des sektorspezifischen an das allgemeine Wettbewerbsrecht „leerlaufen" würden, falls viele Staaten Sonderregelungen behielten. Außerdem erscheint es fraglich, ob eine strengere deutsche Regelung für ausländische Dienstleister unter Berufung auf die „Rahmenrichtlinie" überhaupt anwendbar wäre, so dass im Ergebnis die strengeren Regelungen möglicherweise nur für deutsche Anbieter gelten würden. Abgesehen davon, dass es problematisch erscheint, ob eine deutsche Sonderregel überhaupt wirtschaftspolitisch sinnvoll ist, kann eine Diskriminierung inländischer Dienstleister im Verhältnis zu EG-Ausländern nicht gewollt sein. Somit muss die deutsche Regelung des Konzeptes der „beträchtlichen Marktmacht" im Zuge der Umsetzung des „Neuen Rechtsrahmens" hinsichtlich der Vermutungsregeln geändert werden. Ansonsten entspricht die Legaldefinition der „marktbeherrschenden Stellung" in § 19 II GWB dem Begriff der „beträchtlichen Marktmacht" nach Art. 15 II „Rahmenrichtlinie".

Es müssen zudem auf nationaler Ebene Verfahren zur Marktdefinition und -analyse sowie zur anschließenden Festlegung, Änderung oder Aufhebung von Vorabverpflichtungen geschaffen werden. Zu berücksichtigen ist dabei unter anderem, dass aufgrund der Verfahrenskomplexität durch die

---

[548] Geiger Art. 95 Rdnr. 2, 11ff.

Vielzahl der Beteiligten (Anhörung interessierter Beteiligter, Entscheidung der RegTP unter Einbeziehung der Kommission und u.U. auch der anderen nationalen Regulierungsbehörden (Art. 6,7 „Rahmenrichtlinie")) die Vorgaben von bindenden Fristen für die einzelnen Verfahrensschritte geboten scheint, um ansonsten drohende Verfahrensverzögerungen zu verhindern[549]. Zudem wäre es wünschenswert in Anlehung an die Überprüfung der Empfehlung zur Marktdefinition der Kommission[550] nach Art. 15 I Unterabsatz 2 „Rahmenrichtlinie" die festgelegten Märkte auf nationaler Ebene und in dem Zusammenhang auch die Berechtigung der auferlegten Vorabverpflichtungen regelmäßig zu überprüfen und diese Intervalle möglichst verbindlich im Gesetz festzulegen, um keine Rechtsunsicherheit gerade in der ersten Phase der Gewöhnung an das neue Recht aufkommen zu lassen[551].

b. Wesentliche Neuerungen des TKG 2004

Das TKG 2004 beinhaltet auch weiterhin einen asymmetrischen Regulierungsansatz, so dass eine sektorspezifische Sonderregulierung für marktbeherrschende Anbieter vorgesehen ist. Im zweiten Teil des Gesetzes (§§ 9 -43 TKG (2004)) sind verschiedene Verpflichtungen beispielsweise bzgl. der Entgelte, Mietleitungen oder einer Besonderen Missbrauchsaufsicht vorgesehen, deren Adressaten nur Inhaber beträchtlicher Marktmacht sein können. Zu beachten ist aber dass, anders als noch unter dem Regime des TKG 1996, keine zwingende Sonderregulicrung für alle Telekommunikationsmärkte ex-ante festgelegt ist, sondern nach der Novellierung eine Differenzierung zwischen verschiedenen Telekommunikationsmärkten im Gesetz vorgesehen ist, um schrittweise einen Abbau der sektorspezifischen Regulierung zu erreichen bzw. das allgemeine Wettbewerbsrecht auch im Telekommunikationssektor anzuwenden[552]. Gemäß § 9 I TKG finden die Normen des zweiten Teils des TKG 2004 auf einen bestimmten Markt nur dann Anwendung, wenn die BNetzAG als Regulierungsbehörde die sektorspezifische Regulierung für erforderlich hält, weil kein wirksamer Wettbewerb besteht. Dazu ist es erforderlich, dass zumindest ein Anbieter mit beträchtlicher Marktmacht im Sinne von § 11 TKG existiert, dem dann

---

[549] Schütz/Attendorn, Beilage-MMR 4/2002, S.1, 32; vgl. Beese/ Merkt, MMR 2000, S. 532, 534.
[550] Kommission, Empfehlung – Märkte, ABl. EG Nr. L 111 vom 08.05.2003, S. 45ff.
[551] vgl. Schütz/ Attendorn, MMR-Beilage 04/2002, S.1, 32.
[552] Holznagel/ Enaux/ Nienhaus (2), S. 40 Rdnr. 95.

entsprechen der jeweiligen Marktgegebenheiten einzelne Vorabverpflichtungen seitens der Regulierungsbehörde auferlegt werden können (§ 9 II TKG). Falls hingegen wirksamer Wettbewerb auf einem Markt besteht, findet die allgemeine wettbewerbsrechtliche Zugangs- und Missbrauchsaufsicht des GWB Anwendung[553], die keine ex-ante, sondern nur ex-post Maßnahmen ermöglicht.

Das oben bereits erläuterte, neue, europarechtliche vorgeschriebene Verfahren (vgl. D.V.1.a.cc. (2)) zur Marktdefinition und -analyse und damit zur Überprüfung des Vorliegens von beträchtlicher Marktmacht eines Anbieters ist neben § 9 TKG (2004) im Wesentlichen in den §§ 10 -15 TKG (2004) geregelt.

Daneben besteht unter dem TKG 2004 keine Lizenzpflicht mehr, sondern § 6 I S.1 TKG (2004) sieht nunmehr eine unverzügliche Meldepflicht vor. Es erfolgt unter dem neuen TKG der Wandel von Einzel- zum Allgemeingenehmigungsregime[554].

2. Vereinbarkeit des deutschem Umsetzungsgesetzes mit den europarechtlichen Vorgaben

Ähnlich wie bei dem TKG 1996 stellt sich auch bei einigen Vorschriften des TKG 2004 die Frage nach ihrer Europarechtskonformität. Dies soll anhand ausgewählter aktueller Problemkreise untersucht werden.

a. Unabhängigkeit der Bundesnetzagentur

Die Funktion der deutschen Regulierungsbehörde im Telekommunikationsbereich wird seit dem 13.07.2005 von der Bundesnetzagentur für Elektrizität, Gas, Telekommunikation, Post und Eisenbahnen (BNetzA)[555] wahrgenommen. Die Aufgaben und Befugnisse der Bundesnetzagentur ergeben sich im Einzelnen aus den jeweiligen tätigkeitsbezogenen Rechts-

---

[553] Bundesregierung, Begründung zu § 9 TKG BT-Drs. 15/2316, 60; vgl. auch § 2 III TKG (2004).
[554] Schuhmacher, S. 84.
[555] § 1 S.1 Gesetz über die Bundesnetzagentur für Elektrizität, Gas, Telekommunikation, Post und Eisenbahnen, verkündet als Art. 2. des Zeiten Gesetzes zur Neuregelung des Energiewirtschaftsrechts vom 07.07.2005 (BGBl. I, 2005, S. 1970, 209). Vgl. zur Umbenennung auch Abl. BNetzA 2005, 1178 (Allgemeines, Nr. 1/2005).

grundlagen (vgl. § 2 Bundesnetzagenturgesetz[556], § 116 TKG (2004)). So ist die BNetzA gemäß § 116 TKG (2004) Regulierungsbehörde im Sinne dieses Gesetzes und nimmt die ihr nach diesem Gesetz zugewiesenen Aufgaben und Befugnisse wahr.

Zum Teil wird die Ansicht vertreten, dass im Rahmen der Umsetzung des sogenannten „Neuen Rechtsrahmens", aufgrund der neuen Vorgabe in Art. 3 II „Rahmenrichtlinie" eine Stärkung der Unabhängigkeit der deutschen Regulierungsbehörde erforderlich sei, da ihr bisheriger Status nicht den Anforderungen der Rahmenrichtlinie genüge[557]. Bei einem Vergleich des Wortlauts von Art. 3 II „Rahmenrichtlinie"[558] mit Art. 5a II „ONP-Rahmenrichtlinie" in der Fassung der Richtlinie 97/57/EG[559] wird deutlich, dass in der neuen Vorschrift statt einer „rechtlichen Unterscheidung" eine „rechtlichen Unabhängigkeit" zwischen hoheitlich tätiger Regulierungsbehörde und am Markt tätigen Telekommunikationsunternehmen verlangt wird (Art. 3 II S.1 „Rahmenrichtlinie"[560]). Eine „wirksame strukturelle Trennung" zwischen hoheitlicher Funktion und Tätigkeiten im Zusammenhang mit Eigentum oder Kontrolle wird nach dem Wortlaut nicht mehr bei einer „wesentlichen Kontrolle" eines Staates über Anbieter am Telekommunikationsmarkt, sondern bereits bei einer „Kontrolle" über ein solches Unternehmen erforderlich (Art. 3 II S.2 „Rahmenrichtlinie"[561]).

Die BNetzA hat weiterhin den Status einer selbständigen Bundesoberbehörde, die dem Geschäftsbereich des Bundesministeriums für Wirtschaft und Arbeit zugeordnet (§ 1 S.2 Bundesnetzagenturgesetz[562])

Somit unterliegt sie dessen Rechts-, Dienst- und Fachaufsicht und es ist ebenso wie früher bei der RegTP keine Unabhängigkeit im Sinne eines sogenannten „minsterialfreien Raumes" gegeben. Zu beachten ist aber, dass § 117 TKG

---

[556] § 2 des Gesetzes über die Bundesnetzagentur für Elektrizität, Gas, Telekommunikation, Post und Eisenbahnen, verkündet als Art. 2. des Zeiten Gesetzes zur Neuregelung des Energiewirtschaftsrechts vom 07.07.2005, (BGBl. I, 2005, S. 1970,209f).
[557] Vgl. Schumacher, S. 51ff; Schütz/ Attendorn, MMR – Beilage 4/2002, S.1, 25 (Ohne Erläuterungen der Neuerungen in dieser Regelung im Verhältnis zum vorher geltenden Recht.).
[558] Art. 3 II, „Rahmenrichtlinie", ABl. EG Nr. L 108 vom 22.04.2002, S. 33, 39
[559] Art. 5a II „ONP-Rahmenrichtlinie" in der Fassung der Richtlinie 97/57/EG, ABl. EG Nr. L 295 vom 29.10.1997, S. 23, 28
[560] Art. 3 II S.1, „Rahmenrichtlinie", ABl. EG Nr. L 108 vom 22.04.2002, S. 33, 39.
[561] Art. 3 II S.2, „Rahmenrichtlinie", ABl. EG Nr. L 108 vom 22.04.2002, S. 33, 39.
[562] Gesetz über die Bundesnetzagentur für Elektrizität, Gas, Telekommunikation, Post und Eisenbahnen, verkündet als Art. 2. des Zeiten Gesetzes zur Neuregelung des Energiewirtschaftsrechts vom 07.07.2005 (BGBl. I, 2005, S. 1970, 210).

(2004) anders als § 66 V TKG (1996) keine Bezugnahme mehr auf „allgemeine" Weisungen enthält. Nach § 117 S.1 TKG (2004) sollen Weisungen überhaupt also jede Art von Weisungen (mit Ausnahme der, die unter § 117 S.2 TKG (2004) fallen) veröffentlich werden. Entsprechend der Begründung zum Gesetzentwurf[563] soll durch die Regelung klargestellt werden, dass die Veröffentlichungspflicht sowohl allgemeine als auch Einzelweisungen umfasst. Somit sind Einzelweisungen des Bundeswirtschaftsministeriums rechtlich grundsätzlich gegenüber der Regulierungsbehörde möglich. Entgegenstehende Literaturstimmen[564], die dies hinsichtlich des Verhältnisses zwischen BMWi und RegTP bezweifelten, sind somit überholt.

Nach Ansicht der Monopolkommission reicht die der Regulierungsbehörde durch das TKG 2004 eingeräumte (funktionelle) Unabhängigkeit somit nicht aus, um die europäischen Vorgaben zu erfüllen. Solange der Staat neben der hoheitlichen Tätigkeit der Regulierung auch noch Kontroll- und Anteilsrechte als Eigentümer eines Telekommunikationsunternehmens wahrnehme, müsse neben der reinen Privatisierung des Unternehmens Telekom eine funktionale Unabhängigkeit der Regulierungsbehörde gewährleistet sein, damit eine wirksame strukturelle Trennung von hoheitlicher Tätigkeit des Staates und dessen Eigentümerinteressen gewährleistet sein[565]. Anderenfalls sei nicht sichergestellt, dass die nach Art. 3 Abs. 3 sowie Erwägungsgrund 11 der Rahmenrichtlinie gebotene „Unparteilichkeit ihrer Beschlüsse" gewährleistet sei, da die Gefahr bestehe, dass fiskalische Interessen des Staates sich in konkreten Weisungen (Einzelweisungen) gegenüber der Behörde niederschlagen könnten[566].

Bereits unter D.IV.4.b.bb. wurde festgestellt, dass trotz möglicher Einzelweisungsbefugnis des übergeordneten Ministeriums gegenüber der Regulierungsbehörde, die europarechtlichen Anforderungen an die Unabhängigkeit der Behörde erfüllt werden.

---

[563] § 115 a.E., Bundesregierung, BT-Drs. 15/2316 vom 09.01.2004, S. 98.
[564] Vgl. Maunz/ Dürig- Lerche, Art. 87f Rdnr. 112; Gramlich, CR 1998, S. 463, 466; Müller-Trepitz, ZG 1997, S. 257, 271; Möschel, MMR –Beilage 3/1999, Seite 3, 5; BeckTKG/ Büchner u.a. – Kerkhoff, § 73 Rndr. 33.
[565] Monopolkommission, Sondergutachten 40, Rdnr. 48.
http://www.monopolkommission.de/sg_40/text_s40.pdf (abgerufen am 27.06.2008).
[566] Monopolkommission, Sondergutachten 40, Rdnr. 48ff.
http://www.monopolkommission.de/sg_40/text_s40.pdf (abgerufen am 27.06.2008).

Es ist nicht ersichtlich, dass diese europäischen Vorgaben sich durch die „Rahmenrichtlinie" inhaltlich wesentlich verändert oder verschärft hätten. Eine wirksame strukturelle Trennung zwischen hoheitliche Funktion und unternehmerischer Tätigkeit des Staates war auch bereits vorher erforderlich und wurde in Deutschland auch entsprechend umgesetzt (vgl. unter D.IV.4.b.bb.).

Zwar war zuvor die Bedeutung einer „rechtlichen Unterscheidung" (Art. 5a II erster Spiegelstrich „ONP-Rahmenrichtlinie" in der Fassung der Richtlinie 97/57/EG) zwischen nationalen Regulierungsbehörden und auf dem Telekommunikationsmarkt tätigen Anbietern nicht eindeutig verständlich und die Vorschrift wird nun durch die geforderte „rechtliche Unabhängigkeit" (Art. 3 II S.1 „Rahmenrichtlinie") zwischen beiden Einrichtungen klarer. Inhaltlich war aber auch zuvor schon die rechtliche Unterscheidung im Sinne einer rechtlichen Trennung zu verstehen[567].

Es somit nicht ersichtlich, dass durch diese sprachlichen Nuancen in den europarechtlichen Vorgaben auf nationaler Ebene eine andere rechtliche Situation, etwa im Sinne einer noch deutlicheren Trennung zwischen hoheitlicher und unternehmerischer Tätigkeit des Staates im Telekommunikationssektor (in Bezug auf die Regulierungsbehörde und den Einfluss auf vormals staatliche Telekommunikationsunternehmen) herbeigeführt werden soll.

Vielmehr sollen die kleinen sprachlichen Unterschiede dazu dienen sollen, den Inhalt der Richtlinie verständlicher zu gestalten, ohne dass damit inhaltlich Veränderungen herbeigeführt werden sollen. Aufgrund der unveränderten rechtlichen Situation gilt somit auch bei Anwendung des „Neuen Rechtsrahmens", dass die Stellung der RegTP bzw. der BNetzA europarechtskonform ist (vgl. dazu D.IV.4.b.bb.). Eine Änderung des TKG diesbezüglich war und ist also nicht notwendig[568].

b. „Regulierungsferien" aufgrund von § 9a TKG[569]

Zum Abschluss der Untersuchung verschiedener Vorschriften des TKG auf ihre Vereinbarkeit mit den europarechtlichen Vorgaben soll untersucht werden, inwieweit § 9a TKG 2004 als europarechtskonform anzusehen ist. Diese Vorschrift wurde am 18.02.2007 ein das TKG eingefügt und ist zur-

---

[567] Vgl. Ausführungen unter: D.IV.4.b.bb..
[568] Vgl. Scherer, K&R 2002, S. 273, 279.
[569] Art. 9a TKG (2004), eingefügt durch Art. 2, 3. Gesetz zur Änderung telekommunikationsrechtlicher Vorschriften vom 18.02.2007, BGBl. I, S.106, 108 vom 23.02.2007.

zeit Gegenstand eines schwebenden, am 13.09.2007 eingeleiteten Vertragsverletzungsverfahrens der Kommission gegen die Bundesrepublik Deutschland[570]. Es ist grundlegend umstritten, ob der deutsche Gesetzgeber durch den Erlass der § 9a TKG und die darin festgelegte grundsätzliche Freistellung sogenannter „neuer Märkte" von der sektorspezifischen Regulierung und der damit im Zusammenhang stehenden Definition eines „neuen Marktes" in § 3 Nr.12b TKG mit den europarechtlichen Vorgaben insbesondere der Art. 6-8, 15 der „Rahmenrichtlinie" und Art. 8 IV der „Zugangsrichtlinie" vereinbar ist.

So wird eine „gewisse legislative Vorsteuerung"[571] der Entscheidungsprozesse der Verwaltung sowohl auf Ebene der Marktdefinition als auch bei der Auswahl etwaiger Regulierungsinstrumente als grundsätzlich mit europarechtlichen Vorgaben kompatibel angesehen[572]. Gemäß Art. 8 I der Zugangsrichtlinie ist zwar sicherzustellen „dass die nationalen Regulierungsbehörden befugt sind, die in den Art. 9- 13 der Richtlinie genannten Verpflichtungen aufzuerlegen", aber die Richtlinie beinhaltet keine Vorgaben hinsichtlich der gesetzlichen Steuerung der nationalen Regulierungsbehörden bei der Ausübung ihrer Eingriffsbefugnisse[573]. Vor allem begründe die Zugangsrichtlinie keinerlei „gesetzesfreie" Gestaltungsspielräume der nationalen Regulierungsbehörden und auch Art. 8 der Rahmenrichtlinie schreibe nicht die Verpflichtung zur Schaffung dieser Spielräume vor, sondern binde lediglich die Mitgliedsstaaten – und nicht etwa die nationalen Regulierungsbehörden – an politische Ziele und regulatorische Grundsätze bei Erlass von Rechtsakten[574].

Folglich sei nur eine nationale Regelung gemeinschaftsrechtswidrig, im Rahmen derer der Gesetzgeber die Auslegungs- und Entscheidungsspielräume der BNetzA weitgehend ausschließen würde, wie etwa eine ursprünglich vorgesehene explizite legislative Regulierungsfreistellung von VDSL[575]. § 9a TKG hingegen gewähre der BNetzA genügend Flexibilität und Entscheidungsmöglichkeiten, so dass zum Beispiel das Konsolidie-

---

[570] Rs. C 283/19, Kommission/ Bundesrepublik Deutschland, ABl. EU Nr. C 293, 19, 19f vom 24.11.2007.
[571] Kühling, K&R 2006, S.263, 271.
[572] Koenig/ Loetz/ Senger, K&R 2006, S. 258, 262.
[573] Herdegen, MMR 2006, 580, 583.
[574] Herdegen, a.a.O..
[575] Kühling, K& R 2006, S.263, 271.

rungsverfahren nach Art.7 Rahmenrichtlinie ordnungsgemäß durchgeführt werden könne[576].

Folglich könnte § 9a TKG europarechtskonform sein, sofern eine genauere Betrachtung der europarechtlichen Vorschriften die soeben dargestellte Ansicht stützt.

Zu berücksichtigen ist dabei, dass Erwägungsgrund 27 der Rahmenrichtlinie nur die Auferlegung „unangemessener Verpflichtungen" gegenüber Inhabern beträchtlicher Marktmacht verbietet, so dass folglich nicht jegliche sektorspezifische Regulierung zu unterbleiben hat. Somit können nach dieser Vorschrift Inhabern von beträchtlicher Marktmacht auf neuen Märkten durchaus angemessene Verpflichtungen im Rahmen der sektorspezifischen Regulierung auferlegt werden, so dass Maßnahmen sektorspezifischer Regulierung auch auf „neuen Märkten" grundsätzlich möglich sind und nur unter besonderen Voraussetzungen darauf verzichtet werden soll. § 9a S.1 TKG verfolgt allerdings gerade nicht diesen Ansatz, sondern geht vielmehr umgekehrt von einer grundsätzlichen Regulierungsfreistellung aus. Auch die Leitlinien der Kommission zur Marktanalyse erfordern zwar eine Begründung für eine frühe ex-ante Regulierung, damit durch eine verfrühte ex-ante Regulierung keine Wettbewerbsbedingungen verfälscht werden. Mehr als eine solche Begründung als Voraussetzung für das Eingreifen ist aber nicht erforderlich[577]. Folglich ging die Kommission bei Erlass der Leitlinien, anders als der deutsche Gesetzgeber bei Verabschiedung des § 9a TKG, von einer grundsätzlichen Einbeziehung neuer Märkte in den Anwendungsbereich der Marktregulierung aus.

Darüberhinaus ist nach Art. 15 I S.2 der Rahmenrichtlinie als einziges Kriterium für die Einbeziehung von Märkten in die sektorspezifische Regulierung maßgeblich, ob die Merkmale des betreffenden Marktes die Auferlegung sektorspezifischer Vorabverpflichtungen rechtfertigen können. Folglich ist nach dieser Vorschrift eine ökonomische Marktuntersuchung im Einzelfall erforderlich, so dass die grundsätzliche regulatorische Sonderbehandlung „neuer Märkte" gemäß § 9a TKG damit nicht im Einklang steht[578]. Trotz Art. 15 I S.2 der Rahmenrichtlinie schreibt der Gesetzgeber in § 9a II S.2 TKG der BNetzAG vor, die Förderung von effizienten In-

---

[576] Kühling, a.a.O..
[577] Leitlinien der Kommission zur Marktanalyse, Abl. EG Nr. C 2002, S.165,166, Tz. 32.
[578] Dahlke/ Neumann, MMR 2006, 6/2006, S. XXII, XXII.

frastrukturinvestitionen und die Unterstützung von Innovationen bei der Prüfung der Regulierungsbedürftigkeit und der Auferlegung von Maßnahmen in besonderem Maße zu berücksichtigen. Der deutsche Gesetzgeber legt in § 9a TKG somit vorab die Bedingungen fest, unter denen in denen der Gesetzgeber ausnahmsweise berechtigt ist, die neuen Märkte doch in die sektorspezifische Regulierung mit einzubeziehen. Dies entspricht auch nicht Erwägungsgrund 15 der Märkteempfehlung[579]. Dort wird zwar festgeschrieben, dass „neue und sich abzeichnende Märkte, auf denen Marktmacht aufgrund von „Vorreitervorteilen" besteht, grundsätzlich nicht für eine Vorabregulierung in Betracht" kommen[580]. Allerdings sind bei Auslegung dieser Vorschrift die Vorgaben der Rahmenrichtlinie als höherrangiges (Sekundär-) Recht zu beachten, so dass es einer sekundärrechtskonformen Auslegung der Märkteempfehlung bedarf[581]. Folglich scheidet eine Vorabregulierung auf einem Markt nur dann aus, wenn die dort bestehende Marktmacht ausschließlich in Vorreitervorteilen begründet ist und (somit) mit deren Abbau durch die Wettbewerbskräfte auch ohne Maßnahmen der sektorspezifischen Regulierung zurechnen ist[582]. Damit ist bei der Regulierung „neuer Märkte" ein Ausgleich zwischen dem Interesse an der Nutzung der Vorreitervorteile durch Unternehmen einerseits und dem Interesse der Allgemeinheit an funktionierenden Marktstrukturen im Bereich der Telekommunikation andererseits zu suchen, der aber durch § 9a TKG durch die einseitige Förderung der Investitionen und Innovationen nicht vorgenommen wird[583].

Zudem ist zu berücksichtigen, dass den nationalen Regulierungsbehörden unter anderem durch Art. 7 sowie Art. 15 III der Rahmenrichtlinie ein Ermessensspielraum eingeräumt wird. Ihnen soll dadurch insbesondere - im Zusammenspiel mit der Kommission und den anderen nationalen Regulierungsbehörden - nach sorgfältiger Marktanalyse entsprechend Art. 16 Rahmenrichtlinie ein einzelfallbezogenes Vorgehen ermöglicht werden.

---

[579] Empfehlung der Kommission vom 11. Februar 2003
über relevante Produkt- und Dienstmärkte des elektronischen Kommunikationssektors, die aufgrund der Richtlinie 2002/21/EG des Europäischen Parlaments und des Rates über einen gemeinsamen Rechtsrahmen für elektronische Kommunikationsnetze und -dienste für eine Vorabregulierung in Betracht kommen, Abl. EG 2003 Nr. L 114, S. 45, 46.
[580] ebenda.
[581] Dahlke/ Neumann, MMR 2006, 6/2006, S. XXII, XXII.
[582] Dahlke/Neumann, MMR 2006, a.a.O..
[583] vgl. Dahlke/ Theis, CR 2007, S. 227, 231.

Nach Art. 15 III EG der Rahmenrichtlinie sollen die nationalen Regulierungsbehörden selbst und nicht die nationalen Gesetzgeber die relevanten Märkte entsprechend den nationalen Gegebenheiten, im Einklang mit den Grundsätzen des Wettbewerbsrechts und unter weitestgehender Berücksichtigung der Empfehlung und der Leitlinien der Kommission festzulegen[584]. Dies ist aber nach Verabschiedung von §9a und § 3 Nr., 12 TKG mit einer starren Definition der „neuen Märkte" für diese in Deutschland entsprechend der obigen Darstellung nicht möglich. Zudem ist nicht ersichtlich, wie angesichts der Vorgaben dieser Vorschrift die weitestgehender Berücksichtigung der Stellungnahmen der Kommission und anderen nationalen Regulierungsbehörden im Konsultationsverfahren nach Art. 7 IV Rahmenrichtlinie erfolgen soll.

Somit sind die Kompetenzen der nationalen Regulierungsbehörden als ihnen unmittelbar zustehende Entscheidungsspielräume anzusehen, die keiner Strukturierung durch den nationalen Gesetzgeber in der Weise, wie es in Deutschland geschehen ist, zugänglich sind[585].

Somit sind §§9a, 3 Nr.12b TKG nicht europarechtskonform.

3. Gemeinschaftsrechtskonformität der Richtlinie zur Vorratsdatenspeicherung

Bereits zu Beginn der Ausarbeitung[586] wurde erläutert, dass der Bereich des Datenschutzes inhaltlich nicht näher behandelt werden soll. Dennoch wir ein Aspekt der Richtlinie 2006/24/EG[587], die unter anderem die Vorratsdatenspeicherung sogenannter „Verkehrsdaten" beinhaltet, aufgrund der aktuellen Diskussion über diesen Rechtsakt[588], näher untersucht. Dabei wird allerdings weiterhin nicht inhaltlich auf Aspekte des Datenschutzes

---

[584] vgl. auch: Antrag der Kommission, Rs, C-424/04 , Kommission/ Bundesrepublik Deutschland, Abl.EG Nr. C, 283, 19,20.
[585] vgl. Kühling, K&R 2006, S. 263, 271.
[586] vgl. unter C. mit Erläuterungen in Fußnote 123.
[587] Richtlinie 2006/24/EG des Europäischen Parlaments und des Rates vom 14.03.1006 über die Vorratsspeicherung von Daten, die bei der Bereitstellung öffentlicher Kommunikationsnetze erzeugt oder verarbeitet werden und zur Änderung der Richtlinie 2002/58/EG (im Folgenden: „Vorratsdatenspeicherungsrichtlinie"), ABl. EU Nr. L 105 vom 13.4.2006, S. 54–63.
[588] vgl. u.a.: Schaar, MMR 2006, 425, 426; Simitis, NJW 2006, 2011, 2011ff; Westphal, EuZW 2006, 555,555ff ; Antrag der Abgeordneten Montag/ *Leutheusser*-Schnarrenberger, Korte, u.a. vom 26.05.2006 an den Deutschen Bundestag, BT-Drs. 16/1622, S.1,1ff ; Breyer, StV 2007, 214, 214ff; Gitter/ Schnabel, MMR 2007, 411,411ff; Rusteberg, VBlBW 2007, 171, 171ff.

bzw. die Umsetzung der Richtlinie, die im telekommunikationsrechtlich relevanten Bereich durch Einfügung bzw. Änderung der §§ 110ff, insbesondere §§ 113a, b und § 115 TKG (2004)[589] erfolgte, eingegangen werden. Vielmehr erfolgt eine Untersuchung der formellen Rechtmäßigkeit der Richtlinie bezüglich der Kompetenznorm, auf die der Rechtsakt gestützt wurde.

Während die Europäische Kommission[590], das Europäische Parlament und auch die Mehrheit [591] im Ministerrat Art. 95 EG als einschlägige Rechtsgrundlage ansehen[592] und die Richtlinie gestützt auf diese Rechtsgrundlage verabschiedet wurde[593], vertreten insbesondere einige Mitgliedsstaaten wie Irland[594] oder die Slowakei[595] die Ansicht, der Rechtsakt sei auf Art. 30, 31 I lit. c), 34 II lit.b) EUV zu stützen und somit im Rahmen der intergouvernementalen Zusammenarbeit einstimmig als Rahmenbeschluss zu erlassen.

Fraglich ist somit, ob Art. 95 EG, der dem Rat den Erlass von Maßnahmen zur Verwirklichung der Ziele des Art. 14 EG in Bezug auf die Errichtung und das Funktionieren des Binnenmarktes ermöglicht, eine geeignete Rechtsgrundlage für den Erlass der Richtlinie ist. Die Speicherung von Kommunikationsdaten war schon bisher unter anderem durch die Richtlinie 2002/58/EG geregelt, so dass die „Vorratsdatenspeicherungsrichtlinie",

---

[589] Art. 2 Telekommunikationsüberwachung-Neuordnungsgesetz vom 21.12.2007 (BGBl. I, S. 3198), in Kraft getreten am 01.01.2008.
[590] Vorschlag für eine Richtlinie des Europäischen Parlaments und des Rates über die Vorratsspeicherung von Daten, die bei der Bereitstellung öffentlicher elektronischer Kommunikationsdienste verarbeitet werden, und zur Änderung der Richtlinie 2002/58/EG, KOM 2005, 438 (endg.) vom 21.09.2005, abrufbar unter:
http://eurlex.europa.eu/LexUriServ/LexUriServ.do?uri=COM:2005:0438:FIN:DE:PDF (abgerufen am 28.06.2008).
[591] Ablehnung durch irische Regierung: Krempl, heise.de, 22.02.2006, Vorratsdatenspeicherung: Schwere Eingriffe ins Privatleben der Europäer.
http://www.heise.de/newsticker/Vorratsdatenspeicherung-Schwerer-Eingriff-ins-Privatleben-der-Europaeer--/meldung/69948 (Abgerufen am 23.06.2008)
[592] Vgl. Rusteberg VBlBW 2007, S.171, 173.
[593] „Vorratsdatenspeicherungsrichtlinie" Abl. EU Nr. L 105, S. 54, 54, vom 13.04.2006.
[594] Klageschrift vom 06.07.2006, Rs. C-301/06, Irland/ Rat der Europäischen Union, Europäisches Parlament, Abl. EU Nr. C. 237, S. 5 vom 30.9.2006.
[595] Krempl, heise.de, 01.06.2006, Irland und Slowakei legen Klage gegen Vorratsspeicherung ein, abrufbar unter: http://www.heise.de/newsticker/Irland-und-die-Slowakei-legen-Klage-gegen-Vorratsdatenspeicherung-ein--/meldung/73751 (abgerufen am 23.06.2008)

die gemäß Art. 6 eine Mindestspeicherfristen für Verkehrsdaten[596] (vgl. Art. 2 II a), Art. 5) von sechs Monaten vorsieht, einen bereits umfassend vergemeinschafteten Bereich betrifft, im Rahmen dessen die Verkehrsdaten bei privaten Telekommunikationsanbietern im Zuge der Erfüllung ihrer vertraglichen Verpflichtungen aus den Abreden mit ihren Kunden anfallen. Folglich könnte durch eine Harmonisierung der Vorgaben für die Datenspeicherung die Dienstleistungsfreiheit betroffen sein, so dass die Richtlinie Binnenmarktrelevanz im Sinne von Art. 14 EG aufweisen würde. Zudem könnte die Einführung von Mindestspeicherfristen als Annex über Art. 95 EG in die Kompetenz der Europäischen Gemeinschaft fallen[597].

Zunächst ist aber zu untersuchen, ob der Anwendungsbereich des Art. 95 I EG eröffnet ist. Dazu müsste durch die Richtlinie dem richterrechtlich entwickelten[598] Schwerpunktkriterium genügt werden. Ein Verstoß gegen die Anforderungen dieses Kriteriums ist gegeben, wenn ein Rechtsakt mit verschiedenartiger Zielsetzung auf eine Rechtsgrundlage gestützt wird, obwohl aufgrund des Regelungsschwerpunktes des Rechtsaktes dieser einer anderen Befugnisnorm zuzuordnen ist[599].

Wenn somit der Regelungsschwerpunkt eines Rechtsaktes im Bereich des Binnenmarktes zu sehen wäre und er nur implizit Fragen, die einen anderen Regelungsbereich betreffen, mit regelt, könnte der Rechtsakt auf Art. 95 EG gestützt werden[600]. Wenn hingegen ausschließlich bzw. hauptsächlich Fragen, die einen anderen Regelungsbereich betreffen und damit einer anderen Rechtsgrundlage zugewiesen sind, geregelt werden und nur mit-

---

[596] Vgl. zum Begriff: Art. 2 II a), 5, „Vorratsdatenspeicherungsrichtlinie", Abl. EU Nr. L 105, S. 54, 54, vom 13.04.2006.
[597] Juristische Analyse vom 22.03.2005, SEC (250)420; Rechtsgutachten des Juristischen Dienstes des Rates vom 05.04.2005 .05. April 2005 (zitiert nach: Breyer, StV 2007, S. 214, 215, Fn 9,10).
[598] EuGH, Rs. C- 300/89, Slg. 1991, I – 2867, Tz. 22ff (Kommission/Rat); Rs. C-155/91, Slg. 1993, I 939, Tz. 19 "Kommission/ Rat" ("Abfallrichtlinie").
[599] EuGH, Rs. C.376/98 Slg. 2000, I 8419, 8522, Tz. 78 "Deutschland/ Parlament und Rat" (Tabakwerberichtlinie"); Rs. C- 36/98, Slg. 2001, I – 779, 793, Tz.58 "Spanien/ Rat"; Rs. C- 491/01, Slg.2002, I - 11453, 11582 Tz. 93f "The Queen / Secretary of State for Health, ex parte British American Tobacco (Investments) Ltd. Imperial Tobacco Ltd." ("British American Tobacco").
[600] EuGH, Rs. C- 300/89, Slg. 1991, I – 2867, Tz. 22ff (Kommission/ Rat); GA Saggio, Schlußanträge zu EuGH, Rs. C-127/97. Slg. 1998, I- 6005, Tz.. 22 (Burstein); ders. Schlussanträge zu EuGH, Rs. C- 319/97, Slg. 1999. I- 3143, Tz. 22 (Kortas).

telbar Aspekte mit Binnenmarktrelevanz betroffen sind, so ist die andere Rechtsgrundlage maßgeblich[601].

Aufgrund dieses für horizontale Kompetenzabgrenzungen, also die Abgrenzung zwischen mehreren tatbestandlich einschlägigen Rechtsgrundlagen entwickelten Kriteriums[602], ist somit zu ermitteln, ob die „Vorratsdatenspeicherungsrichtlinie" im Schwerpunkt Binnenmarktrelevanz aufweist und somit auf Art. 95 EG gestützt werden kann.

Hinsichtlich der Bestimmung des Schwerpunktes ist auf objektive, gerichtlich nachprüfbare Kriterien abzustellen, so dass insbesondere Ziel und Inhalt des Rechtsaktes zu berücksichtigen sind[603]. Das Ziel der Verwirklichung des Binnenmarktes müsste subjektiv vom Gemeinschaftsgesetzgeber verfolgt werden und sich auch objektiv aus der getroffenen Maßnahme entnehmen lassen[604].

Die Verkehrsdaten werden von Telekommunikationsanbietern im Rahmen der Erbringung von vertragsmäßig angebotenen Leistungen erhoben und so dass eine Dienstleistung gemäß Art. 50 I EG gegeben ist und folglich die Dienstleistungsfreiheit nach Art. 49 I EG einschlägig ist.

Ohne die Richtlinie würden weiterhin unterschiedliche gesetzliche Vorgaben in den einzelnen Mitgliedsländern hinsichtlich der Speicherverpflichtungen für diese Kommunikationsdaten bestehen. Dies würde zu Verpflichtungen hinsichtlich der Datenspeicherung führen, die sich in Länge und möglicherweise Umfang, sowie hinsichtlich der finanziellen Belastungen für Unternehmen aus verschiedenen Mitgliedsstaaten unterscheiden. Das Funktionieren des Binnenmarktes nach Art. 14 EG, der auch den freien Dienstleistungsverkehr umfasst, würde folglich aufgrund der dadurch entstehenden Wettbewerbsverzerrungen zwischen Unternehmen aus unterschiedlichen Mitgliedsstaaten beeinträchtigt. Durch eine harmonisierte Regelung über die Speicherung der Kommunikationsdaten, wie sie die

---

[601] EuGH, Rs. C-155/91, Slg. 1993, I-939, Tz. 19 (Kommission/Rat); Rs. C- 187/93, Slg. 1994, I- 2857, Tz. 20ff (Europäisches Parlament/ Rat); Ver. Rs. C-164/97 und C- 165/97, Slg. 1999, I - 1139, Tz. 14, 16 (Parlament/ Rat).
[602] EuGH, Rs. C.376/98 Slg. 2000, I 8419, 8522, Tz. 93 "Deutschland/ Parlament und Rat" (Tabakwerberichtlinie").
[603] EuGH, Rs. C- 491/01, Slg.2002, I – 11453, 11582, Tz. 93 (The Queen / Secretary of State for Health, ex parte British American Tobacco (Investments) Ltd. und Imperial Tabacco Ltd. ("British American Tobacco").
[604] Streinz - Leible Art. 95 Rdnr. 14.

Richtlinie vorsieht, würde diesen Binnenmarktbeeinträchtigungen entgegenwirkt. Somit hat die die „Vorratsdatenspeicherungsrichtlinie" tatsächlich objektiv die Beseitigung etwaiger Wettbewerbsverzerrungen, die durch unterschiedlich lange und verschieden umfangreiche Speicherverpflichtungen der Kommunikationsdaten verursacht werden, zur Folge.

Die Beseitigung dieser Hemmnisse für die gemeinschaftsweite Leistungserbringung wird zudem gemäß Erwägungsgrund 6[605] durch die Richtlinie angestrebt und ist ein nach Art. 14 EG grundsätzlich legitimes Harmonisierungsziel[606], so dass auch subjektiv ein Binnenmarktbezug dieses Rechtsaktes gegeben ist.

Fraglich ist aber, ob dies nicht nur ein „reines Nebenziel"[607] bzw. ein bloß akzessorischer Natur[608] zum mit der Richtlinie verfolgten Hauptziel ist. Die Richtlinie soll „sicherstellen, dass die Daten zum Zwecke der Ermittlung, Feststellung und Verfolgung von schweren Straftaten, wie sie von jedem Mitgliedstaat in seinem nationalen Recht bestimmt werden, zur Verfügung stehen" (Art. 1 I). Auch aus den Begründungserwägungen 5, 7ff, 21[609] folgt, dass die Richtlinie in allererster Linie auf die Bekämpfung schwerer Verbrechen gerichtet ist.

Ähnlich, wie die Übermittlung der Fluggastdaten eine Datenverarbeitung ist, die „die nicht für die Erbringung einer Dienstleistung erforderlich ist, sondern zum Schutz der öffentlichen Sicherheit und zu Strafverfolgungszwecken als erforderlich angesehen wird"[610], ist somit auch die Vorratsdatenspeicherung nicht für die Erbringung einer Dienstleistung der Telekommunikationsunternehmen sondern nur zu Strafverfolgungszwecken erforderlich[611]. Weiterhin sind in der Richtlinie, die für eine binnenmarktorientierte Harmonisierung nach Art. 95 EG besonders wichtigen Ent-

---

[605] Erwägungsgrund 6, „Vorratsdatenspeicherungsrichtlinie", Abl. EU Nr. L 105, S.54, 54. vom 13.4.2006.
[606] Callies/Ruffert (2)- Kahl Art. 14 EG, Rdnr. 11, 19, 24.
[607] Klageschrift, Rs. C-301/06, Irland/ Rat der Europäischen Union und Europäisches Parlament, Abl. EU Nr. C 237, S. 5,5 vom 30.09.2006.
[608] Westphal, EuZW 2996, S.555, 557.
[609] Erwägungsgründe 5, 7ff, 21, „Vorratsdatenspeicherungsrichtlinie", Abl. EU Nr. L 105, S.54, 54ff. vom 13.4.2006.
[610] EuGH, Urteil vom 30.05.2006, Verb Rs. C-317/04 und C-318/04, Parlament / Rat und Kommission, ABL. EU Nr. C 178, S.1ff vom 29.07.2006 , Tz. 57, abrufbar unter: http://eurlex.europa.eu/LexUriServ/LexUriServ.do?uri=CELEX:62004J0317:DE:HTML (abgerufen am 28.06.2008).
[611] vgl. Breyer, StV 2007, S. 214, 215.

scheidungen über zugangsberechtigte Behörden und relevante Speicherfristen (abgesehen von einer vorgeschriebenen Mindest- und Höchstdauer) größtenteils in das Ermessen der Behörde gestellt[612]. Diese Unbestimmtheit der Richtlinie, die noch dadurch verstärkt wird, dass die Speicherung einzelner Daten, bzgl. derer dies nicht in der Vorratsdatenspeicherungsrichtlinie vorgesehen ist, auch weiterhin von einzelnen Mitgliedsstaaten angeordnet werden kann[613], könnte zudem dazu führen, dass Wettbewerbsnachteile von Telekommunikationsanbietern in einzelnen Staaten nicht etwa abgebaut, sondern eher noch verstärkt werden[614].

Die Anforderungen an das für die Anwendung von Art. 95 EG erforderliche Schwerpunktkriterium sind somit objektiv nicht eingehalten, so dass der Anwendungsbereich von Art. 95 EG nicht eröffnet ist.

Weiterhin spricht gegen eine Einschlägigkeit von Art.95 EG als Rechtsgrundlage für die Vorratsdatenspeicherungsrichtlinie, dass vor Erlass der Richtlinie 2006/24/EG nur in einer Minderheit der Mitgliedsstaaten der EG bereits Rechtsvorschriften bzgl. der Vorratsdatenspeicherung bestanden, so dass die Richtlinie für die Mehrzahl der Mitgliedsstaaten erstmals eine Rechtsgrundlage für die Vorratsdatenspeicherung von Kommunikationsdaten begründete[615], anstatt vorhandene rechtliche Regelungen zu harmonisieren.

Objektiv dient die Richtlinie somit vor allem dazu, Strafverfolgungsbehörden Kommunikationsdaten zur Verfügung zu stellen[616]. Diese Zielsetzung ist allerdings nicht in Art. 2, 3 EG genannt und nicht vom Binnenmarktbezug des Art. 14 EG umfasst, sondern sie ist Teil der durch Titel VI EUV geregelten Zusammenarbeit in Strafsachen[617].

---

[612] vgl. Art. 4, 6. Vorratsdatenspeicherungsrichtlinie", Abl. EU Nr. L 105, S.54, 57f. vom 13.4.2006.
[613] vgl. Art.11 „Vorratsdatenspeicherungsrichtlinie" mit Bezugnahme zu Art. 15 I Richtlinie 2002/58/EG des Europäischen Parlaments und des Rates vom 12. Juli 2002 über die Verarbeitung personenbezogener Daten und den Schutz der Privatsphäre in der elektronischen Kommunikation (Datenschutzrichtlinie für elektronische Kommunikation) Abl. EU Nr. L 105, S.54, 59 vom 13.4.2006.
[614] Gitter/ Schabel, MMR 2007, S. 411, 412.
[615] Gitter/ Schnabel, MMR 2007, S.411, 412.
[616] vgl. Erwägungsgründe 9 und 21 der „Vorratsdatenspeicherungsrichtlinie", Abl. EU Nr. L 105, S.54, 55 vom 13.4.2006.
[617] vgl. Schlussanträge GA Léger in EuGH, Rs. 317/04 und 318/04, Rdnr. 96f und 161 (abrufbar unter: http://curia.europa.eu/jurisp/cgi-

Hinsichtlich der von Gutachten des Juristischen Dienstes des Rates[618] angeführten Annex-Kompetenz der Europäischen Gemeinschaft ist in Anlehung an das „Fluggastdatenurteil" des EuGH [619] bzw. die diesbezüglichen Schlussanträge des GA Léger[620] festzustellen, dass der Gemeinschaft zwar in einzelnen Fällen eine Regelungskompetenz zukommen kann, sofern wirtschaftsbezogene Gemeinschafsrechte der Unternehmen und auch Datenschutzrechte des Einzelnen gewahrt werden müssen[621]. Allerdings kann dies keinesfalls dazuführen, dass den Gemeinschaftsorganen auf diesem Wege eine Regelungskompetenz für einen Politikbereich zukommt, die durch den EUV ausschließlich dem Europäischen Rat zugewiesen ist[622].

Ferner ist zu berücksichtigen, dass der EG nach neuster Rechtsprechung des EuGH zwar grundsätzlich eine Annexkompetenz etwa für eine angemessene strafrechtliche Sanktionierung für Verstöße gegen Umweltschutzvorschriften bestehen kann, um die volle Wirksamkeit dieser

---

bin/form.pl?lang=de&newform=newform&alljur=alljur&jurcdj=jurcdj&jurtpi=jurtpi&jurtfp=jurt fp&docop=docop&alldocnorec=alldocnorec&docnoj=docnoj&docnoor=docnoor&typeord=ALL TYP&allcommjo=allcommjo&affint=affint&affclose=affclose&numaff=&ddatefs=22&mdatefs =11&ydatefs=2005&ddatefe=&mdatefe=&ydatefe=&nomusuel=&domaine=&mots=Schlussantr %C3%A4ge&resmax=100&Submit=Suchen (abgerufen am 28.06.8008); siehe auch: Erwägungsgründe 7, 9, 10,11 der „Vorratsdatenspeicherungsrichtlinie", Abl. EU Nr. L 105, S.54, 55 vom 13.4.2006 ,die auf die Politik des Rates im Bereich der polizeilichen und justiziellen Zusammenarbeit in Strafsachen nach Titel VI EUV abstellen. Vgl. Gitter/Schnabel, MMR 2007, S. 411, 413.
[618] Rechtsgutachten des Juristischen Dienstes des Rates vom 05.04.2005 .05. April 2005 (zitiert nach: Breyer, StV 2007, S. 214, 215, Fn 9,10).
[619] EuGH, Rs. C/317/04 und C-318/04, Europäisches Parlament& Rat der Europäischen Union und Kommission, Tz. 54ff, 59, 67ff, abrufbar unter: http://curia.europa.eu/jurisp/cgi-bin/form.pl?lang=de&newform=newform&alljur=alljur&jurcdj=jurcdj&jurtpi=jurtpi&jurtfp=jurt fp&alldocrec=alldocrec&docj=docj&docor=docor&docop=docop&docav=docav&docsom=docs om&docinf=docinf&alldocnorec=alldocnorec&docnoj=docnoj&docnoor=docnoor&typeord=AL LTYP&allcommjo=allcommjo&affint=affint&affclose=affclose&numaff=317%2F04&ddatefs= &mdatefs=&ydatefs=&ddatefe=&mdatefe=&ydatefe=&nomusuel=&domaine=&mots=personen bezogene+Daten&resmax=100&Submit=Suchen (abgerufen am 28.08.2008).
[620] vgl. Schlussanträge GA Léger in EuGH, Rs. 317/04 und 318/04, vgl. Rdnr. 96f und 161 (abrufbar unter: http://curia.europa.eu/jurisp/cgi-bin/form.pl?lang=de&newform=newform&alljur=alljur&jurcdj=jurcdj&jurtpi=jurtpi&jurtfp=jurt fp&docop=docop&alldocnorec=alldocnorec&docnoj=docnoj&docnoor=docnoor&typeord=ALL TYP&allcommjo=allcommjo&affint=affint&affclose=affclose&numaff=&ddatefs=22&mdatefs =11&ydatefs=2005&ddatefe=&mdatefe=&ydatefe=&nomusuel=&domaine=&mots=Schlussantr äge&resmax=100&Submit=Suchen (abgerufen am 28.06.8008).
[621] Ehricke/ Becker/ Walzel, RDV 2006, S. 149, 151; Gitter/ Schnabel MMR 2007, S.411 413.
[622] Gitter/ Schnabel, MMR 2007, S. 411, 413.

Schutzvorschriften zu gewährleisten[623]. Anders als in dieser Konstellation geht es bei der „Vorratsdatenspeicherungsrichtlinie" nicht um die strafrechtliche Absicherung von Gemeinschaftsrecht[624] wie etwa von Verstößen gegen das Datenschutzrecht. Es soll – wie oben erörtert- vielmehr von Anfang an mit der Richtlinie sichergestellt werden, dass Daten zum Zweck der Bekämpfung von Straftaten zur Verfügung stehen. (Art. 1 I der „Vorratsdatenspeicherungsrichtlinie")[625].

Folglich ist die „Vorratsdatenspeicherungsrichtlinie" kompetenzwidrig erlassen worden[626].

E. Kommissionsvorschläge zur Reform europäischen Rechtsrahmens

Die Europäische Kommission hat am 13.11.2007 Vorschläge zur Reform des 2002 erlassenen Richtlinienpakets verabschiedet. Es ist eine Änderung der Rahmenrichtlinie, der Genehmigungs-, der Zugangs- und der Universaldienstrichtlinie, sowie eine neue Datenschutzrichtlinie vorgesehen[627].

---

[623] EuGH (Große Kammer) Rs. C 176/03 vom 19.09.2005, Kommission u.a./ Rat u.a; Tz. 46ff, 51 abrufbar unter: http://curia.europa.eu/jurisp/cgi-bin/form.pl?lang=de&newform=newform&Submit=Suchen&alljur=alljur&jurcdj=jurcdj&jurtpi =jurtpi&jurtfp=jurtfp&alldocrec=alldocrec&docj=docj&docor=docor&docop=docop&docav=do cav&docsom=docsom&docinf=docinf&alldocnorec=alldocnorec&docnoj=docnoj&docnoor=doc noor&typeord=ALLTYP&allcommjo=allcommjo&affint=affint&affclose=affclose&numaff=17 6%2F03&ddatefs=&mdatefs=&ydatefs=&ddatefe=&mdatefe=&ydatefe=&nomusuel=&domaine =&mots=&resmax=100 (abgerufen am 28.06.2008)

[624] EuGH (Große Kammer) Rs. C 176/03 vom 19.09.2005, Kommission u.a./ Rat u.a; Tz. 48 , 51 abrufbar unter: http://curia.europa.eu/jurisp/cgi-bin/form.pl?lang=de&newform=newform&Submit=Suchen&alljur=alljur&jurcdj=jurcdj&jurtpi =jurtpi&jurtfp=jurtfp&alldocrec=alldocrec&docj=docj&docor=docor&docop=docop&docav=do cav&docsom=docsom&docinf=docinf&alldocnorec=alldocnorec&docnoj=docnoj&docnoor=doc noor&typeord=ALLTYP&allcommjo=allcommjo&affint=affint&affclose=affclose&numaff=17 6%2F03&ddatefs=&mdatefs=&ydatefs=&ddatefe=&mdatefe=&ydatefe=&nomusuel=&domaine =&mots=&resmax=100 (abgerufen am 28.06.2008).

[625] Breyer, VBlBW 2007, S.171, 174.

[626] So auch: Schaar, MMR 2006, 425, 426; Westphal, EuZW 2006, 555,557; Simitis NJW 2006, 2011,2013; Antrag der Abgeordneten Montag/ Leutheusser-Schnarrenberger, Korte, u.a. 26.05.2006 an den Deutschen Bundestag, BT-Drs. 16/1622; Breyer StV 2007, 214, 215f; Gitter/ Schnabel, MMR 2007, 411, 413.

[627] Vorschlag für eine Richtlinie des Europäischen Parlaments und des Rates zur Änderung der Richtlinie 2002/21/EG über einen gemeinsamen Rechtsrahmen für elektronische Kommunikationsnetze und –dienste, der Richtlinie 2002/19/EG über den Zugang zu elektronischen Kommunikationsnetzen und zugehörigen Einrichtungen sowie deren Zusammenschaltung und der Richtlinie 2002/20/EG über die Genehmigung elektronischer Kommunikationsnetze und –dienste, KOM(2007) 697 endgültig, 2007/0247 (COD); Vorschlag für eine Richtlinie des Europäischen

Außerdem enthalten die „Reformvorschläge 2007" eine einen Verordnungsentwurf für die Errichtung einer europäischen Regulierungsbehörde[628]. Eine Erörterung des Konzepts durch das Europäische Parlament wird voraussichtlich am 08.07.2007 erfolgen[629]. Besonders umstritten ist dabei die Einführung einer europäischen Regulierungsbehörde, die als zu zentralistisch und unnötig angesehen wird, da die nationalen Regulierungsbehörden mit den jeweiligen Telekommunikationsmärkten besser vertraut seien und diese somit - möglicherweise in der Gruppe Europäischer Regulierer (EGR)- effektiver regulieren könnten[630]. Desweiteren sehen die Vorschläge die Einführung einer sog. „funktionellen Trennung" vor, die die nationalen Regulierungsbehörden vertikal im Telekommunikationsmarkt integrierten Unternehmen aufgeben können, die sowohl das Telekommunikationsnetz betreiben als auch diesbezügliche Zugangsdienstleistungen anbieten[631]. Durch die Trennung, infolge derer beide Bereiche in unabhängige Unternehmensteile ausgegliedert werden sollen, soll gewährleistet werden, dass Mitbewerber den Zugang zum Telekommuni-

---

Parlaments und des Rates zur Änderung der Richtlinie 2002/22/EG über den Universaldienst und Nutzerrechte bei elektronischen Kommunikationsnetzen und -diensten, der Richtlinie 2002/58/EG über die Verarbeitung personenbezogener Daten und den Schutz der Privatsphäre in der elektronischen Kommunikation und der Verordnung (EG) Nr. 2006/2004 über die Zusammenarbeit im Verbraucherschutz; KOM(2007) 698 endgültig; Die Vorschläge werde nachfolgend zusammenfassend in Anlehung an die Terminologie der Kommission ((KOM (2007) 696 end., abrufbar unter der unten folgenden Internetadresse) als „Reformvorschläge 2007" bezeichnet, 2007/0248 (COD), abrufbar unter:
http://ec.europa.eu/information_society/policy/ecomm/library/proposals/index_en.htm (abgerufen am 27.06.2008).

[628] Vorschlag für eine Verordnung des Europäischen Parlaments und des Rates_zur Einrichtung der Europäischen Behörde für die Märkte der elektronischen Kommunikation; KOM(2007) 699 endgültig ; 2007/0249 (COD); abrufbar unter:
http://ec.europa.eu/information_society/policy/ecomm/library/proposals/index_en.htm (abgerufen am: 27.06.2008)

[629] Verband deutscher Internetwirtschaft eco e.V., TK-Review: Überarbeitung schreitet voran, MMR 2008, 5/2008, S. XXVII, XXVIII.

[630] Bundesrat, BR-Drs. 861/1/07, Rdnr. 3, 57; abrufbar unter:
http://www.bundesrat.de/cln_050/SharedDocs/Drucksachen/2007/0801-900/861-1-07,templateId=raw,property=publicationFile.pdf/861-1-07.pdf (abgerufen am 27.06.2008).

[631] Art. 13a, 13b Zugangsrichtlinie in der Fassung der „Reformvorschläge 2007", KOM(2007) 697 endgültig, 2007/0247 (COD), S.31, S. 49;
http://ec.europa.eu/information_society/policy/ecomm/library/proposals/index_en.htm (abgerufen am: 27.06.2008).

kationsnetz zu gleichen Bedingungen erhalten, wie die unternehmenseigenen Dienstleister[632].

Der Bundesrat steht der Einführung dieser funktionellen Trennungsvorschriften skeptisch gegenüber, da er sie für einen unverhältnismäßigen Eingriff in die Unternehmen hält[633].

Daneben wird unter anderem das Marktanalyse- und definitionsverfahren insbesondere hinsichtlich des Konsultationsverfahrens der jeweiligen nationalen Regulierungsbehörde mit den anderen Regulierungsbehörden und der Kommission geändert[634]. Die Befugnisse der Kommission sollen sich nicht mehr nur auf ein Veto bzgl. Marktdefinition und des Bestehens beträchtlicher Marktmacht beschränken, sondern auf Abhilfemaßnahmen hinsichtlich der marktbeherrschenden Stellung eines Unternehmens ausgedehnt werden[635].

F. Folgen der Liberalisierung des europäischen Telekommunikationsrechts in Deutschland in wirtschaftlicher und rechtlicher Hinsicht

Es soll zunächst untersucht werden, welche Auswirkungen die bisherigen Liberalisierungsschritte auf den Wettbewerb in den Märkten der Telekommunikation in Deutschland hatten. Anschließend werden Aspekte der bisherigen Umsetzung der europarechtlichen Vorgaben in das deutsche Telekommunikationsrecht bewertet und schließlich einige Bereiche der „Reformvorschläge 2007" für sich genommen und im Hinblick auf dadurch notwendige Änderungen des TKG betrachtet.

---

[632] Institut für Europäisches Medienrecht (EMR): EU-Paket: Kommission stellt TK-Paket vor, MMR 2008, 1/2008, S. XVIII, XVIII.
[633] Bundesrat, BR-Drs. 861/1/07, Rdnr. 9f, abrufbar unter:
http://www.bundesrat.de/cln_050/SharedDocs/Drucksachen/2007/0801-900/861-1-07,templateId=raw,property=publicationFile.pdf/861-1-07.pdf (abgerufen am 27.06.2008).
[634] Art. 7 Rahmenrichtlinie in der Fassung der" Reformvorschläge 2007", KOM(2007) 697 endgültig, 2007/0247 (COD), S.31ff, 41ff, abrufbar unter:
http://ec.europa.eu/information_society/policy/ecomm/library/proposals/index_en.htm (abgerufen am: 27.06.2008).
[635] Art. 16, Abs. 17 c) 7. der Rahmenrichtlinie in der Fassung der „Reformvorschläge 2007", KOM (2007) 697 endgültig, 2007/0247 (COD), S.43
http://ec.europa.eu/information_society/policy/ecomm/library/proposals/index_en.htm (abgerufen am: 27.06.2008).

I. Erfolge der europäischen Liberalisierungs- und Harmonisierungsbemühungen bzgl. des deutschen Telekommunikationsmarktes

Um die Auswirkungen der Liberalisierungsmaßnahmen auf deutsche Telekommunikationsmärkte zu ermitteln, werden Untersuchungsergebnisse aus Berichten der Monopolkommission nach § 81 III TKG (1996) bzw. 121 II TKG (2004) herangezogen, der die Frage klären soll, ob gemäß § 81 III S.1 TKG (1996) auf den Märkten der Telekommunikation ein funktionsfähiger Wettbewerb besteht bzw. ob nach § 121 II TKG (2004) „nachhaltig wettbewerbsorientierte Telekommunikationsmärkte" in Deutschland existieren. Dieses Ziel wäre erreicht, wenn ein strukturell gesicherter, also auch im Falle des Wegfalls der sektorspezifischen Regulierung fortbestehender, Wettbewerb gegeben ist (TKG 1996)[636] bzw. nach § 3 Nr.12 TKG (2004) ein Markt besteht, „auf dem der Wettbewerb so gesichert ist, dass er auch ohne sektorspezifische Regulierung besteht". Zudem werden auch Erkenntnisse aus Berichten der RegTP miteinbezogen.

Es ist hinsichtlich der Ergebnisse der Untersuchung der Monopolkommission zunächst zwischen Vorleistungsmärkten, also Märkten in Bezug auf Leistungen die erforderlich sind, um für Endkunden später Telekommunikationsdienstleistungen zu erbringen und den Endkundenmärkten selbst zu unterscheiden. Während auf ersteren grundsätzlich noch nicht als „nachhaltig wettbewerbsorientiert" anzusehen sind, ist dies bei letzteren in einem großen Umfang der Fall.

So ist die Regulierung der Vorleistungen auch weiterhin unbedingt erforderlich, solange Wettbewerber ihre Angebote den Endkunden nur unterbreiten können, sofern sie die Infrastruktur (insbesondere die Leitungsnetze und die Anschlüsse) der Deutschen Telekom als dem ehemaligen Monopolisten und dominierenden Anbieter zurückgreifen. Dies gilt insbesondere für Vorleistungen im Sinne der Bereitstellung von schmal- und breitbandigen (DSL) Teilnehmeranschlüssen und lokalen Zusammenschaltungsleistungen. Im zweiten Quartal 2007 konnten 57% der der durch die Wettbewerber vermarkteten DSL-Anschlüsse aufgrund des entbündelten Zugangs zur Teilnehmeranschlussleitung angeboten werden[637]. Der entbündelte Zu-

---

[636] Monopolkommission, Sondergutachten 33, S.11, Rdnr. 9, abrufbar unter http://www.monopolkommission.de/sg_33/text_s33.pdf (abgerufen am: 04.01.2003)
[637] Monopolkommission, Wettbewerbsentwicklung bei der

gang zur Teilnehmeranschlussleitung ist auch für das Line-Sharing, also das Angebot von DSL-Anschlüssen seitens der Wettbewerber an Kunden, die ihre Teilnehmeranschlussleitung weiterhin bei der DTAG haben, unverzichtbar. Allerdings basierten Mitte des Jahres 2007 erst etwa 120.000 Breitbandanschlüsse von insgesamt 5,5 Mio.[638] der Wettbewerber auf dieser Vorleistung[639]. Insgesamt hatten die Wettbewerber der DTAG 2007 etwa 18,6 % Marktanteile hinsichtlich aller Telefonanschlüsse in Deutschland[640].

Während allerdings im Jahre 2000 der Marktanteil der DATG an den Gesamtumsätzen mit Mietleitungen im Jahre 2000 noch bei 58% lag[641], ist der Anteil der Wettbewerber am Gesamtmarkt auf 80% im Jahr 2007[642] gestiegen. Es ist somit nicht nur auf der schon seit dem Jahr 2002 nicht mehr regulierungsbedürftigen Fernverkehrsebene im Bereich der Mietleitungen[643], sonder auch auf regionaler und lokaler Ebene von einem nachhaltig wettbewerbsorientierten Markt im Bereich dieser Vorleistung auszugehen, der nicht mehr der sektorspezifischen Regulierung bedarf[644].

Telekommunikation 2007:Wendepunkt der Regulierung; Sondergutachten 50, S. 19, Rdnr. 34; abrufbar unter: http://www.monopolkommission.de/sg_50/text_s50.pdf (abgerufen am 27.06.2008)
[638] Monopolkommission, Wettbewerbsentwicklung bei der
Telekommunikation 2007:Wendepunkt der Regulierung; Sondergutachten 50, S. 17, Tabelle 10; abrufbar unter: http://www.monopolkommission.de/sg_50/text_s50.pdf
(abgerufen am 27.06.2008)
[639] Monopolkommission, Wettbewerbsentwicklung bei der
Telekommunikation 2007:Wendepunkt der Regulierung; Sondergutachten 50, S. 19, Rdnr. 34; abrufbar unter: http://www.monopolkommission.de/sg_50/text_s50.pdf
(abgerufen am 27.06.2008)
[640] Monopolkommission, Wettbewerbsentwicklung bei der
Telekommunikation 2007:Wendepunkt der Regulierung; Sondergutachten 50, S. 15, Tabelle 7, abrufbar unter: http://www.monopolkommission.de/sg_50/text_s50.pdf
(abgerufen am 27.06.2008)
[641] Monopolkommission, Sondergutachten 33, S.63f, Rdnr. 85, a.a.O..
[642] Monopolkommission, Wettbewerbsentwicklung bei der
Telekommunikation 2007:Wendepunkt der Regulierung; Sondergutachten 50, S. 21, Rdnr.44, abrufbar unter: http://www.monopolkommission.de/sg_50/text_s50.pdf
(abgerufen am 27.06.2008).
[643] Monopolkommission, Sondergutachten 39, Tz. 83, abrufbar unter:
http://www.monopolkommission.de/sg_39/text_s39.pdf (abgerufen am 28.06.2008).
[644] Monopolkommission, Wettbewerbsentwicklung bei der
Telekommunikation 2007:Wendepunkt der Regulierung; Sondergutachten 50, S. 38, Rdnr.95, abrufbar unter: http://www.monopolkommission.de/sg_50/text_s50.pdf
(abgerufen am 27.06.2008).

145

In Bezug auf Verbindungen im Bereich der Endkundenmärkte war ursprünglich zwischen Verbindungen im Orts- und Fernbereich zu unterscheiden. So betrug der Marktanteil der Wettbewerber der DTAG bei Ortsverbindungen im 1. Quartal 2001, berechnet nach Gesprächsminuten, bei 2,9 %[645], so dass die DTAG bei Ortsgesprächen ebenso wie auf dem Markt der TAL eine marktbeherrschende Stellung mit überragenden Marktanteilen inne hatte[646]. Bei Fernverbindungen[647] innerhalb Deutschlands entfiel hingegen schon im Jahr 2000 ein Marktanteil von 41 % der Verbindungsminuten auf die Wettbewerber der DTAG[648]. Bei Auslandverbindungen betrug der Marktanteil der alternativen Anbieter zur DTAG deutlich mehr als 50%[649]. Im Jahre 2007 hatten die Wettbewerber hingegen bei Inlandsverbindungen insgesamt 43% und bei Auslandverbindungen 75 % Marktanteile. Neben dem Markt für Auslandsgespräche, der bereits vor zwei Jahren als nicht mehr regulierungsbedürftig hinsichtlich einer sektorspezifischen Regulierung angesehen wird, ist dies nunmehr auch für den Endkundenmarkt für Inlandsgespräche der Fall. Auch dieser Markt ist somit als nachhaltig wettbewerbsorientiert im Sinne von § 3 Nr. 12 TKG (2004) anzusehen.

Dies Zahlen belegen dass, trotz der rein rechtlich gesehenen vollständigen Öffnung der Märkte im Telekommunikationssektor in Deutschland zum 01.01.1998, die DTAG als ehemaliger Monopolist insbesondere im Bereich der Vorleistungsmärkte noch immer eine marktbeherrschende Stellung inne hat[650]. Dennoch zeigt sich insbesondere durch die Entwicklung im Bercich der Märkte für Verbindungsleistungen im Festnetz (Inlands- und Auslandsgespräche) und auch den Marktanteil der Wettbewerber bemessen nach Telefonkanälen von 23,7%[651] etwa im Verhältnis zu noch 4,4 % im Jahr 2002[652], dass die Liberalisierungsmaßnahmen der Europäischen

---

[645] Monopolkommission, Sondergutachten 33; S. 43 Rdnr. 52, abrufbar unter: http://www.monopolkommission.de/sg_33/text_s33.pdf (abgerufen am 04.01.2003).
[646] Monopolkommission, Sondergutachten 33; S. 120f Rdnr. 181 (i),a.a.O..
[647] Ohne Berücksichtigung der Nahverbindungen in einem Umkreis von 20 Kilometer um den Ortsnetzbereich.
[648] Monopolkommission, Sondergutachten 33; S. 45 Rdnr. 54, a.a.O..
[649] Monopolkommission, Sondergutachten 33, S. 47 Rndr. 45, a.a.O..
[650] Monopolkommission, Sondergutachten 50, S.24 Rdnr. 53, abgerufen am: http://www.monopolkommission.de/sg_50/text_s50.pdf (abgerufen am 27.06.2008).
[651] Monopolkommission, Sondergutachten 50, S.14 Rdnr. 21, abgerufen am: http://www.monopolkommission.de/sg_50/text_s50.pdf (abgerufen am 27.06.2008).
[652] RegTP, Jahresbericht 2002, S.18, abrufbar unter: http://www.rehtp.de/imperia/md/content/aktuelles/jb2002.pdf (abgerufen am 01.05.2003).

Kommission und deren Umsetzung in Deutschland in vielen Bereichen des Telekommunikationsmarkts Erfolg hatte. So verfügte die DTAG im Vergleich zur heutigen Situation abgesehen vom Mobilfunksektor und einigen eng begrenzten Märkten im Bereich der Verbindungen ins Ausland im Jahre 2001 noch auf allen untersuchten Märkten über eine starke marktbeherrschende Stellung[653].

Somit ist eine weitere sektorspezifische Regulierung des Telekommunikationssektors, insbesondere in den Vorleistungsmärkten also unumgänglich[654], um mittel- bis langfristig einen funktionsfähigen, sich selbsttragenden Wettbewerb auf allen Telekommunikationsmärkten zu erreichen. Dieser Entwicklung trägt auch die neue Empfehlung der Kommission über relevante Produkt- und Dienstmärkte des elektronischen Kommunikationssektors vom 17.12.2007 Rechnung, in der die Zahl der für eine sektorspezifischer Regulierung vorgesehenen Märkte von 18 auf 8 reduziert wird, unter denen sich sieben Vorleistungsmärkte und nur ein Endkundenmarkt befinden[655].

II. Bewertung der bisherigen Umsetzung des europäischen Telekommunikationsrechts in Deutschland und der erforderlichen Neuausrichtung des TKG aufgrund von europarechtlichen Vorgaben unter besonderer Berücksichtigung der „Reformvorschläge 2007"

- Neue Perspektiven und ungelöste Probleme-

Es können im Rahmen dieser Arbeit nicht alle erforderlichen Änderungen des TKG eingegangen werden, die bei Verabschiedung der „Reformvorschläge 2007" in Form von verbindlichen europäischen Rechtsakten vorzunehmen wären. Neben einem Ausblick bzgl. der bisher erörterten und noch aktuellen Umsetzungsprobleme der europäischen Vorgaben in das TKG (2004) wird somit nur auf einige wesentliche Aspekte der Reformvorschläge eingegangen.

---

[653] vgl. Monopolkommission, Sondergutachten 33, S. 150 Rdnr. 224ff, 228, 230, a.a.O..
[654] Monopolkommission, Sondergutachten 50, S. 787ff, Rdnr. 244ff, insbes. 245, a.a.O..
[655] Empfehlung der Kommission vom 17.12.2008 über relevante Produkt- und Dienstmärkte des elektronischen Kommunikationssektors, die aufgrund der Richtlinie 2002/21/EG des Europäischen Parlaments und des Rates über einen gemeinsamen Rechtsrahmen für elektronische Kommunikationsnetze und -dienste für eine Vorabregulierung in Betracht kommen, ABL. EU Nr. L 344 vom 28.12.2007, S.65, 65ff..

Hinsichtlich der Vorratsdatenspeicherung ist das Ergebnis der Nichtigkeitsklage vor dem EuGH abzuwarten. Falls dieser, wie zu erwarten ist, die Richtlinie mangels Kompetenzgrundlage für unwirksam erklären wird, könnte ein Rahmenbeschluss im Rahmen der dritten Säule der EU (Polizeiliche und Justizielle Zusammenarbeit in Strafsachen) nach Art.31 I C, 34 II EUV ergehen, sofern die dafür erforderliche Einstimmigkeit im Rat erreicht wird.[656].

Das rechtliche Schicksal des § 9a TKG (2004) ist abhängig vom Ausgang des Vertragsverletzungsverfahrens. Eine Regulierungsbestimmung hinsichtlich der „neuen Märkte" wurde nicht in die „Reformvorschläge 2007" hinsichtlich der Rahmenrichtlinie aufgenommen[657] und auch in der Märkteempfehlung der Kommission vom 17.12.2007 wird die deutsche Problematik der DSL-Anschlussmärkte nicht mit aufgeführt[658].

Das Konzept SMP-Konzept wird durch den Vorschlag der neue Rahmenrichtlinie vor allem hinsichtlich des Konsultations- und Konsolidierungsverfahrens verändert[659]. Inwieweit dies tatsächlich die erhoffte höhere Effizienz[660] des Verfahrens vor allem auch in zeitlicher Hinsicht bewirken wird, lässt sich zum jetzigen Zeitpunkt noch nicht absehen. Bedenklich erscheint dies zumindest insofern, als das mit der vorgesehenen Europäischen Regulierungsbehörde noch eine weitere Institution in den Prozess mit eingebunden wäre. Als weitere problematische Neuerung im Zusammenhang mit dem Marktdefinitions- und -analyseverfahren erscheinen auch die vorgesehenen erweiterten Kompetenzen der Kommission. Das unter D.V.I.1.a.cc.(2). beschriebene Vetorecht der Kommission gemäß Art. 7 IV „Rahmenrichtlinie" bezieht sich nur auf die Marktdefinition seitens der nationalen Regulierungsbehörde und auf die Feststellung des Vorliegens von beträchtlicher Marktmacht. Diese verstärkte Einbindung der Kommission in nationale Regulierungsverfahren ist darin begründet, dass die Kommission die Ansicht vertritt, in dem dualen Regulierungssystem

---

[656] vgl. Ratsdokument 8958/04, Entwurf über die Vorratsspeicherung von Daten, vom 28.04.2004 (zitiert nach: Rusteberg VBlBW 2007, S. 171, 177).
[657] vgl. Knauth, MMR 2008, Beihefter 3, S.9, 11.
[658] Schütz, Wettbewerb und Innovation durch Deregulierung von Märkten?, MMR 2008, Beiheft 3, S. 13, 14.
[659] 6,7, 7a und 14-16 der Rahmenrichtlinie in der Fassung der „Reformvorschläge 2007", KOM(2007) 697 endgültig, 2007/0247 (COD), S.,31ff, 41ff.
http://ec.europa.eu/information_society/policy/ecomm/library/proposals/index_en.htm (abgerufen am: 27.06.2008)
[660] vgl. Kühling, K&R 2006, S. 263, 266.

von europäischer und nationaler Regulierung erfordere die Aufwertung der Befugnisse der Regulierungsbehörden ein „Gegengewicht in Form einer stärkeren Koordination zwischen NRB- Entscheidungen [Entscheidungen der nationalen Regulierungsbehörden] und Positionen auf EU-Ebene"[661]. Die nationalen Regulierungsbehörden haben hingegen in Bezug auf einen Großteil der Vorabregulierungsaspekte das Recht „die konkrete Anwendung der Instrumente" zur Regulierung zu bestimmen erhalten und drängten damit den Einfluss des Gesetzgebers zurück[662]. Ein das Vetorecht ergänzendes Initiativrecht der Kommission dahingehend, dass sie konkrete Abhilfemaßnahmen gegen das Bestehen beträchtlicher Marktmacht auferlegen kann, würde einerseits möglicherweise die Effektivität der nationalen Regulierung fördern da die Kommission nicht nur reagieren, sondern aktiv in das Regulierungsgeschehen eingreifen könnte[663]. Andererseits würde es aber auch dazuführen, eines der Hauptziele des „Neuen Rechtsrahmens" aus dem Jahre 2002, das in einer größeren Flexibilisierung der Regulierung bestand, zu konterkarrieren. Das Ziel sollte gerade auch durch Einräumung eines breiten Ermessensspielraums bei der Auswahl der Regulierungsmaßnahmen, so dass eine flexible Reaktion auf die Besonderheiten des jeweiligen Marktes möglich ist, erreicht werden. Durch zentralistische Regulierung seitens der Kommission würde ein gegenteiliges Konzept eingeführt[664]. Zudem ist kein Grund ersichtlich anzunehmen, dass die nationalen Regulierungsbehörden die nach bisherigem Recht schon möglichen und von den Behörden weitestgehend zu beachtenden Stellungnahmen der Kommission zu den Entscheidungsvorschlägen der Regulierungsbehörden (Art. 7 V „Rahmenrichtlinie") systematisch ignorieren[665]. Auch aus diesem Grund erscheinen die diesbezüglich vorgesehenen erweiterten Kompetenzen der Regulierungsbehörde nicht notwendig.

Abschließend wird auf die rechtliche Situation der RegTP eingegangen. Die Ausgestaltung des rechtlichen Status der Bundesnetzagentur genügte bisher -wie festgestellt- den europarechtlichen Anforderungen an ihre Unabhängigkeit.

---

[661] Kommission, Mitteilung „Kommissionsbericht 1999", KOM (1999), S. 59; vgl. auch Schütz/Attendorn, MMR-Beilage 4/2002, S.1,5.
[662] BMWi „Eckpunkte Telekommunikation", S.1, 4
[663] Schütz, Wettbewerb und Innovation durch Deregulierung von Märkten ?, MMR 2008, Beiheft 3, S. 13, 14.
[664] Monopolkommission, Sondergutachten Nr. 50, S. 74 Rdnr. 201, http://www.monopolkommission.de/sg_50/text_s50.pdf (abgerufen am 27.06.2008).
[665] Monopolkommission, Sondergutachten 50, S. 74, Rdnr. 200, a.a.O..

Auch wenn die gewählte Konstruktion rechtlich einwandfrei ist, hat der Bund als Hauptaktionär des ehemaligen Monopolisten DTAG, mittels „allgemeiner Weisungen"[666] oder sogar über Einzelweisungen[667] des Bundeswirtschaftsministers immer noch einen großen Einfluss auf die BNetzA ausüben kann. Er ist somit letztendlich gleichzeitig Regulierer bzw. hat mittels des BMWi die „Oberaufsicht" über die Regulierung und ist Großaktionär der DTAG[668]. Als solcher dürfte der Bund aber gerade in Zeiten ständig sinkender Steuereinnahmen ein erhebliches Interesse an einem möglichst hohen Aktienkurs der DTAG haben, um den größtmöglichen Gewinn bei einer Platzierung weiterer Aktien an der Börse zu erzielen. Dies bedeutet aber, dass der Bund zumindest in seiner Funktion als Anteilseigner der DTAG wenig Interesse an einer schnellen und effektiven Förderung des Wettbewerbs gerade in den Bereichen des Telekommunikationsmarktes hat, in der die DTAG gegenüber ihren Konkurrenten noch Wettbewerbsvorteile aufweist. Es kann also die Gefahr bestehen, dass der Bund seinen Einfluss auf die RegTP geltend macht, um bei der Regulierung in diesen Sektoren eher im Interesse der DTAG zu agieren und andere neue Wettbewerber zu benachteiligen. Dieser Eindruck könnte gerade auch im Hinblick auf den Erlass des § 9a TKG entstehen, der sein Entstehen dem Koalitionsvertrag zwischen SPD und CCU/CSU verdankt[669]. Somit erscheint eine andere rechtliche Konstruktion der BNetzA in Deutschland, die ihre Unabhängigkeit auch in fachlicher Hinsicht stärker hervorhebt, durchaus zweckmäßig[670], wenn auch rechtlich nicht notwendig. Bemerkenswert ist die Tatsache, dass ein mögliches Problem bzgl. der Unabhängigkeit der BNetzA (bzw. der damaligen RegTP) bereits im Gesetzge-

---

[666] Die „Allgemeinheit" dieser Weisungen ist dabei im Einzelfall nicht immer sehr stark ausgeprägt. vgl. dazu -auch wenn dies den Postbereich betrifft-: Allgemeine Weisung des Bundeswirtschaftsministers Müller im März 2000 mit der er eine von der Regulierungsbehörde angestrebte Senkung des Briefportos verhinderte; s. Müller, Bundesanzeiger vom 07.04.2000, S. 6374.
[667] Nach Auskunft der BNetzA in einer Email vom 29.05.2008 an den Verfasser, sind seit Inkrafttreten des TKG (2004) noch keine Einzelweisungen seitens des Bundesministeriums für Wirtschaft und Technologie i.S.d. § 117 S.1 TKG (2004) an die Bundesnetzagentur ergangen.
[668] Zu den Anteilen: Im Jahre 2002: DTAG, Geschäftsbericht 2002, S.130, abrufbar unter: http://www.download-datag.t-online.de/deutsch/investor-relations/4-finanzdaten/geschaeftsbericht/2002/gb_2002_dt.pdf (abgerufen am 01.05.03); Im Jahre 2008: DTAG, Aktionärsstruktur, abrufbar unter:
http://www.telekom.com/dtag/cms/content/dt/de/22518 (abgerufen am 22.06.8).
[669] Gemeinsam für Deutschland. Mit Mut und Menschlichkeit, Koalitionsvertrag von CDU, CSU und SPD vom 11.11.2005; S.1, 24.
http://www.bundesregierung.de/nsc_true/Content/DE/__Anlagen/koalitionsvertrag,templateId=raw,property=publicationFile.pdf/koalitionsvertrag
[670] Rittaler, WuW 1996, S. 699, 703.

bungsprozess zum TKG erkannt wurde, aber der politische Wille fehlte eine eindeutige Lösung zu finden[671]. Eine solche hätte durch die Gestaltung der BNetzA als oberste Bundesbehörde, die auch Bestandteil der unmittelbaren Bundesverwaltung gewesen wäre, erreicht werden können[672]. Als oberste Bundesbehörde hätte sie Verfassungsrang gehabt und es wäre ein „ministerialfreier Raum" entstanden[673], da eine solche Behörde weitgehend unabhängig von Parlament und Regierung ist[674]. Der Vorteil dieser Lösung hätte darin gelegen, dass sie eindeutig fachlich und politisch unabhängig gewesen wäre[675], so dass die BNetzA eine Regulierung nur im Sinne eines chancengleichen Wettbewerbs und die Förderung nachhaltig wettbewerbsorientierter Märkte der Telekommunikation auf den Märkten der Telekommunikation nach § 2 II Nr.2 TKG (2004) hätte durchführen können. Im Rahmen des Erlasses des TKG hat offenbar der politische Wille gefehlt eine Entscheidung im Sinne der Einrichtung einer obersten Bundesbehörde[676] zu treffen. Dies hätte aber sowohl innerstaatlich als auch auf europäischer Ebene für mehr Klarheit gesorgt und möglicherweise eine stärkere Förderung des Wettbewerbs zwischen DTAG und den anderen Anbietern auf dem Telekommunikationsmarkt, als dies bisher der Fall war, bedeutet. Somit ist zu hoffen, dass der Gesetzgeber, die ihm sich nun bietende Chance bei der notwendigen Reform des TKG nutzt und die Unabhängigkeit der BNetzA im oben beschriebenen Sinne stärkt. Positiv wäre eine solche Neuregelung auch gerade deshalb, weil der BNetzA bereits durch den „Neuen Rechtsrahmen 2002" gerade bei der Auswahl der Regulierungselemente einen großen Freiraum bzw. ein weites Ermessen gegenüber dem Gesetzgeber eingeräumt wurde[677]. Den Freiraum wird aber nur eine BNetzA wirklich ausnutzen können, die auch nach nationalem Recht eindeutig unabhängig vom Staat ist. Dies wäre gerade auch im Hinblick darauf erforderlich, dass trotz wesentlicher Fortschritte bei der Liberalisierung in vielen Bereichen der Telekommunikationsmärkte noch ein großer Bedarf an unabhängiger Regulierung besteht.

---

[671] nicht veröffentlichter Referentenentwurf zum TKG vom 20.07.1995, vgl. aber: Ulmen/Gump, CR 1997, S. 396, 398; BeckTKG/ Büchner u.a. – Geppert, § 66 Rdnr. 4.
[672] Schwintowski, CR 1997, S. 630, 636; vgl. nicht veröffentlicher Referentenentwurf/ zum TKG vom 20.07.1995 zitiert nach: Ulmen/Gump, CR 1997, S. 396, 398; BeckTKG/ Büchner u.a. – Geppert, § 66 Rdnr. 4.
[673] siehe allerdings zu den negativen Folgen eines solchen ministerialfreien Raumes: Maunz/ Dürig- Lerche, Art. 87f Rdnr. 112.
[674] Ulmen/Gump, CR 1997, S. 396, 398.
[675] BeckTKG/ Büchner u.a. – Geppert, § 66 Rdnr. 4; Ulmen/Gump, CR 1997, S. 396, 398.
[676] Schwintowski, CR 1997, S. 630, 636.
[677] vgl. unter D.V.1a.cc.(2).

Nach dem Entwurf der neuen Rahmenrichtlinie ist zusätzlich zuberücksichtigen, dass ausdrücklich festgeschrieben wird, dass Leiter und Stellvertreter einer nationalen Regulierungsbehörde nur entlassen werden können, sofern sie eine schwere Verfehlung begangen haben oder die nach nationalen Rechtsvorschriften vorab festgelegten Voraussetzungen zur Ausübung ihres Amts nicht mehr erfüllen[678]. Zudem muss bei einer solchen Entlassung eine Begründung zeitgleich eine entsprechende Begründung veröffentlicht werden[679]. Dies garantiert ein hohes Maß an persönlicher Unabhängigkeit der genannten Personen und schützt auf diese Weise die Unabhängigkeit der gesamten Behörde vor Einflussnahmen des übergeordneten Ministeriums.

---

[678] Art. 3 III der Rahmenrichtlinie in der Fassung der „Reformvorschläge 2007", KOM(2007) 697 endgültig, 2007/0247 (COD), S.1, 29, abrufbar unter:
http://ec.europa.eu/information_society/policy/ecomm/library/proposals/index_en.htm (abgerufen am: 27.06.2008).
[679] ebenda.

Hannoveraner Schriften zum Medienrecht
hrsg. von Prof. Dr. Jutta Stender-Vorwachs

Jutta Stender-Vorwachs (Hg.)
Telekommunikation und Recht
Das erste Heft der Hannoveraner Schriften zum Medienrecht enthält vier Beiträge zum weiteren Bereich des Telekommunikationsrechts. Sie sind im Rahmen des Seminars im Öffentlichen Medienrecht an der Juristischen Fakultät der Universität Hannover entstanden und beschäftigen sich thematisch mit der Konvergenz der Medien, den Regelungen zum elektronischen Geschäftsverkehr, mit Inhalt und Bewertung der Bestimmungen des TKG sowie mit der Bundesnetzagentur. Heft 1 stellt den Beginn einer Reihe von Einzeldarstellungen zu verschiedenen medienrechtlichen Themenbereichen dar und wird alsbald ergänzt.
Bd. 1, 2008, 144 S., 19,90 €, br., ISBN 978-3-8258-0606-4

LIT Verlag Berlin – Hamburg – London – Münster – Wien – Zürich
Fresnostr. 2 48159 Münster
Tel.: 0251 / 620 32 22 – Fax: 0251 / 922 60 99
e-Mail: vertrieb@lit-verlag.de – http://www.lit-verlag.de